ACCESO GRATIS *a la Lectura en la Nube*

Para visualizar el libro electrónico en la nube de lectura envíe junto a su nombre y apellidos una fotografía del código de barras situado en la contraportada del libro y otra del ticket de compra a la dirección:

ebooktirant@tirant.com

En un máximo de 72 horas laborales le enviaremos el código de acceso con sus instrucciones.

LECCIONES DE DERECHO COMERCIAL GENERAL

LECCIONES DE DERECHO COMERCIAL GENERAL

Gustavo Beltrán Valencia

tirant lo blanch
Bogotá, 2024

En caso de erratas y actualizaciones, la Editorial Tirant lo Blanch publicará la pertinente corrección en la página web www.tirant.com.

Beltrán Valencia, Gustavo Adolfo, autor
Lecciones de derecho comercial general / Gustavo Beltrán Valencia. – Bogotá: Tirant lo Blanch, 2024.
230 páginas.
Incluye referencias bibliográficas.
ISBN 978-84-1056-566-1

1. Derecho comercial - Colombia 2. Regulación del comercio - Aspectos jurídicos - Colombia

CDD: 346.86107 ed. 23 CO-BoBN– a1135282

Catalogación en la publicación – Biblioteca Nacional de Colombia

EDITA: TIRANT LO BLANCH
Calle 11 # 2-16 (Bogotá D.C.)
Telf.: 4660171
Email: tlb@tirant.com
Librería virtual: www.tirant.com/co/
ISBN: 978-84-1056-566-1
Si tiene alguna queja o sugerencia, envíenos un mail a: *atencioncliente@tirant.com*. En caso de no ser atendida su sugerencia, por favor, lea en *www.tirant.net/index.php/empresa/politicas-de-empresa* nuestro procedimiento de quejas.

Responsabilidad Social Corporativa: http://www.tirant.net/Docs/RSCTirant.pdf

Agradezco a mi familia, especialmente a mis padres
Luis Fernando Y Maria Elena, a mis hermosos hijos
Lucia y Juan Pablo, y por su puesto a mi bella esposa Clara,
por toda la paciencia y el amor constante.

los amo.

Índice

Introducción

El derecho comercial entendido como ese conjunto de normas que tienen por objeto la regulación no solamente de los actos de comercio, como tal, sino también de los sujetos encargados de desarrollarlos y de los bienes que facilitan su ejecución, se constituye en una rama del derecho sumamente importante para cimentar un entorno propicio para el adecuado desarrollo de los pueblos, los estados y de las personas en general.

Así las cosas, el presente texto tiene por objeto exponer el marco normativo actual del derecho comercial colombiano, así como mostrar los desafíos que las nuevas tecnologías, y las nuevas formas de contratación, entre otras cuestiones, plantean al mismo de cara al futuro.

En este orden de ideas, la obra contiene una parte general que se ocupa de aspectos torales y fundamentales para el entendimiento del derecho comercial como lo es su noción y ubicación dentro del orden jurídico, su desarrollo histórico desde finales de la edad media, sus rasgos descollantes y las fuentes de donde emana y como se manifiesta; es de anotar que esta parte general hace especial énfasis en temas tan importantes hoy en día para la actividad mercantil como lo es la denominada *Lex Mercatoria* y la relevancia de la costumbre comercial como fuente formal con plenos efectos normativos.

A continuación, el texto se ocupa de la parte objetiva del derecho comercial, esto es, lo atinente al acto jurídico de comercio abordando temas tales como: los criterios de mercantilidad existentes para determinar cuando se esta en presencia de un acto de comercio, y la clasificación que de los mismos existe en el sistema jurídico colombiano. Es de resaltar que dentro de esta parte objetiva se hace una especial mención al acto de consumo y al derecho del consumidor como ordenamiento especial que impacta la actividad comercial.

Seguidamente el libro aborda la parte subjetiva del derecho comercial con tópicos referentes al comerciante, su noción, la capacidad y la habilidad para ejercer el comercio, las presunciones de mercantilidad y la perdida de la calidad de comerciante. De igual manera, la parte subjetiva se ocupa de cada una de las obligaciones de carácter comercial que pesan sobre los comerciantes, con especial énfasis en temas relacionados con el derecho concursal y el derecho de la competencia en sus vertientes de prácticas restrictivas y competencia desleal.

Finalmente, la obra analiza el régimen jurídico que regula actualmente la propiedad intelectual en Colombia, tanto en su variante de derechos de autor como en su variante de propiedad industrial, presentando sus retos y las nuevas tendencias que en este ámbito se están presentando como consecuencia de los actuales desarrollos tecnológicos y a las nuevas formas de innovación.

Por último, no me queda sino agradecer a todas aquellas personas que permitieron que este proyecto editorial fuese una realidad, y aspiro, en todo caso, que este trabajo sea efectivamente de utilidad para todos aquellos interesados en la estructura y funcionamiento del derecho comercial.

1. Parte general

1.1. UBICACIÓN Y NOCIÓN DEL DERECHO COMERCIAL

El derecho comercial lo podemos ubicar dentro del ámbito del derecho privado junto al derecho civil, en la medida en que en estas ramas jurídicas juega un papel preponderante en la autonomía de la voluntad, la cual se manifiesta en el ámbito contractual, y se traduce en la libertad que tienen las personas para decidir si contratan o no; para determinar, en el evento de decidir contratar, con quién y en la libertad de configuración, esto es la posibilidad que tienen las partes contratantes de discutir en igualdad de condiciones el clausulado que va a gobernar su contrato.

En principio, se puede afirmar que todas estas libertades derivadas de la autonomía de la voluntad no tienen más limites que el orden público y las leyes de carácter imperativo, de ahí que el numeral 1 del artículo 899 del Código de Comercio indique que: "Será nulo absolutamente el negocio jurídico en los siguientes casos: 1. Cuando contraría una norma imperativa, salvo que la ley disponga otra cosa". En palabras de Gustavo Beltrán Valencia:

> De ahí que uno de los rasgos más descollantes del derecho privado, sea el amplio margen de acción que tiene la autonomía de la voluntad, la cual se manifiesta en materia contractual, en una serie de libertades como la libertad de contratación; es decir, la posibilidad que tiene un sujeto para decidir si celebra o no un negocio jurídico; la libertad para que en caso de decidir contratar pueda elegir con quién, y la libertad de configuración, esto es, la posibilidad de discutir con su contraparte las cláusulas que van a regir su contrato; todas estas libertades derivadas de la autonomía de la voluntad, parten entonces, se itera, del supuesto de que quienes están involucrados en un negocio jurídico están en igualdad de condiciones económicas, técnicas, profesionales, de información, etc.
>
> La anterior concepción paritaria, tiene su origen en razones de tipo históricas, pues el derecho privado colombiano, particularmente el Código Civil, abreva del sistema jurídico francés de principios del siglo XIX, el cual estaba inmerso en las tesis revolucionarias que abanderaban la libertad y la igualdad, como concepciones que superaban el sistema feudal de Estamentos privilegiados, en cuya cúspide se encontraba la monarquía, el clero y la nobleza. (2020, p.1).

No obstante, lo anterior, en la actualidad —fruto de la celeridad de los negocios y la búsqueda de un aminoramiento de los costos de transacción de los negocios jurídicos realizados en masa— asistimos a un resquebrajamiento de la libertad de configuración derivada de la autonomía privada, de manera que hace su aparición la figura de los contratos de adhesión en virtud de la cual una de las partes —la de mayor poder financiero, profesional, técnico y de información— redacta en su totalidad el clausulado del contrato, restándole a su contraparte únicamente la posibilidad o bien de tomarlo, esto es de adherirse al mismo, o de dejarlo, es decir, de no celebrar el contrato. Al respecto, Pizarro y Vallespinos, manifiestan que:

> El tercer milenio encuentra al derecho de las obligaciones transitando por un camino de cambio vertiginoso, propio del que imponen los tiempos que se viven.
> La era tecnológica muestra un panorama signado por fuertes desequilibrios, que deben ser contemplados por el legislador.
> El fenómeno de estandarización contractual como técnica indispensable de nuestro tiempo genera problemas impensados hace algunos años.
> Las mutaciones profundas en los procesos de producción, distribución, comercialización y consume; la enorme concentración de riqueza en pocas manos, propias de una economía globalizada como la que vivimos; la incontenible influencia de la tecnología y de los medios de comunicación social; la expansión vertiginosa de factores generadores de daños a terceros; la toma de conciencia respecto de la existencia de intereses supraindividuales —como el medio ambiente— que merecen protección, han provocado un impacto fenomenal en el derecho de las obligaciones (2017, p. 89-90)

Ahora bien, dicho desdibujamiento de la libertad de configuración, derivada de la autonomía de la voluntad, no desvirtúa el hecho de que el derecho comercial continúe perteneciendo al área del derecho privado. De otra parte, frente a la noción de derecho comercial, la doctrina ha estructurado diversas definiciones de lo que es esta rama del derecho, así, por ejemplo, Marcela Castro de Cifuentes manifiesta que:

> Para los efectos de este capítulo, que pretende esbozar los conceptos fundamentales del derecho comercial, lo definiremos como una de las ramas del derecho privado que se encarga de reglamentar ciertos actos y contratos considerados mercantiles y la profesión de ciertas personas que realizan tales actos y contratos de manera habitual. En otras palabras, puede afirmarse que el campo de aplicación del derecho mercantil está conformado por dos fenómenos: uno objetivo (los actos de comercio y las empresas mercantiles) y uno subjetivo (los comerciantes y los empresarios mercantiles). (2013, p. 171).

Y por su parte, Roberto Mantilla Molina señala que: "Es el sistema de normas jurídicas que determinan su campo de aplicación mediante la calificación de mercantiles dada a ciertos actos, y regulan estos y la profesión de quienes se dedican a celebrarlos". (1977, citado por Néstor Humberto Martínez Neira, 2021, p. 3).

En este orden de ideas, podemos afirmar entonces que el derecho comercial es aquel ordenamiento o conjunto de normas jurídicas que se encargan de regular los actos de comercio, los sujetos encargados de realizar dichos actos y los bienes mercantiles. Lo anterior, por cuanto en las diferentes etapas que se surten desde la producción de los bienes y servicios hasta que estos llegan al consumidor final[1], pasando por la etapa de distribución o circulación, discurren toda una serie de actos jurídicos que se van a catalogar como de carácter comercial, y, por ende, objeto de regulación del derecho comercial.

Aunque el derecho mercantil no solamente se encarga de regular a los actos de comercio, sino que, adicionalmente, regula a los sujetos encargados de realizar dichos actos, como lo son los no comerciantes cuando eventualmente realizan un acto de comercio y, especialmente, a los sujetos por excelencia destinatarios del derecho comercial, esto es, a los comerciantes, bien sea en su calidad de empresarios individuales (personas naturales) o, bien sea en su calidad de empresarios colectivos, esto es como personas jurídicas, sociedades comerciales.

Y, por último, el derecho comercial también se encarga de regular unos bienes que por su función de facilitar enormemente la actividad del comercio se les denomina bienes comerciales o mercantiles, dentro de los cuales tenemos a: los establecimientos de comercio, artículo 515 del Código de Comercio; los títulos valores, artículo 619 del Código de Comercio; y la propiedad industrial, Decisión 486 de 2000 de la Comunidad Andina de Naciones.

1.2. EVOLUCIÓN HISTÓRICA DEL DERECHO COMERCIAL

En la evolución histórica del derecho comercial se deben de tener en cuenta dos etapas:

- Época de la vigencia subjetiva: esta la podemos delimitar desde finales de la edad media, cuando se comienza a consolidar la actividad mercantil, principalmente en las zonas costeras y del mediterráneo europeo; época en la cual los comerciantes se empiezan a agremiar

---

1 Así, por ejemplo, negocios o actos jurídicos tales como: contratos de sociedad, contratos bancarios, contratos de seguros, contratos de transporte, y así mismo, contratos de distribución como agencias mercantiles, franquicias, concesiones, contratos de mandato, de representación, de comisión, etc.

en corporaciones; de ahí que, para poder ostentar la calidad de tales, estos se debían de inscribir en el denominado *liber mercatorum.*

Se puede afirmar que durante esta época se empiezan a consolidar contratos de marcada importancia como el contrato de transporte, el mandato, los seguros, la carta *literi* o letra de cambio, el contrato de sociedad, etc.

Dentro de los rasgos más descollantes de esta etapa del derecho comercial, estaba que para ser comerciante se debía pertenecer a una corporación, estar inscrito en el *liber mercatorum*, por lo que se trataba de un derecho de clase; los conflictos que se suscitaban entre los mismos comerciantes, o aún entre comerciantes y no comerciantes, eran resueltos por el cónsul quien era el director de la corporación y quien también tenía la calidad de comerciante; y la fuente normativa de la cual echaba mano el cónsul para resolver las controversias presentadas era la costumbre; es decir, todas aquellas prácticas que se iban consolidando como de carácter obligatorio por los comerciantes en sus transacciones. De ahí que se afirme que la primera fuente formal del derecho comercial haya sido la costumbre; lo cual se explica por la celeridad que requieren los comerciantes en sus negocios y en la resolución de sus conflictos; celeridad que un derecho sacramental, rígido y formalista como el derecho romano no ofrecía. Posteriormente:

> ...en el siglo XVI con la consolidación de la monarquía y la desaparición del sistema feudal el derecho mercantil se va oficializando y es así como en sustitución de las costumbres comerciales aparecen las normas escritas, tales como las Ordenanzas de Bilbao de 1560 y promulgadas en 1737, expedidas para España por Felipe II, cuya importancia radica en que rigieron en las colonias, principalmente en Colombia, en donde estuvieron vigentes aún después de la independencia, por cuanto el primer Código de Comercio sólo fue expedido en 1853.
>
> Son importantes dos Ordenanzas de Luis XIV (1763 y 1781), una para el comercio terrestre y otra para el marítimo; estas ordenanzas no constituyeron un cambio de las normas mercantiles, porque ellas se limitaban a poner por escrito y a dar el respaldo del Estado a las costumbres comerciales existentes, constituyendo un principio importantísimo de la actual codificación del derecho comercial.
>
> Comienzan a surgir los primeros tribunales de comercio, para reemplazar la justicia privada. (Velásquez, 2008, p. 59-60).

- Época de la vigencia objetiva: con la Revolución francesa y sus banderas de libertad, igualdad y fraternidad, se aborrece y se proscribe todo tipo de élites o de castas privilegiadas; de ahí que se plantee que comerciante no era aquel que perteneciera a un gremio o corporación, sino aquel que realizara de forma permanente actos objetivos de comercio; es decir, se le daba cabida a la libertad de oficios, y dentro de esta, a la libertad para ejercer el comercio en igualdad de condiciones a los demás miembros de la colectividad.

Se da un viraje en la concepción de comerciante, pues la calidad de tal ya no se obtenía con el cumplimiento de una formalidad (inscripción en el *liber mercatorum*), cuyo énfasis se hacía entonces en el sujeto; sino que, ahora la calidad de comerciante se obtenía con la realización de actos objetivos de comercio (énfasis en el acto), con lo cual resulta de particular importancia el Código de Comercio de Napoleón de 1807, el cual contenía un marco jurídico de actos considerados mercantiles. En este orden de ideas,

> Se adopta entonces un nuevo sustento para el derecho comercial: el acto de comercio. El Código se instituye para regular las relaciones surgidas de actos calificados como mercantiles; la jurisdicción especial del comercio (antes consular) extiende su competencia a las obligaciones nacidas de la celebración de dichos actos por cualquier clase de personas, y se tiene como criterio exclusivo para determinar la calidad de comerciante el ejercicio profesional de los mismos actos (arts. 1, 2 y 631). Queda así sustituido el criterio profesional subjetivo por un criterio objetivo: la naturaleza del acto.
> Para satisfacer los fines mencionados, el Código enumera catorce operaciones (arts.632 y 633), recogidas entre las comunes de la actividad de los comerciantes (compraventa de bienes muebles, de banca, de seguros, transporte, etc) y que califica como actos de comercio. (Madriñan de la Torre, 2007, p. 11).

Ahora bien, el derecho comercial es un derecho en constante evolución, con lo cual, muchas de sus instituciones se han venido complejizando cada vez más, y así tenemos que:

> A fines del siglo XIX se produjo el movimiento llamado por Ripert «la commercialisation du droit privé» o «la comercialización del derecho privado» basado en una realidad: las normas del derecho mercantil mostraban mayor fuerza expansiva; sus instituciones eran las más utilizadas como generales de la actividad económica; los principios elaborados por el derecho mercantil, con su adecuación a las exigencias que se habían venido generalizando, tendían a convertirse en principios de aplicación general; la sociedad anónima era ya un instrumento general de la economía; la letra de cambio, un instrumento general de crédito; los seguros se extendieron a nuevos riesgos pasando del seguro de cosas al seguro de personas; se comenzó a extender la posibilidad de aplicación de los procesos concursales en forma general, y se implementaron normas para el movimiento internacional de mercancías y de capitales. (Berdugo y Builes, 2013, p. 51-52).

Con todo, en el siglo XX y siglo XXI hace su aparición el derecho del consumo como normativa tuitiva del consumidor, la cual incide en las obligaciones y actividad de los comerciantes; ocurre un reverdecimiento de la *lex mercatoria* como normativa adecuada para la regulación de las transacciones internacionales; diversas ramas pertenecientes al derecho comercial se van especializando cada vez más como el derecho de la competencia, de los seguros, el derecho financiero, la propiedad industrial, el derecho bursátil, societario, contractual, etc. Adicionalmente, las nuevas tecnologías, la inteligencia artificial, los riesgos ambientales y la inequidad socioeconómica plantean nuevos retos para el diseño y futuro del derecho comercial.

Por último, vale la pena mencionar que, nuestro sistema jurídico comercial es de carácter mixto, pero preponderantemente objetivo, de tal suerte que, en Colombia la calidad de comerciante de conformidad con el artículo 10 del Código de Comercio, se adquiere por la realización habitual y permanente de actos de comercio (aspecto objetivo); sin embargo, existen normas que únicamente tienen como destinatarios a los comerciantes (aspecto subjetivo); así, por ejemplo, los deberes de los comerciantes, artículo 19 del Código de Comercio; el contrato de cuentas en participación, artículo 507 del Código de Comercio; la eficacia probatoria especial de los libros y papeles del comerciante, artículo 264 del Código General del Proceso, etc.

1.3. CARACTERÍSTICAS DEL DERECHO COMERCIAL

A. Internacionalización del derecho comercial o tendencia a la uniformidad:

Este rasgo del derecho comercial hace alusión a que se trate de un régimen jurídico comercial uniforme aplicable a todas las transacciones internacionales; lo anterior tiene su origen en una causa de tipo económico, consistente en un sistema de plena globalización económica donde el mercado de bienes y servicios desborda las fronteras nacionales, y se desenvuelve en todo el orbe; y una causa de tipo jurídico, dada por la incapacidad de los derechos locales codificados para darle solución adecuada a los conflictos derivados del comercio internacional, así como por la complejidad, y a veces contradicción, existente entre las normas de derecho internacional privado para entrar a determinar la ley sustancial aplicable a los asuntos mercantiles internacionales, derivando en la aparición del fenómeno conocido como la nueva *lex mercatoria*. En palabras de Rodríguez (2009):

> La lex mercatoria es una denominación usada para identificar a un conjunto normativo, con carácter supranacional, es decir, desligado del poder/capacidad de los Estados para dictar normas, con autonomía e independencia respecto a los ordenamientos estatales, y que es considerada la ley apropiada para la regulación de las relaciones económicas internacionales (p. 307)

Por su lado, Aljure (2011), refiriéndose a este fenómeno manifiesta que:

> [Inicio de cita]como se sabe, esta no corresponde a normas que provengan de tratados internacionales o de normas nacionales, pues tiene su origen en principios y prácticas de los comerciantes que, por su general aceptación, son acogidas como lex contractus en los negocios internacionales. (p. 1). [Fin de cita]

Este fenómeno jurídico, se plantea entonces, como una respuesta jurídica satisfactoria a la regulación sustancial de los negocios jurídicos internacionales; y se entiende como un conjunto de normas jurídicas de carácter transnacional que no provienen de la facultad legislativa de ningún Estado en particular, sino de la decantación y recopilación que diversas instituciones privadas o intergubernamentales, han hecho de las distintas costumbres mercantiles observadas por los comerciantes en el tráfico mercantil internacional y de los principios jurídicos que tienen un carácter común entre los diferentes sistemas jurídicos mundiales, todo lo cual pretende la uniformidad y armonización del derecho mercantil global.

Por su parte, José Carlos Fernández Rosas (2004), aduce frente al contenido de la *Lex mercatoria* que:

> Si no es posible proveer una lista exhaustiva de todos los elementos de la lex mercatoria, en su formulación se encuentran, en efecto, una serie de principios generales: que las prestaciones contractuales deben ser equilibradas; interpretación de buena fe de los contratos; presunción de competencia de los operadores del comercio internacional; compromiso para el acreedor de una obligación inejecutada de minimizar el perjuicio; suposición, a falta de acción, de renuncia a las sanciones contractuales; deber de cooperación de las partes; exigencia de una diligencia normal, útil y razonable de las partes en el cuidado de sus intereses; validez de la aceptación tácita del contrato; reglas de interpretación de los contratos; transparencia sustantiva en un grupo de sociedades y ampliación del efecto relativo de los contratos, etc... (citado por Luciana Beatriz Scotti, 2015, p. 104).

Ahora bien, dicha *lex mercatoria* se presenta en dos facetas:

- *Lex mercatoria soft law* o derecho suave: entendiendo por tal, aquella que no se encuentra contenida en instrumentos o leyes de obligatoria observancia por parte de los ciudadanos pertenecientes a los diversos Estados, sino que los agentes del comercio internacional —proveedores, compradores, vendedores, suministradores, entidades financieras, etc.— incorporan en sus negocios jurídicos internacionales por la vía de la estipulación contractual, adquiriendo de esta manera fuerza de obligatoriedad para las partes contractuales.

En este orden de ideas, se puede afirmar que la *lex mercatoria soft law:*

> Son reglas y principios generales no coercitivos que regulan los contratos transnacionales y cuya obligatoriedad se deriva de la autonomía de la voluntad, cuando las partes deciden incorporarlos a sus estipulaciones. También sirven de guía para la toma de las decisiones de árbitros y jueces cuando fallan conflictos donde las partes no han escogido ley aplicable para regular sus convenios. (León, 2019, p. 64).

Dentro de los instrumentos pertenecientes a la *lex mercatoria* en su faceta de *soft law* tenemos:

- Principios Unidroit: instrumento creado por el Instituto Internacional para la Unificación del Derecho Privado, con sede en Roma, de carácter intergubernamental, el cual tiene dentro de sus funciones la búsqueda de mecanismos y métodos para la armonización y coordinación del derecho privado entre los distintos países del orbe.

Dicho instituto acometió la tarea de recopilar o extraer en un solo cuerpo normativo, los principios jurídicos comunes a los grandes sistemas legales[2], con miras a que esta normativa, fuese aplicable como regulación uniforme a los contratos comerciales internacionales. En estos términos se pronuncia la Corte Internacional de Arbitraje de la CPI en laudo arbitral 7375 del 5 de junio de 1996, cuando aduce que:

> Con respecto a la referencia a los Principios de Unidroit, los árbitros de la mayoría creen que estos Principios, preparados por un grupo de trabajo establecido en 1981 y compuesto por expertos y académicos líderes de todos los principales sistemas legales, contienen en esencia una reexpresión de esos "príncipes directeurs" que han disfrutado de la aceptación universal y, además, están en el corazón de las nociones más fundamentales que se han aplicado consistentemente en la práctica arbitral.
>
> De tal suerte que, en el año 1994, aparece la primera versión de los principios *unidroit* para los contratos comerciales internacionales, que luego serían actualizados, publicándose una segunda versión en el año 2001, una tercera en el año 2004, y las últimas versiones de los principios que datan de los años 2010 y 2016, respectivamente, esta última versión atinente al tema de los contratos de larga duración.
>
> En un comienzo, y dado que se tratan de una modalidad de derecho suave, los principios son aplicables cuando las partes en virtud de su autonomía de la voluntad han optado por someter su contrato a la regulación contenida en los mismos.

Al respecto, en Laudo del Centro de Arbitraje de México (CAM) del 30 de noviembre de 2006, señaló el tribunal arbitral:

---

2 Particularmente el *Civil Law* y el *Common Law*.

> El derecho aplicable para resolver una controversia no tiene que ser derecho positivo mexicano, ni derecho positivo de jurisdicción alguna. Pueden ser normas que no teniendo dicho carácter las partes hayan escogido en ejercicio de su libertad contractual. (...). Al contemplar dicha posibilidad se deseó permitir la utilización de lo que se conoce doctrinalmente como el jus mercatorum o lex mercatoria. Si bien los ejemplos de dicho genero de normas abundan, el ejemplo más notorio de los mismos son precisamente los Principios de la Unidroit...

Sin embargo, y no obstante su vocación de internacionalidad, en su preámbulo, los principios *unidroit* son claros en señalar que estos gozan igualmente de operatividad en diversas circunstancias, entre ellas: cuando las partes hayan señalado que su contrato se regirá por la *lex mercatoria* o expresiones semejantes, cuando las partes no han escogido la ley aplicable a su contrato cuando se trata de interpretar o complementar instrumentos internacionales de derecho uniforme, así como ordenamientos jurídicos de orden nacional, y adicionalmente pueden servir como modelo para el desarrollo de los derechos nacionales e internacionales.

En cuanto al contenido de los principios *unidroit* estos tocan aspectos generales relativos a los contratos y las obligaciones, sin que se limiten a ningún tipo de contrato o figura jurídica en particular, como si lo hacen otros instrumentos de *lex mercatoria.*[3] Frente a este instrumento, afirma Oviedo (2009): "Los principios *unidroit* para los contratos comerciales internacionales, representan una nueva aproximación al Derecho de los negocios internacionales, y son un intento por remediar muchas de las deficiencias surgidas del Derecho aplicable a tales negocios". (p. 23)

De conformidad entonces con su preámbulo, los principios *unidroit* para los contratos comerciales internacionales no se restringen únicamente al plano internacional, sino que paralelamente tienen dentro de sus objetivos el que con base en ellos se pueda reconfigurar y perfeccionar las legislaciones mercantiles vernáculas.

- Los Incoterms (Términos Comerciales Internacionales): La Cámara de Comercio Internacional (CCI), organización de carácter privado, se dio a la tarea de recopilar las costumbres que en materia de compraventa internacional existían o eran de reiterado uso por parte de los comerciantes internacionales en lo que tenía que ver

---

3 Como sería el caso de la Convención Internacional de Viena sobre Compraventa Internacional de Mercaderías de 1980. (Cisg por sus siglas en inglés) incorporada en Colombia a través de la Ley 518 de 1999 y con vigencia a partir del 1 de agosto de 2002.

con temas tales como: lugar de entrega; cuándo se entiende transferida la mercancía; desde qué momento se entiende que asume los riesgos el comprador; a cuál de las partes le corresponde asumir los gastos de seguros de fletes; cuándo se entienden cumplidas las obligaciones por parte del vendedor; a cuál de las partes le corresponde efectuar los tramites de nacionalización y aduaneros, etc.

Los *incoterms* se crearon para ser aplicados en las contrataciones de compraventa internacional de mercaderías. Estos regulan las obligaciones, costes y riesgos que implica la entrega de las mercancías de los vendedores a los compradores, de manera más concreta disponen el lugar y condiciones de entrega de las mercancías, la transmisión de los riesgos del vendedor al comprador en el momento de la entrega, y el reparto de costes como los de seguro, flete o las licencias de importación y entrega de documentos. A medida que se incrementaba el uso de estos términos, la lista inicial de precisiones y sistematizaciones de los términos comerciales internacionales (la que incluía once términos) ha ido produciendo una serie de actualizaciones; en algunos casos eliminando e incluyendo nuevos términos, o bien modificándolos. (Calderón, 2018, p. 73).

La última versión de los *incoterms* data del año 2020.

- Reglas y usos uniformes en materia de carta de crédito o crédito documentarios: La carta de crédito como mecanismo de pago o crédito que otorga seguridad y aminoración de riesgos a las transacciones internacionales, por cuanto implican la presencia de una institución financiera, también ha sido objeto de análisis por parte de la Cámara de Comercio Internacional (CCI); de tal suerte que, esta se ha ocupado de recopilar las costumbres y prácticas que frente a la carta de crédito se han venido decantando a nivel del comercio internacional; costumbres que se encuentran contenidas en las reglas UCP 600 para las cartas de crédito tradicionales, y en las reglas ISP 98 para las cartas de crédito *stand by*; esta últimas, funcionan como garantías personales de cumplimiento de obligaciones derivadas de un contrato, generalmente con este tipo de cartas de crédito se respalda el cumplimiento del vendedor en su obligación de entregar la mercancía en las compraventas internacionales.

En términos generales, es usual que en las transacciones internacionales exista una mutua desconfianza entre las partes (comprador y vendedor), sustentada en el desconocimiento reciproco o en el riesgo de vender productos a países de dudosa solvencia. Para solucionar esta problemática surge el crédito documentario como un mecanismo o instrumento útil y seguro y, a la vez, complejo para caucionar el cumplimiento de las compraventas internacionales (y también nacionales), ya que por esta vía se asegura de manera irrevocable el pago, la aceptación, o la negociación de los documentos estipulados en la carta de crédito, siempre que estos se ajusten a los términos y condiciones también estipulados en ella. (Baena, 2009, p. 408).

- Reglas de York y Amberes: Se trata de una recopilación de costumbres que frente al tratamiento de la avería gruesa en materia de transporte marítimo se han venido decantando entre los agentes internacionales vinculados con esta vía de transporte. Señala Maximiliano Rodríguez Fernández que:

> La avería gruesa es un procedimiento para distribuir los costes de la resolución de un siniestro marítimo entre las partes que se benefician de que el buque y la carga se salven. (...) el sistema moderno de determinación de las bases y cuotas de contribución en los distintos supuestos de avería gruesa viene establecido en las reglas de York y Amberes que, aprobadas en 1890, han sido revisadas regularmente cada 20 o 25 años. (2009, p.372).

Con todo, es de resaltar que, estos no son los únicos instrumentos pertenecientes a la *lex mercatoria* en su faceta de *soft law*, pues también se considera que hacen parte de la misma instrumentos como, los principios latinoamericanos de derechos de los contratos; los principios de derecho europeo de los contratos, los códigos de autorregulación empresarial; los contratos estandarizados que los agentes de comercio internacional e instituciones privadas han estructurado en ámbitos como la construcción, la ingeniería, el ámbito financiero; etc.

Se itera entonces, que todas estas regulaciones pertenecientes a la *lex mercatoria* en su carácter de *soft law*, no son de carácter obligatorio, por cuanto no provienen de la voluntad soberana de un Estado, sino que se constituyen en prácticas comerciales que los agentes del comercio internacional observan en sus negocios, y en principios comunes de las distintas familias jurídicas (*common law, civil law,* sistemas socialistas, etc.); que entidades de carácter privado e intergubernamental se han tomado la tarea de recoger y sistematizar, pudiendo en todo caso, llegar a ostentar un carácter de obligatoria observancia cuando los particulares en sus transacciones internacionales, en virtud del principio de la autonomía de la voluntad, los incorporan en sus contratos.

- *Lex mercatoria Hard Law* o Derecho Duro: entendiendo por tal, aquellos instrumentos que son directamente obligatorios y coercibles por cuanto emanan de la voluntad soberana del Estado, bien porque se trata de leyes de carácter nacional, o de acuerdos estatales bajo el ropaje jurídico de tratados y convenciones internacionales.

Dentro de los instrumentos pertenecientes a la *lex mercatoria* en su faceta de *hard law*, y sin ánimo de exhaustividad, tenemos:

- Convención de Viena sobre Compraventa Internacional de Mercaderías de 1980 (Cisg): instrumento diseñado por la Comisión de las Naciones Unidas para el Derecho Mercantil Internacional (CNUDMI O UNCITRAL por sus siglas en ingles); tiene por objeto regular sustancial y materialmente aspectos relacionados con la formación, las obligaciones, los efectos, el incumplimiento, etc., del contrato de compraventa internacional de mercancías; con lo cual y dado que esta convención ha sido adoptada por una gran cantidad de países del mundo, es uno de los instrumentos de *lex mercatoria* más importantes hoy en día.

Actualmente la Convención tiene 93 estados parte, entre ellos Colombia, que la adhirió aprobándola mediante Ley 518 de 1999 (agosto 4). La constitucionalidad de la Convención fue revisada por la Corte Constitucional que, mediante Sentencia C-529 de 2000, afirmó que:

> La integración económica con otros Estados es un postulado constitucional que debe lograrse sobre las bases de equidad, reciprocidad y conveniencia nacional... En la Convención que se analiza se observa que dichos postulados efectivamente se cumplen pues al lograr unificar la normatividad sobre la compraventa de mercaderías internacionales se hace más expedito para los particulares, ubicados en diferentes Estados, la comercialización de bienes, lo cual seguramente repercutirá también en la calidad de vida de los habitantes de las naciones donde están residenciadas las partes que realizan dichos negocios. (Madrid, 2021, p. 54-55).

Por su parte, Vásquez y Vidal aducen que:

> La Convención brinda a los operadores la certidumbre necesaria para el adecuado funcionamiento del comercio internacional, al recoger las soluciones de los sistemas del derecho civil y del common law que más se avenían con los usos y las prácticas comúnmente aceptados en el tráfico internacional. He ahí la explicación de su aceptación por los Estados y su aplicación directa para la resolución de los conflictos contractuales. Hemos de precisar que este derecho no solo es el resultado de un ejercicio académico orientado a adoptar las soluciones de los ordenamientos internos consideradas dogmáticamente más apropiadas, sino que es el fruto de un dilatado proceso, marcado por estudios, discusión y reflexión de las soluciones legales en sintonía con los usos y prácticas del comercio internacional o lex mercatoria, en el entendido de que ellas son idóneas para asegurar un normal y eficiente desenvolvimiento del tráfico. (2018, p. 237)

Con todo, es de subrayar que existen, así mismo, toda una serie de Convenciones y normativas que regulan sustancialmente aspectos relacionados con el comercio internacional, y que conforman *lex mercatoria* en su dimensión de *hard law*; es decir, con carácter vinculante para los estados que las han aprobado y ratificado; tales como, a título enunciativo: Convención de Nueva York de 1958 sobre reconocimiento y ejecución de laudos arbitrales extranjeros; Convención sobre letras de cambio y pagarés internacionales, Convención sobre *Leasing Internacional*; Convención sobre *factoring* Internacional; Sistema de Varsovia junto con el Convenio de Montreal de 1999 sobre transporte aéreo internacional de pasajeros y cosas; Protocolo de Madrid en materia de registro de marcas a nivel internacional, etc.

- Leyes Modelo: La Comisión de las Naciones Unidas para el Derecho Comercial Internacional (CNUDMI O UNCITRAL por sus siglas en inglés) tiene por objeto la promoción de la armonización del derecho mercantil internacional, para lo cual utiliza diversos mecanismos, entre los cuales, se encuentra la elaboración de leyes modelo, que como su nombre lo indica, son arquetipos de leyes que regulan diversos temas relevantes para el comercio internacional, y que tienen un marcado carácter técnico; de ahí que, los estados, si a bien lo tienen, pueden expedir leyes que contengan la ley modelo diseñada por Uncitral.[4]

En consonancia con lo anterior, Colombia ha expedido leyes sustentadas en las leyes modelo de la CNUDMI, en temas tales como: arbitraje comercial internacional (Ley 1563 de 2012), Insolvencia transfronteriza (Ley 1116 de 2006), y comercio electrónico (Ley 527 de 1999).

En suma, todos estos instrumentos que engloba la *lex mercatoria*, concretizan la tendencia a la uniformidad propia del derecho comercial, más aún, en cuanto que son de permanente aplicación por los tribunales de arbitraje internacional cuando solucionan las controversias mercantiles suscitadas entre los agentes del comercio internacional; constituyéndose, por consiguiente, este método alternativo de solución de conflictos, en el escenario natural donde se debaten y solucionan las controversias generadas.

Se puede concluir que la *lex mercatoria* actual implica de cierta forma un retorno a la antigua *lex mercatoria* de la época de la vigencia subjetiva del derecho mercantil, pues los rasgos descollantes de ambas guardan simili-

---

4 Una de las leyes modelos mas recientes aprobada por la CNUDMI es la ley modelo sobre la insolvencia de grupos de empresas del año 2019.

tud en aspectos como: jurisdicción privada (arbitraje internacional), normativa sustancial aplicable (sustentada en la costumbre), y marcadamente profesional (aplicable a los comerciantes globales, *societas mercatorum*).

B. Intervencionismo Estatal: Otro rasgo del derecho comercial es la intervención del Estado en la actividad económica mercantil, intervención que se sustenta desde el ámbito constitucional (artículos 1, 38, 58, 333, 334 y 335 de la Constitución Política de Colombia) y que se justifica como mecanismo que facilita la redistribución de la riqueza, la eliminación de obstáculos al libre y leal funcionamiento del mercado, el mantenimiento de un orden público económico y la vigilancia de actividades sensibles de la actividad comercial como aquellas que tienen que ver con el manejo, captación y aprovechamiento de los recursos del público de forma masiva. En palabras de Alexis Peña Fernández:

> Para principios del siglo XX se vio la necesidad de incluir en las constituciones de los Estados, derechos sociales, económicos y garantías para su cumplimiento, la referencia más importante quedó plasmada en la historia de la Constitución Mexicana de Queretano, 1917, siendo la más destacada el recurso de amparo, llamado en otros países acción de tutela o mandado de seguranca en Brasil.
> Todos estos nuevos reconocimientos de derechos respondían a las necesidades creadas por la era industrial que modificó las formas de vivir, la salud, la vivienda, la protección de los más vulnerables, el medio ambiente. Se paso de una actividad pasiva del Estado, a exigirle una acción intervencionista de las mejoras de calidad de vida para los ciudadanos. (...)
> En este nuevo modelo de gobierno se le exige al Estado que intervenga en la economía, ya no es dejar hacer dejar pasa los hechos económicos, es controlar la actividad de forma tal que sea de manera justa distribuyendo los recursos en pro de todos y en especial de los más débiles; donde exista participación de todos los asociados bajo reglas pre establecidas y con un mismo fin común. (2021, p. 254).

En este orden de ideas, tenemos que el Estado interviene en la actividad mercantil, entre otras, mediante la expedición de normas de carácter imperativo que propugnan por el mantenimiento del orden público económico, y a través de entidades estatales de supervisión como las diversas Superintendencias; así tenemos, por ejemplo, a la Superintendencia de Sociedades encargada de supervisar a las sociedades comerciales, a la Superintendencia Financiera que vigila la actividad bancaria, bursátil y aseguradora, y a la Superintendencia de Industria y Comercio que supervisa y sanciona prácticas que limiten la competencia dentro del mercado o que sean desleales.

Hoy, dentro del derecho privado y específicamente del comercial, se reconoce el principio de la autonomía de la voluntad privada, aunque se han presentado limitaciones de orden general. Estas limitaciones inciden en:

> 1. Extensión cada vez mayor del concepto de orden público.
> 2. Creación y desarrollo de instituciones destinadas a vigilar el equilibrio de las relaciones contractuales, buscando que sean realmente conmutativas y benéficas socialmente. Ejemplo: las funciones que cumplen las distintas superintendencias.
> 3. La reglamentación imperativa de algunos aspectos de diferentes contratos, en que se fijan precios, rentas y condiciones. Ejemplo: los arrendamientos de predios urbanos, la compraventa, contratos bancarios, seguros y contenido mínimo de algunos otros contratos. (Medina, 2008, p. 46).

C. Preponderancia de la Costumbre: La costumbre comercial tiene una prevalencia importante en el ámbito del derecho comercial que se refleja en tres circunstancias:

- En primer lugar, por haber sido la primera fuente formal del derecho comercial, tal y como presentábamos supra con ocasión de la época de la vigencia subjetiva del derecho mercantil.
- En segundo lugar, porque una gran mayoría de negocios mercantiles internacionales, hoy en día, se regulan a la luz de la nueva *lex mercatoria,* la cual como manifestábamos antes se corresponde con las prácticas y costumbres mercantiles decantadas por los agentes del comercio internacional en sus transacciones internacionales.
- Y, en tercer lugar, por cuanto a nivel de derecho comercial doméstico o nacional, la costumbre continúa ocupando un lugar importante dentro de la jerarquía de fuentes de nuestro sistema jurídico mercantil como fuente de carácter normativo.

Así en Sentencia C-284 de 2015 la Corte Constitucional manifiesta que:

> La costumbre no esté comprendida por la expresión (Ley) empleada en el artículo 230 de la Carta, no significa que su reconocimiento como norma se oponga a lo allí prescrito. En efecto, existen dos razones constitucionales que justifican aceptarla como una de las formas de regulación que integran el derecho positivo colombiano.

En primer lugar (I), la referencia constitucional que hace el preámbulo a la existencia de un marco jurídico implica que, aunque la ley ocupa un lugar preferente en el ordenamiento, este no se agota en ella, de manera que entre marco jurídico y ley existe una relación de genero a especie. En segundo lugar (II), el valor constitucional de la costumbre —destacado ampliamente en la Sentencia C-486 de 1993— en atención (a) a la referencia que a ella se hace al aludir al ordenamiento de las comunidades indígenas (1 artículo 330) y (b) a las exigencias adscritas a la soberanía popular, a la democracia participativa, al pluralismo y al Estado social de derecho (artículos 1, 3, 7, 7 y 40), pone de presente que ella puede ser reconocida como norma cuando la Constitución o la ley la invoquen, siempre y cuando no se oponga a lo que las normas imperativas de una y otra prescriban.

Ahora bien, por costumbre mercantil se entiende todas aquellas practicas uniformes, públicas y reiteradas, que han venido surgiendo entre la comunidad de comerciantes y frente a las cuales estos poseen una conciencia de obligatoriedad. Artículo 3 del Código de Comercio. Frente a la noción de costumbre, afirma Luis Recaséns Siches (1996, citado por José Ignacio Narváez García, 2008, p. 119) que:

> En suma, costumbre jurídica es la costumbre que rige en una colectividad y es considerada por la organización política, es decir, por el Estado, como jurídicamente obligatoria. Se suele distinguir en ella, por una parte, lo que propiamente constituye norma jurídica, que es la convicción vigente en la colectividad de que determinado comportamiento es exigiblemente obligatorio, a lo cual se ha llamado animus y tambien opinio juris, u opinio necessitatis; y, por otra parte, el hecho de las reiteraciones mayoritarias efectivas de esa conducta en el seno de una colectividad, reiteraciones a través de las cuales se manifiesta aquella convicción, y crea la vigencia positiva de la norma, es decir, su eficacia práctica.

De estas consideraciones, tenemos entonces que, la costumbre comercial para poderse configurar como tal exige de la existencia de unos elementos objetivos y de un elemento subjetivo:

Como elementos objetivos tenemos el que se trate de una práctica:

- Uniforme: es decir, la observancia de la misma práctica; que sus contornos se encuentren claramente delimitados de forma idéntica cada vez que se realice.
- Pública: en una doble exigencia, esto es, que sea observada por la totalidad o casi la totalidad de la comunidad de comerciantes perteneciente al sector donde opera; y, por otro lado, que no se trate de una práctica oculta, clandestina, sino que sea evidente y se realice de forma notoria en el ámbito mercantil donde se desarrolla.
- Reiterada: práctica que se ha venido repitiendo a lo largo del tiempo hasta consolidarse como obligatoria.

Como la ley no establece un tiempo mínimo objetivo para calificar la reiteración de los usos que dan lugar a la costumbre, entonces él debe juzgarse respecto de cada caso, en particular, y en relación con el tipo de conducta en el mercado que se esté discerniendo. Porque si corresponde a una práctica vinculada, por ejemplo, con las compraventas de bienes de consumo, la misma debe juzgarse casi que en función de su reiteración diaria, pero no ocurre lo mismo respecto de operaciones más complejas y calificadas como podría ser respecto de operaciones de *leasing* de aviones. (Martínez, 2021, p. 81).

- Vigente: es decir, que rija en la actualidad. Como elemento subjetivo, se exige que frente a este acto exista una conciencia de obligatoriedad entre los comerciantes del sector donde se desenvuelve.

Con relación a los requisitos de la costumbre, manifiesta Jorge Oviedo Alban:

> El requisito de ser reiterados significa que deben darse de manera repetida en el tiempo y no esporádica, aunque la norma no precisa dentro de qué lapso deberá valorarse tal reiteración, cuestión que queda por ende a decisión del juez en cada caso en contrato; el de ser públicos, que estos no correspondan a prácticas ocultas o reservadas sino que sean ostensibles o notorios y uniformes, que la práctica que genera la costumbre se realice siempre de igual manera por los actores del sector económico a que se refiera.
> Además de ellos, aunque no esté consagrado en la norma, debe incluirse el requisito de la *opinio juris*, es decir: la opinión generalizada sobre su obligatoriedad. En relación con estos requisitos, de uniformidad, publicidad, y reiteración de la costumbre, se ha afirmado que estos indican una verdadera voluntad colectiva, que confirma esa especie de ordenamiento espontaneo. (2016, p. 85)

Por otro lado, la costumbre mercantil admite dos clasificaciones importantes, con lo cual tenemos que:

> 1. Según su relación con la ley, la costumbre mercantil puede ser:
> - *Praeter Legem* o Extralegal: se trata de la verdadera costumbre mercantil, es decir, de aquellas prácticas que se han venido decantando de manera uniforme, publica y reiterada con conciencia de obligatoriedad entre la comunidad de comerciantes en sus operaciones mercantiles, con lo cual su vinculatoriedad deviene directamente de los sujetos encargados de observarlas. De ahí que se pueda afirmar que este tipo de costumbre cumple una función normativa.
>
> ...La costumbre *praeter legem* se constituye como una verdadera fuente de derecho, pues es a través de ella como se origina el derecho mercantil en la práctica. Es gracias a ella que, por ejemplo, contratos atípicos como el *leasing*, la maquila, la distribución, entre otros, así como operaciones contractuales, cual es el cado de la franquicia o el *Project finance*, se van configurando, con el propósito de adecuar las negociaciones de los comerciantes a su realidad mercantil.

> El papel de la costumbre creadora de derecho o *praeter legem* en un Estado gobernado por la ley, es suplir los vacíos del ordenamiento y de la voluntad expresa de las partes en los contratos. Entonces, siempre que la costumbre no contradiga a la ley— en la que se entiende incluida la ley civil mercantilizada—ni a la autonomía contractual—que es ley para los contratantes—, se acudirá a ella. (León y López, 2016, p. 38-39).

Como ejemplos de costumbres *praeter legem* certificadas por la Cámara de Comercio de Bogotá, tenemos, entre otras:

- En materia inmobiliaria: "En Bogotá D.C., existe costumbre mercantil entre los arrendatarios de locales comerciales de pagar los cánones de arrendamiento por mensualidades anticipadas durante los cinco (5) primeros días comunes de cada mes".
- En materia comercial: "Es costumbre mercantil en Bogotá, D.C., que en el contrato de agencia comercial, las partes se obliguen a mantener la confidencialidad de la información que se intercambie entre ellas en materia de clientes y de contratos".
- En materia automotriz: "En Bogotá D.C., en los contratos de compraventa de vehículos particulares usados, es costumbre mercantil que el pago de los gastos de traspaso se asuma por el comprador y el vendedor por iguales partes".
- En materia financiera: "En Bogotá D.C., existe la costumbre mercantil de sujetar los derechos y obligaciones que se derivan de las cartas de crédito en los contratos de compraventa internacional de mercaderías a las reglas y los usos uniformes adoptados por la Cámara de Comercio Internacional en el folleto 600".
- En materia de franquicia: "En Bogotá D.C. es costumbre mercantil que en el contrato de franquicia, el franquiciante entregue al franquiciado, un manual de operaciones y procedimientos, con la finalidad de que este último pueda realizar exitosamente el negocio contratado".
- En materia aseguradora: "En Bogotá D.C. es costumbre mercantil en el contrato de seguro que las compañías aseguradoras utilicen la firma mecánica en la carátula, anexos y modificaciones en todos los ramos que expiden".

- *Secundum Legem* o Según la Ley: es aquella a quien la misma ley comercial expresamente remite, con lo cual cumple una función integradora o complementaria de la Ley mercantil.

Refiriéndose a este tipo de costumbre, manifiesta Yira López Castro:

> De otra parte, la costumbre tiene una función complementaria de las normas porque en ocasiones el legislador remite directamente a la costumbre para darle contenido a una norma completando el supuesto de hecho o la consecuencia jurídica. En este caso, el legislador se vale de la costumbre para dotar de movilidad a las normas en asuntos relacionados, por ejemplo, con el precio o la remuneración que corresponde a una de las partes en un contrato comercial. (2019, p. 36).

Como ejemplos de costumbre *secundum legem,* tenemos a los artículos 827, 842, 909, 971, 909, 1264, 1417 y 1341 del Código de Comercio.

- *Contra Legem* o Contra la ley: como su nombre lo indica, estas son todas aquellas prácticas que van en contravía de la Ley comercial, tanto de la Ley comercial imperativa como de la dispositiva, así como también de la supletiva, pues el inciso segundo del artículo 3 del Código de Comercio no hace distinción alguna a este respecto.

Ahora bien,

> Son múltiples los casos en los que prácticas contrarias a la ley han alcanzado un estatus de validez posterior pues son recogidas por el legislador o aceptadas por los jueces. Las reglas legales vigentes no resultaban eficaces, pues precisamente los sujetos actuaban de manera general, uniforme y reiterada desconociéndolas de tajo. (León Robayo y López Castro, 2016, p. 49).

Por otra parte, es de indicar aquí que, aparte de la función integrativa y normativa, la costumbre mercantil de conformidad con el artículo 5 del Código de Comercio, también cumple una función hermenéutica, pues sirve para determinar el sentido de las palabras o frases técnicas del comercio y para interpretar los actos y convenios mercantiles.

2. Según el sector o lugar geográfico donde operan, las costumbres pueden ser:

- Costumbre local: es aquella que es observada por los comerciantes de un sector empresarial determinado en una zona geográfica especifica del territorio nacional. Dentro de las funciones que cumplen las Cámaras de Comercio se encuentra la de recopilar y certificar las costumbres mercantiles del lugar de su jurisdicción, es decir, las costumbres mercantiles locales.

Es pertinente aclarar que la recopilación es el proceso previo a la certificación, «que tiene como objetivo la comprobación de los requisitos establecidos legalmente para que determinado uso comercial sea tenido en cuenta como una costumbre mercantil» (Cámara de Comercio de Bogotá, 2011, p. 8); mientras que la certificación es el acto mediante el que la cámara de co-

> mercio concluye que el uso comercial cumple los requisitos para ser considerada costumbre mercantil, que conlleva a la posterior emisión de constancias de certificación. (Escobar, Isaza, y Bedoya, 2019, p. 139-140).

Es de tener en cuenta que, de conformidad con el inciso 2 del artículo 3 del Código de Comercio, las costumbres mercantiles locales se encuentran por encima en prioridad de aplicación a las costumbres mercantiles generales o nacionales. Esta clase de costumbre se puede probar con el testimonio de dos comerciantes inscritos en el registro mercantil, con decisiones judiciales definitivas que aseveren su existencia, proferidas dentro de los cinco años anteriores a la controversia, o también con el certificado de la Cámara de Comercio correspondiente al lugar donde rija.

- Costumbre General o Nacional: como su nombre lo indica, son todas aquellas costumbres que son observadas en todo el territorio nacional. Corresponde a las confederaciones de cámaras de comercio (actualmente Confecámaras) la labor de recopilar este tipo de costumbres por expresa disposición del artículo 96 del Código de Comercio.

Según lo mencionado anteriormente, la costumbre general se encuentra subordinada a las costumbres locales. Inciso 2 artículo 3 del Código de Comercio.

> En 2017, la Confederación Colombiana de Cámaras de Comercio (Confecámaras), en conjunto con la Cámara de Comercio de Bogotá, publicó un estudio denominado la costumbre mercantil. Un aporte para los negocios de los empresarios en Colombia. En este se hizo un análisis de todas las costumbres certificadas por las distintas cámaras entre 2013 y 2016.
>
> En este estudio se pudo conocer que, por ejemplo, prácticas como la comisión en la compraventa de vehículos usados se encuentran uniformemente certificadas por las cámaras de Barrancabermeja, Medellín para Antioquia, Montería y Neiva (...)
>
> Lo anterior demuestra que aun cuando la gran mayoría de costumbres mercantiles se refieren a actividades específicas de la región en la se realiza, algunas de ellas, bien por su impacto o bien por su generalidad, podrían aplicarse en todo el territorio nacional. (Piedrahita, 2019, p. 51)

- Costumbre comercial extranjera: se trata de todas aquellas costumbres comerciales que son observadas por la comunidad de comerciantes de un país extranjero.

Señala Oviedo Alban frente a este tipo de costumbre que:

> ...resultaría muy poco probable que un juez o funcionario administrativo tomara una decisión basándose en una costumbre extranjera que rigiera en un país con el cual la relación jurídica no tuviera conexión alguna. La única

> alternativa en la que talvez correspondería buscar solución en ella, sería tratándose de un contrato internacional que tuviera puntos de contacto con el Derecho de otro país en el que rigiere tal costumbre extranjera, de forma que éste resultare aplicable a dicha transacción en virtud de las reglas de conflicto pertinentes. (2018, p. 69).

Indica el artículo 179 del Código General del Proceso que este tipo de costumbre y su vigencia se acredita con certificación del respectivo cónsul colombiano o, en su defecto, del de una nación amiga. Para expedir este certificado, se debe solicitar constancia a la Cámara de Comercio local o a la entidad que hiciere sus veces, y, a falta de una y otra, a dos abogados del lugar especialistas en derecho comercial. Adicionalmente, este tipo de costumbre se puede también probar mediante dictamen pericial rendido por persona o institución experta debido a su conocimiento o experiencia en cuanto a la ley de un país o territorio.

- Costumbre comercial internacional: Se trata de la nueva *lex mercatoria*, es decir, de todas aquellas prácticas que se han venido decantando por la sociedad de comerciantes en sus transacciones internacionales.

En palabras de Jenner Alonso Tobar Torres:

> La actividad de los operadores del tráfico mercantil ha causado una total reconfiguración en el campo del derecho comercial internacional, lo que se ha manifestado principalmente en la progresiva pérdida del formalismo jurídico, expuesta en la permisión del derecho comercial internacional a abrir sus puertas a nuevos actores y a nuevas dinámicas de producción del derecho que rompen con la idea clásica de producción jurídica estatal, para dar campo a una creación normativa de carácter transnacional basada en la autorregulación privada, buscando respuesta eficientes a las necesidades de los operadores mercantiles. (2020, p. 25)

De otro lado, señala el artículo 179 del Código General del Proceso que la costumbre mercantil internacional y su vigencia se probará con la copia de la sentencia o laudo en que una autoridad jurisdiccional internacional la hubiera reconocido, interpretado o aplicado (como sería el caso de la Corte Internacional de Arbitraje de la Cámara de Comercio Internacional de París (CCI); el organismo de solución de diferencias de la OMC (OSD); la Comisión Interamericana de Arbitraje Comercial (CIAC), el Centro Internacional de Diferencias Relativas a Inversiones (CIADI); el Centro de Arbitraje y mediación de la OMPI; la Asociación Americana de Arbitraje (AAA); etc.)

Adicionalmente, señala este artículo 179 del Estatuto procesal, el que la costumbre mercantil internacional también se puede probar con certificación de una entidad internacional idónea (como seria, por ejemplo, el caso de Uncitral o Cnudmi; CCI; OEA; Unidroit; etc.) o mediante dictamen pericial rendido por persona o institución experta en razón de su conocimiento o experiencia.

D. Es un ordenamiento de carácter preferente en su aplicación: esta característica se manifiesta en el hecho de que, cuando estamos en presencia de un negocio jurídico que para una de sus partes es de carácter civil y para la otra es de carácter comercial, dicho acto se debe regular por la legislación mercantil. Es lo que se denomina por la doctrina como los actos de comercio mixtos, artículo 22 del Código de Comercio.

> ...Estos casos se presentan en particular en los contratos que tienen regulación tanto en el derecho civil como en el mercantil, puesto que aquellos que son exclusivamente comerciales (como la agencia comercial, el seguro y crédito documentario) o típicamente civiles (como el comodato, la cesión de herencia o la donación) no generan la dualidad que presupone el acto unilateral o mixto. En estos actos se produce un conflicto entre el derecho civil y el derecho mercantil que se ha resuelto aplicando este último a la integridad del acto. (Castro, 2016, p. 88).

1.4. FUENTES DEL DERECHO COMERCIAL

Podemos afirmar que, por fuentes del derecho comercial hacemos alusión a de dónde brota o emana el derecho mercantil y la manera en que este se manifiesta. Ahora bien, tenemos por un lado a las denominadas fuentes formales, las cuales determinan la validez del sistema jurídico mercantil, con lo cual son de carácter vinculante, es decir, de obligatoria observancia para los particulares. Señala Eduardo García Maynez que: "por fuente formal entendemos los procesos de creación de las normas jurídicas". (1977, p. 51)

Y, por otro lado, tenemos a las denominadas fuentes materiales, que cumplen una función hermenéutica del derecho comercial en la medida en que permiten interpretar el sentido y alcance de las fuentes formales cuando estas son densas y oscuras; y, así mismo, cumplen una función integrativa o complementaria, por cuanto en ellas muchas veces se inspira el legislador mercantil a la hora de expedir más fuentes formales.

En este orden de ideas, tenemos como fuentes formales a las siguientes:

- La Constitución: siguiendo una concepción kelseniana, podemos afirmar que la fuente formal primaria que se encuentra en la cúspide de la pirámide es la constitución política, lo anterior por cuanto

Colombia se encuentra inscrito en un Estado constitucional y social de derecho.

Al respecto aduce Gustavo Beltrán Valencia:

> De conformidad con el artículo 1 de la Constitución Política, Colombia se enmarca dentro de un Estado Social de Derecho, el cual implica el sometimiento no solamente de los poderes públicos sino también de los particulares a la Constitución, y consecuentemente, sus acciones deben de propender por el logro de los principios y valores constitucionales en aras de la salvaguarda de los débiles, la justicia social y el bien común. (2020, p. 20).

Y la Corte Constitucional, en Sentencia C-587 de 1992, señala:

> Así, el Estado social de derecho-que reconoce el rompimiento de las categorías clásicas del Estado Liberal (...) los derechos fundamentales (...) conforman lo que se puede denominar el orden público constitucional, cuya fuerza vinculante no se limita a la conducta entre el Estado y los particulares, sino que se extiende a la órbita de acción de estos últimos entre sí.

Dicha formula de un Estado Social y Constitucional de Derecho, ha conllevado el surgimiento de una nueva visión del derecho denominada la constitucionalización del derecho, y particularmente del derecho privado, en virtud de la cual en palabras de Gustavo Beltrán Valencia:

> ...la constitución abandonó su antigua concepción reduccionista de ser un catálogo de aspiraciones y normas de carácter programático sometidas a ulteriores desarrollos legislativos y una norma encargada de la organización de las competencias de los poderes del Estado, para convertirse o ampliar su concepción en una verdadera norma jurídica de carácter superior, la cual contiene una serie de valores, principios y derechos que van a irradiar, en virtud de su fuerza normativa, la totalidad del ordenamiento jurídico en aras del mantenimiento de la dignidad, la justicia y la vida de los seres humanos. (2016, p. 12).]

En este orden de ideas, en virtud de esta corriente de la Constitucionalización del derecho y particularmente del derecho privado, toda esa carga axiológica y deontológica contenida en la constitución debe de irrigar con su fuerza normativa la totalidad de los ordenamientos jurídicos infraconstitucionales, tornándose la constitución en criterio de validez, en criterio de desarrollo y en criterio hermenéutico en nuestro caso del derecho comercial.

Lo que significa entonces que, las normas comerciales deben de interpretarse a la luz de los postulados constitucionales; las leyes comerciales que se expidan deben de propender por el desarrollo y la concreción de los principios y valores constitucionales, y jamás una norma mercantil debe transgredir los límites constitucionales so pena de ser declarada inexequible.

Lo anterior es de gran importancia por cuanto esta nueva visión del derecho o constitucionalización del derecho plantea un enfoque del mismo como un orden jurídico unitario, pues los valores, principios y derechos plasmados en nuestra Constitución van a complementar y a condicionar las diferentes ramas del derecho, particularmente el denominado derecho privado; se presenta, entonces, una relación de complementariedad entre la Constitución y el derecho privado; (...)

> En virtud de este orden jurídico unitario que nos plantea la constitucionalización del derecho, podemos decir que, si bien anteriormente el derecho privado se encargaba de forma independiente de la configuración y la regulación de las relaciones jurídicas de orden privado. Hoy en día esta independencia del derecho privado para determinar la regulación de las relaciones jurídico-privadas no puede predicarse de manera axiomática, pue frente a esta rama del derecho privado se antepone y tiene prevalencia todo un orden jurídico constitucional que lo está determinando e irradiando con su fuerza normativa y que tiene un carácter superior. (Beltrán, 2016, p. 14-15)

De todas estas consideraciones, encontramos entonces normas comerciales que expresamente indican que se deben de interpretar a la luz de los principios constitucionales, ejemplo: Ley 256 de 1996, en materia de competencia desleal; y encontramos también múltiples pronunciamientos jurisprudenciales que abordan controversias jurídico-privadas no solamente a la luz del derecho privado sino también bajo la óptica de la carga axiológica, los derechos y los principios constitucionales. Al respecto, indica Juan Jacobo Calderón:

> la desigualdad contractual constitucionalmente relevante, la justicia redistributiva y la satisfacción de intereses colectivos se declaran ahora como parte de la autonomía de la voluntad, lo que implica, entonces, una disminución de los espacios de libre intercambio de los particulares. es por esto por lo que, (...) no pueden los bancos, las aseguradoras, y las empresas de medicina prepagada negarse – sin más- a celebrar un contrato. en el desarrollo de la actividad contractual de estos agentes privados están comprometidas, se verá en la jurisprudencia, disposiciones iusfundamentales que, pase lo que pase, deben ser satisfechas. (2011, p. 65)

- Ley Comercial: Aquí entonces encontramos todas aquellas normas que surtieron su trámite de expedición ante el Congreso de la Republica y que se ocupan de la regulación de los comerciantes, los actos de comercio, y demás operaciones mercantiles.

Dentro de los tipos de leyes comerciales encontramos a:

- Ley Comercial Imperativa: son todas aquellas que establecen mandatos, prohibiciones, excepciones y sanciones con lo cual están establecidas para el mantenimiento del orden público económico, por ende, los particulares en sus estipulaciones contractuales no pueden ir en contra de las mismas, so pena, de que el acto se encuentre en principio viciado de nulidad absoluta, numeral 1 del artículo 899 del Código de Comercio.

Adicionalmente las leyes comerciales imperativas no admiten su aplicación vía analogía.

> El orden público aparece entonces como limite a esa actividad autorregulatoria para proteger espacios de actividad que el Estado considera propios de su soberanía en aras de preservar su orden social y económico, pero también y, principalmente, el orden público surge para salvaguardar intereses esenciales de la sociedad, identificando ámbitos de protección en los que el denominado interés general tiene prevalencia.
> Ahora bien, establecer un concepto de orden público es una tarea bastante compleja toda vez que ese interés general denominador del orden público variará según el espacio, el momento y el campo o área dentro del que se analice. Cada Estado, cada sociedad, pueden establecer distintos contenidos valorativos dentro del interés general, y, así mismo, tales contenidos pueden modificarse con el paso del tiempo, de tal forma que lo que se considera de interés general en un Estado puede no serlo en otro, y lo que se consideraba de interés general hace unos años, con el paso del tiempo puede perder tal carácter. (Tobar, 2020, p. 77).

Como ejemplos de leyes comerciales imperativas tenemos los artículos 19, 518 a 523, y 1328 del Código de Comercio.

- Ley Comercial Dispositiva: son todas aquellas que se ocupan de hacer definiciones, clasificaciones, o que se ocupan de la regulación de una institución relevante para el desarrollo de la actividad mercantil, ejemplo: artículos 26, 78, 619, y 1226 del Código de Comercio.

Dada su función y teleología, los particulares no se inmiscuyen con el contenido de estas normas, y a diferencia de las imperativas, estas sí admiten su aplicación vía analogía.

> Las normas dispositivas, son las simples definiciones y clasificaciones hechas por el legislador para aclarar una institución jurídica, no mandan ni prohíben nada con fundamento en el orden público. No pueden modificarse por voluntad de las partes por ser ajenas al campo de estipulación contractual. (Velásquez, 2008, p. 83).

- Ley Comercial Supletiva: Son todas aquellas que, como su nombre lo indica, están establecidas para suplir o llenar los vacíos que los particulares dejan en sus estipulaciones contractuales. Como ejemplos de este tipo de leyes tenemos los artículos 150, 196, 516, y 1318 del Código de Comercio.

Con todo, es de tener presente que los tratados y convenciones internacionales una vez han sido ratificados por Colombia, se incorporan a nuestro sistema jurídico comercial, por lo cual se constituyen en parte de nuestra legislación mercantil. Ejemplo de ellos es la Convención de Viena sobre Compraventa Internacional de Mercaderías, ratificada por Colombia en virtud de la Ley 518 de 1999.

- Ley Civil Expresamente Invocada por nuestro Legislador Comercial: se puede afirmar que, la ley civil que el legislador mercantil expresamente llama para regir un asunto determinado se encuentra en el mismo nivel que una ley comercial, por cuanto que con dicha remisión se complementa el supuesto de hecho y la consecuencia jurídica de la ley comercial que remite, facilitando una aplicación armónica del derecho privado. Como ejemplos tenemos a los artículos 12, 18, 127, y 822 del Código de Comercio.

Refiriéndose al artículo 822 del Código de Comercio, manifiestan Jorge Cubides Camacho y Yolima Prada Márquez, que:

> Debemos empezar por afirmar que tanto el Código Civil como el Código de Comercio y el de Procedimiento Civil, así como la Ley 153 de 1887 que tiene señalada importancia para la aplicación general de las leyes, tienden a la aplicación uniforme de los ordenamientos cuando uno ofrece vacíos y lo permite la naturaleza del caso, o los casos, que habría que regular. (...)
> Como se anticipó, el artículo 822 del Código de Comercio prevé que "los principios que gobiernan la formación de los actos y contratos y las obligaciones de derecho civil, sus efectos, interpretación, modo de extinguirse, anularse o rescindirse, serán aplicables a las obligaciones y negocios jurídicos mercantiles, a menos que la ley establezca otra cosa..." Esta referencia y adopción que hace el ordenamiento mercantil del civil y sus reglas, es quizás, como lo anotamos en párrafo anterior, el origen y la base argumental de nuestro empeño hacia la unificación en las materias mencionadas, es decir las que estructuran el acto jurídico y reglan sus efectos. (2013, p. 20).

- El Negocio Jurídico: Las partes, en virtud del principio de la autonomía de la voluntad, son libres para establecer el clausulado que va a regir su contrato con miras a la autorregulación de sus intereses, y en esa medida sus pactos contractuales se convierten en ley particular vinculante para ellas, y en fuente creadora de derecho comercial. Artículo 1602 del Código Civil y artículo 4 del Código de Comercio.

> ...las estipulaciones contractuales, únicamente se encuentran subordinadas a las leyes comerciales de carácter imperativo, esto es, a aquellas establecidas para la salvaguarda del orden público económico, pero en lo demás,

dichas estipulaciones se encuentran por encima y gozan de preferencia en su aplicación a las leyes comerciales supletivas, a las costumbres mercantiles, así como a la ley civil no invocada expresamente por nuestra legislación mercantil.
En estos términos, se pronuncia el artículo 4 del Código de Comercio cuando afirma que: "Las estipulaciones de los contratos válidamente celebrados preferirán a las normas legales supletivas y a las costumbres mercantiles." (Beltrán, 2021, p. 362).

- La Costumbre: como ya se explicó *supra*, por costumbre entendemos todas aquellas practicas uniformes, públicas y reiteradas frente a las cuales existe una conciencia de obligatoriedad, las cuales se han venido decantando por la comunidad de comerciantes en sus actividades comerciales.

En nuestro sistema de fuentes mercantil, la costumbre ocupa un sitial importante por cuanto, aunque no puede ir en contra ni de ley comercial imperativa, ni dispositiva, ni supletiva, y se encuentra subordinada a las estipulaciones contractuales; sí prefiere a todo el ordenamiento civil no invocado expresamente por nuestro legislador comercial. Artículos 2, 3 y 4 del Código de Comercio.

- La analogía: de conformidad con el artículo primero del Código de Comercio, el tipo de analogía que se constituye en fuente de nuestro derecho comercial corresponde a la analogía *legis*, esto es, aquella en que se aplica de forma extensiva una ley que regula un caso semejante, a un caso que carece de regulación legal. En cuanto a los requisitos de aplicabilidad de la analogía, señala Juan Jacobo Calderón y Yira López Castro:

Entonces, la analogía procede en aquellos casos en los cuales:
a. En el sistema formal de fuentes no existe una norma que regule de modo especifico el supuesto objeto de juzgamiento o examen o, dicho de otra manera, existe una laguna o un vacío:
b. El ordenamiento se ocupa de disciplinar una hipótesis semejante a la que se juzga o examina;
c. La razón que explica la regla en el supuesto regulado también puede preverse respecto a aquel que no ha sido regulado; y
d. La norma que pretende ser aplicada no reviste condición de taxativa, exceptiva o sancionatoria. (2016, p. 23-24).

Como ejemplo de aplicación analógica, tenemos el caso del artículo 124 del Código de Comercio, el cual establece la regla general en materia de pago de los aportes en las sociedades comerciales, indicando que si no se dice en los estatutos cuándo se efectuará el pago de los aportes, el aporte de bienes muebles se efectuará en el domicilio social tan pronto la sociedad esté debidamente constituida; no existe norma que regule en qué momento y en dónde se hace el pago de los aportes de bienes inmuebles, por lo que para el aporte de este tipo de bienes se le aplicará de manera analógica el artículo 124 del Estatuto Mercantil referenciado.

Otro ejemplo tiene que ver con el parágrafo del artículo 150 del Código de Comercio, el cual menciona que, si no se establece en los estatutos, el socio industrial sin estimación de su valor participará en las utilidades en la misma proporción que el socio capitalista que mayor aporte a capital hizo dentro de la sociedad. Ahora bien, no existe norma que regule la proporción en el pago de las utilidades para los socios gestores en las sociedades en comandita cuando no se pactó en los estatutos esta proporción, evento en el cual se les aplicaría el artículo 150 del Código de Comercio vía analogía. Por otra parte, tenemos como fuentes materiales de nuestro derecho mercantil a:

- La jurisprudencia: aquí entonces nos referimos a los pronunciamientos judiciales proferidos por las altas corporaciones jurisdiccionales del Estado, tales como: la Corte Constitucional, la Corte Suprema de Justicia y el Consejo de Estado.

No obstante, lo anterior, también se puede incluir o considerar como "jurisprudencia" a las decisiones proferidas por las diferentes Superintendencias en ejercicio de funciones jurisdiccionales[5]; y a los laudos arbitrales dictados por los tribunales de arbitraje ("jurisprudencia arbitral"), los cuales gozan de las características propias de una sentencia, esto es, prestan mérito ejecutivo y tienen efecto de cosa juzgada. Al respecto indica Juan Pablo Cárdenas Mejía:

> A diferencia de la legislación anterior, que no definía el laudo arbitral, la nueva ley lo define en el artículo 2, al señalar que El laudo arbitral es la sentencia que profiere el tribunal de arbitraje. Lo anterior implica entonces que por definición el laudo tiene los atributos de toda sentencia judicial. (2013, p. 255)

En consecuencia, la jurisprudencia como fuente material del derecho mercantil permite interpretar y determinar el sentido y alcance de fuentes formales que sean oscuras o de entendimiento problemático, y adicionalmente, cumple una función integrativa, pues en ellas se puede apoyar el

---

5 El Código General del Proceso articulo 24 (Ley 1564 de 2012) le concedió facultades jurisdiccionales en diversos asuntos a entidades administrativas, tales como: Superintendencia de Industria y Comercio, Superintendencia de Sociedades, Superintendencia Financiera, Dirección Nacional de Derechos de Autor, entre otros.

legislador para expedir posteriormente fuentes formales más adecuadas al momento histórico que se esté viviendo en un momento dado dentro de la sociedad.

Como ejemplo de lo anterior tenemos la problemática para determinar si el contrato de mutuo mercantil, de depósito y de promesa comercial —que si bien se encuentran regulados dentro del Código de Comercio—, este estatuto no menciona expresamente su forma de perfeccionamiento con lo cual ha sido la jurisprudencia la que ha esclarecido esta situación manifestando que tanto el mutuo[6] como el depósito mercantil[7] son reales, mientras que la promesa[8] es de carácter consensual.

- Los Principios Generales del Derecho Comercial: Los principios son normas de carácter muy general y abierto en la medida en que, a diferencia de las reglas, no tienen delimitado su supuesto de hecho y su consecuencia.

No obstante, esto, los principios del derecho comercial se constituyen en las columnas sobre las cuales se asienta y se orienta el desarrollo del derecho comercial, de ahí que se consideren fuente material del mismo, cumpliendo su función interpretativa e integrativa. (criterios auxiliares del derecho. Artículo 230 de la Constitución Política).

Entonces, los objetivos de los principios se pueden resumir en tres verbos: elaborar (función creativa), comprender (función interpretativa) y suplir (función integrativa) las normas jurídicas con miras a la realización del fin de los fines de los mismos, que es cuádruple: humanizar, hacer justo, racionalizar y actualizar el derecho (Valencia, 2007, p. 68 y 69). En similar sentido, manifiestan Juan Carlos Villalba Cuellar y Mónica Lucía Fernández Muñoz:

> En lo atinente a su función, los principios permiten a su vez la interpretación de la ley, la verificación de su constitucionalidad y de su validez en el marco de un ordenamiento jurídico toda vez que estos brindan a los jueces directrices para una interpretación teleológica de la norma. (2020, p. 21)

---

6 Corte Suprema de Justicia, Sala de Casación Civil y Agraria, 27 de marzo de 1998, M. P. José Fernando Ramírez Gómez.

7 Corte Suprema de Justicia, Sala de Casación Civil, 26 de febrero de 2010, M. P. Arturo Solarte Rodríguez.

8 Corte Suprema de Justicia, Sala de Casación Civil, 13 de noviembre de 1981, M. P. Alfonso Guarín Ariza.

Con todo, muchos de los principios generales del derecho comercial se han ido positivizando dentro de nuestra legislación comercial, así, por ejemplo, tenemos:

Principio de la buena fe: este principio irradia todo el sistema jurídico privado, y permea todo el *iter* contractual desde la etapa de las negociaciones hasta la celebración, ejecución, y aún en la etapa poscontractual. Artículos 863 y 871 del Código de Comercio y artículo 1603 del Código Civil.

> Las conductas que despliegan las partes a lo largo de todo el contrato deben interpretarse como un conjunto continuo, y no fase por fase. Actuar de buena fe supone ser coherente en todos los momentos del negocio y respetar la confianza puesta por los demás en la conducta de uno. Por ello, al momento de evaluar si una conducta es o no es de buena fe, debe estudiarse dentro de su contexto, de manera sistemática, confrontándola con todas las actividades desplegadas a lo largo de las distintas fases del contrato, y no se puede analizar de manera aislada. (pájaro, 2009, p. 363 y 364).

En términos generales, se puede afirmar que, en materia de contratación mercantil cobra especial relevancia la denominada por la doctrina como la buena fe objetiva, en virtud de la cual, de la misma se desprenden una serie de deberes para los contratantes (deberes secundarios de conducta), así no se encuentren expresamente estipulados dentro del contrato; tales como: deber de cooperación, deber de información, deber de consejo, deber de custodia, deber de secreto, deber de lealtad, etc. En este sentido, se pronuncia Jaime Alberto Arrubla Paucar cuando afirma que:

> Nos interesa ahora desentrañar o descomponer la buena fe que obliga a los sujetos que pretenden celebrar un negocio jurídico, con el fin de conocer cuál puede ser su alcance y naturaleza.
> Podemos para el efecto, escindir ese deber de buena fe en los tres subdeberes que señala la doctrina, a) de información; b) de secreto; c) de custodia. (2003, p. 102)

Conviene señalar que, cómo lo manifestábamos *supra*, durante la etapa previa a la celebración del contrato, las futuras partes deben de actuar de buena fe, so pena de que tengan que indemnizar los perjuicios que causen por omitir la observancia de este deber de conducta (responsabilidad civil precontractual).

Así, la jurisprudencia ha manifestado que un rompimiento intempestivo e injustificado de las negociaciones en la etapa precontractual cuando se había generado la confianza legitima de que el contrato se llegaría a celebrar, puede hacer incurrir en responsabilidad civil precontractual y el futuro contratante defraudado podrá ser indemnizado en los gastos, el tiempo y la pérdida que le haya ocasionado dicho rompimiento intempestivo[9].

Adicionalmente, es de subrayar que, a partir de este principio de la buena fe se puede estructurar toda una concepción en virtud de la cual las partes en un contrato no deben de buscar únicamente la satisfacción de su interés propio y egoísta (concepción liberal), sino que entre ellas se deben de colaborar mutuamente y trabajar en pro de la efectiva realización y satisfacción del interés de todos los involucrados dentro del negocio (solidarismo contractual). En este sentido, afirman Thea Christine Bauer y Mariana Bernal Fandiño:

> Desde una perspectiva solidarista, se ha considerado que la función social del contrato está relacionada con el vínculo de solidaridad entre las partes; el contrato debe ser un mecanismo de colaboración en virtud del cual los contratantes deben actuar dentro de unos parámetros de equilibrio.
> La idea de colaboración entre los contratantes encuentra un fundamento importante en los desarrollos del principio general de la buena fe. (2021, p. 60-61).

Por último, es de señalar que el principio de la buena fe se encuentra constitucionalizado. Artículo 83 de la Constitución Política.

- Principio del no abuso del derecho: este principio se encuentra positivizado en nuestro ordenamiento comercial en el artículo 830 del Código de Comercio, indicando que se trata de fuente obligacional en la medida en que quien abuse de su derecho tendrá que resarcir los perjuicios que con dicho abuso genere.

Con todo, el artículo 830 en mención es sumamente lacónico, con lo cual ha sido la doctrina y la jurisprudencia la que le ha otorgado contenido para determinar cuando estamos en presencia de un uso abusivo del derecho. Ahora bien, existen principalmente dos criterios para establecer cuando hay abuso del derecho, así, existe el criterio que exige un elemento subjetivo como es ejercer el derecho con culpa o con la intención de causarle un perjuicio a un tercero (dolo).

> Para la mayoría de los autores el abuso del derecho tiene algunas connotaciones que lo diferencian de la responsabilidad civil por dolo o culpa. Sin embargo, concluyen afirmando que también el abuso del derecho se fundamenta en la culpa o en el dolo y por tanto pertenece a la esfera de la responsabilidad

---

9 Al respecto Sentencia de la Corte Suprema de Justicia del 28 de junio de 1989 con M.P. Rafael Romero Sierra. Y Sentencia del 23 de noviembre de 1989 con M.P. José Alejandro Bonivento Fernández, de la misma corporación.

> por el hecho propio. Los abanderados en esta teoría son los señores Mazeud-Tunc-Chabas. (Tamayo, 2007, p. 591)

Por otro lado, existe el criterio funcional el cual plantea que los derechos se encuentran establecidos con cierto contenido, función y finalidad, por lo que habrá abuso cuando este se ejerce desviándose del contenido y de la función social que se les reconoce. Como abanderado de esta concepción, tenemos a Josserand, quien afirma que:

> A esta concepción implacable, frenética de los derechos individuales, se opone la teoría de la relatividad, que lleva a admitir posibles abusos de los derechos, aun de los más sagrados. En esta teoría los derechos, productos sociales, como el mismo derecho objetivo, derivan su origen de la comunidad y de ella reciben su espíritu y finalidad; cada uno se encamina a un fin, del cual no puede el titular desviarlo; están hechos para la sociedad y no la sociedad para ellos; su finalidad está por fuera y por encima de ellos mismos; son, pues, no absolutos, sino relativos; deben ejercerse en el plano de la institución, con arreglo a su espíritu, o de lo contrario seguirán una dirección falsa, y el titular que de ellos haya, no usado, sino abusado, verá comprometida su responsabilidad para con la victima de esa desviación culpada. (2009, p. 4).

Conviene destacar que nuestra jurisprudencia acoge tanto la concepción subjetiva, como la concepción funcional para determinar cuando hay un uso del derecho de forma abusiva. Así, en Sentencia del 19 de octubre de 1994, la Corte Suprema de Justicia manifiesta que:

> Finalmente, existiendo como en verdad existen distintos criterios, unos de carácter subjetivo y otros meramente objetivos, que con el paso del tiempo y a medida que las circunstancias evolucionan han utilizado la doctrina para hallar el abuso y denunciarlo en el ejercicio de facultades o prerrogativas jurídicas no obstante la legalidad externa que en apariencia lo caracteriza, en el estado actual de la investigación científica acerca de esta controvertida materia, y así lo sugieren por cierto varias de las opiniones de autores incluidos en el provechoso repertorio de transcripciones contenidas en la demanda de casación que se estudia, se tiene por admitido que aquellos criterios no son excluyentes en homenaje al absolutismo conceptual por el que propugna el recurrente y que en sistemas como el colombiano donde no se cuenta con una definición legal de "abuso", su existencia debe ser apreciada por los jueces en cada caso, en función de los objetivos de la regla de derecho frente a la cual esa figura adquiere relevancia.

Es preciso señalar igualmente que, el principio del abuso del derecho se ha ido desarrollando en tópicos específicos del derecho mercantil, tales como: el abuso del derecho de voto en materia societaria (artículo 43 de la Ley 1258 de 2008) y el abuso de posición dominante en materia de derecho de la competencia. (artículo 50 Decreto 2153 de 1992).

- Principio de enriquecimiento sin causa: al igual que lo que ocurre con el principio de no abuso del derecho, el enriquecimiento sin causa fue positivizado en el artículo 831 del Código de Comercio de una forma extremadamente lacónica, indicando que: "*nadie podrá enriquecerse sin justa causa a expensas de otro*", con lo cual ha sido igualmente la jurisprudencia y la doctrina las que han dotado de contenido a este postulado.

En este orden de ideas, se tiene que los presupuestos para ejercer la acción judicial derivada de un enriquecimiento sin causa son los siguientes:

- El enriquecimiento efectivo del patrimonio de una persona.
- El empobrecimiento del patrimonio de otra persona.
- Que haya un vínculo o correlatividad en este desequilibrio patrimonial.
- Que no exista una causa jurídica para este desequilibrio; es decir, que no se produjo con ocasión de un negocio jurídico (unilateral, bilateral o plurilateral), ni de un hecho jurídico (lícito como: el pago de lo no debido, la comunidad o la agencia oficiosa; o ilícito como: un delito penal o responsabilidad civil extracontractual), ni se produjo por disposición expresa de la ley.

Es de resaltar que la acción derivada de un enriquecimiento sin causa es de carácter subsidiario y restitutorio; es decir, que solo se puede proponer como pretensión subsidiaria a una pretensión principal que se derive de un acto, hecho jurídico o de la ley; y que con ella no se persigue el resarcimiento de perjuicios, sino reestablecer el desequilibrio presentado en el patrimonio del empobrecido, restituyéndole la suma o el bien correspondiente.

Manifiesta Lisandro Peña Nossa que: "la acción de enriquecimiento tendrá como objetivo principal restablecer el equilibrio entre los patrimonios, es decir, el enriquecido quedará obligado hasta el límite de su enriquecimiento y al empobrecimiento sufrido por el interesado". (2010, p. 9).

Análogamente se debe distinguir esta acción de la denominada en materia de títulos valores como acción de enriquecimiento cambiario, artículo 882 del Código de Comercio, pues esta parte como presupuesto para su procedencia de la caducidad y la prescripción de un título valor; mientras que por el contrario, tratándose de la acción de enriquecimiento sin causa, el demandante va a carecer de ella si por su culpa o negligencia perdió las acciones que poseía derivadas del acto, del hecho jurídico o de la ley.

- Principio de libertad de formas y consensualidad: dada la rapidez que debe de imperar entre los comerciantes en la realización de sus negocios, es que, en materia mercantil, por regla general, estos —salvo que las partes pacten expresamente una solemnidad esencial convencional— se perfeccionan por el simple acuerdo entre las partes sobre sus elementos esenciales (Principio de la consensualidad, artículo 824 del Código de Comercio).

- No obstante, existen algunas excepciones al principio de la consensualidad en materia comercial, por ejemplo:
- El contrato bancario de Apertura de Crédito es de carácter solemne, pues debe constar por escrito. (Artículo 1402 del Código de Comercio).
- La enajenación de un establecimiento de comercio, así como su arrendamiento y usufructo, debe constar por escritura pública o por documento privado autenticado. (Artículo 526 y 533 del Código de Comercio).
- La anticresis mercantil sobre bienes inmuebles se perfecciona con la entrega de la cosa; es decir, desde el punto de vista de su perfeccionamiento es real. (Artículo 1221 del Código de Comercio).
- La anticresis sobre bienes muebles y la prenda mercantil se consideran una garantía mobiliaria, con lo cual se perfecciona por escrito. (Artículo 14 de la Ley 1676 de 2013).
- El poder para facultar a una persona para actuar en nombre y representación de un socio en asamblea de accionistas o junta de socios debe de constar por escrito. (Artículo 184 del Código de Comercio).
- La compraventa mercantil sobre bienes inmuebles debe de constar por escritura pública. (Artículo 822 del Código de Comercio).
- La fiducia mercantil sobre bienes inmuebles debe de constar por escritura pública. (Artículo 1228 del Código de Comercio).
- De conformidad con la jurisprudencia como lo planteábamos anteriormente, el contrato de mutuo y de depósito comercial es de carácter real pues se perfeccionan con la tradición y con la entrega de la cosa respectivamente.
- El contrato de promesa de sociedad es solemne en la medida en que para su perfeccionamiento debe de constar por escrito. (Artículo 119 del Código de Comercio).

- Principio de solidaridad obligacional: este principio también se encuentra positivizado en nuestro estatuto comercial en el artículo 825 del Código de Comercio, y significa que cuando hay varios deudores en un negocio jurídico comercial (extremo pasivo de la obligación), se presume que estos se obligaron de manera solidaria, con lo cual el acreedor puede perseguir a cualquiera de ellos, a algunos, o a todos por el total de la obligación, y estos no podrán oponer beneficios como la división o la excusión.

Con todo, es de resaltar que se trata de una presunción de orden legal, por lo que esta admite prueba en contrario en el evento en que, por ejemplo, los deudores se obligaron expresamente en el negocio jurídico de una forma diferente.

Principio de oponibilidad: se trata del principio de la oponibilidad registral, en virtud de la cual, existen ciertos negocios que se deben de inscribir en un registro público para que este sea oponible y se pueda hacer valer frente a terceros. (Numeral 4 del artículo 29 y artículo 901 del Código de Comercio).

En términos generales, la publicidad registral tiene dos caras: una positiva y otra negativa. La oponibilidad, por su lado positivo, consiste en la expansión de los efectos jurídicos de un acto o contrato o de una providencia judicial o administrativa, frente a todo el mundo, por haberse cumplido con la formalidad de la inscripción del respectivo documento, en un registro público. En su aspecto negativo, el acto o contrato no inscrito no produce efectos frente a terceros, institución jurídica que corresponde a lo que el legislador denomina inoponibilidad (Gil, 2020, p. 4).

Así, por ejemplo, como eventos donde se exige inscripción para efectos de oponibilidad, tenemos:

- El contrato de preposición se debe de inscribir en el registro mercantil. (Artículo 1333 del Código de Comercio).
- El contrato de agencia comercial se debe de inscribir en el registro mercantil. (Artículo 1320 del Código de Comercio).
- La enajenación de un establecimiento de comercio se debe inscribir en el registro mercantil. (Numeral 6 artículo 28 del Código de Comercio).
- Las reformas estatutarias en las sociedades comerciales se deben de inscribir en el registro mercantil. (Numeral 9 artículo 28 del Código de Comercio).

  - Las limitaciones o restricciones al representante legal de una sociedad se deben de inscribir en el registro mercantil. (Artículo 196 del Código de Comercio).
  - La anticresis mercantil sobre bienes muebles y la prenda, se deben de inscribir en el registro de garantías mobiliarias que lleva Confecámaras. (Artículo 21 de la Ley 1676 de 2013).
  - La cesión o licencia de patentes y de marcas se debe de inscribir ante la Superintendencia de Industria y Comercio. (Artículos 56, 57, 161 y 162 de la Decisión 486 de 2000 de la Comunidad Andina de Naciones).

- Principio de Conservación contractual: dada la importancia de los contratos como mecanismos por excelencia para facilitar el tráfico jurídico de bienes para la satisfacción de los intereses patrimoniales de las personas y de los comerciantes, es que nuestra legislación comercial plantea toda una serie de normas que lo que persiguen es precisamente mantener incólume las relaciones contractuales.

Dentro de estas normas tenemos:

  - El artículo 902 del Código de Comercio, que plantea la denominada por la doctrina como nulidad parcial, en virtud de la cual, si alguna de las cláusulas de un contrato se encuentra viciada de nulidad, esta circunstancia no afecta en principio todo el contrato si el mismo puede subsistir con las demás cláusulas.
  - El artículo 903 del Código de Comercio, que consagra la denominada nulidad individual, en virtud de la cual, si en un negocio jurídico plurilateral el vínculo de alguna de las partes contratantes se encuentra viciado de nulidad, esta circunstancia no afectará a todo el contrato, salvo que la participación de la parte afectada sea esencial para el cumplimiento de la finalidad del contrato.
  - Es de anotar que el artículo 104 del Código de Comercio, plantea la aplicación de la nulidad individual específicamente dentro del contrato de sociedad.
  - El artículo 904 del Código de Comercio, que plantea la posibilidad del fenómeno de la conversión del contrato, en virtud de la cual, un contrato nulo podrá producir efectos de un contrato diferente si contiene todos los requisitos esenciales y formales de este, y las partes de haber conocido la nulidad, habrían perfeccionado el otro contrato.

- De conformidad con el artículo 865 del Código de Comercio, en los negocios jurídicos plurilaterales, el incumplimiento de alguna de las partes de su prestación no exonera a las demás partes de cumplir con las suyas —no hay lugar entonces a la excepción de contrato no cumplido—, salvo que el contrato se haya celebrado en consideración al contratante incumplido.

Con todo, en las diferentes áreas del derecho mercantil encontramos otros principios orientadores, así, por ejemplo:

- El principio de la separación patrimonial y limitación de la responsabilidad de los socios por las deudas sociales en el ámbito del derecho societario.

> El atributo más importante de las sociedades de capitales es el de la separación patrimonial entre la sociedad y sus asociados y la correlativa limitación de responsabilidad para estos últimos. Es justamente esta limitación la que ha convertido a las sociedades en el vehículo óptimo para el desarrollo de los negocios en el capitalismo moderno. (Laguado, 2021, p. 150).

- Los principios de necesidad, literalidad, incorporación, legitimidad y autonomía en el ámbito del derecho cambiario. Artículo 619 del Código de Comercio.
- Los principios de neutralidad tecnológica, inalterabilidad del derecho prexistente y equivalencia funcional en el ámbito del comercio electrónico. (Ley 527 de 1999).

Erick Rincón (2006) aduce con relación al principio de neutralidad tecnológica que: "este principio propende porque las normas puedan abarcar las tecnologías que propiciaron su reglamentación, así como las tecnologías que se están desarrollando y están por desarrollarse" (citado por Escobar y Sepúlveda, 2018, p.28).

Con referencia a la inalterabilidad del derecho preexistente, Camilo Alfonso Escobar Mora y José David Sepúlveda Henao indican que:

> "Su finalidad está dirigida al reconocimiento de las normas privadas de derecho positivo, de carácter imperativo, en su aspecto sustancial, por parte de los partícipes del comercio electrónico". (2018, p. 27)

Y estos mismos autores frente al principio de equivalencia funcional manifiestan que:

> ...se infiere de manera clara que el principio de equivalencia funcional permite el reconocimiento y validez jurídica de cualquier mensaje de datos,

> poniéndolo a la par de cualquier soporte documental logrado a través de cualquier relación contractual tradicional (2018, p. 27).

Los principios de universalidad objetiva, universalidad subjetiva e igualdad, tratándose del derecho concursal.

Con referencia a la universalidad objetiva, manifiesta Camila Andrea Rincón Bohórquez: "Significa entonces este principio que, una vez iniciado el trámite concursal, bien sea a través de un mecanismo liquidatario o recuperatorio, los bienes presentes y futuros del deudor concursado deberían quedar todos vinculados al proceso" (2019, p. 214). Y con respecto a la universalidad subjetiva, esta misma autora manifiesta que:

> Es fundamental recalcar que en virtud de este principio se entiende al proceso de insolvencia como el único escenario, inicialmente, al cual todos los acreedores del deudor concursado deberían acudir para efectos de hacer valer sus créditos, pues uno de los efectos de los procesos de insolvencia es que los acreedores del deudor concursado pierden el derecho de ejecución individual y, una vez iniciado el concurso todos los acreedores del deudor común quedan sometidos al mismo. (2019, p. 215)

El principio de igualdad es aquel según el cual se ha de procurar un tratamiento equitativo a los acreedores (*par conditio creditorum*), sin perjuicio de la prelación de créditos prevista en la ley (Rincón, 2019, p. 215).

- El principio de libertad económica el cual se desdobla en principios como: la libre iniciativa privada, la libertad de empresa, y la libre y leal competencia; principios todos de marcada relevancia dentro del ámbito del derecho de la competencia y el mercado. (Artículo 333 de la Constitución Política, Decreto 2153 de 1992 y Ley 256 de 1996).

Frente a estos principios Gustavo Beltrán Valencia, aduce que:

> Nuestra Constitución Política de 1991, en su artículo 333, consagra el principio de la libertad económica, el cual debe orientar todo nuestro sistema jurídico-económico de libre mercado; dicho principio se desdobla a su vez en la libre iniciativa privada, la libertad de empresa, y la libre y leal competencia.
> La libre iniciativa privada y la libertad económica, hacen referencia a la posibilidad que tienen los asociados de iniciar la actividad económica que a bien tengan, siempre y cuando esta se encuentre dentro de los márgenes de la legalidad y la licitud, y no contraríen normas imperativas o al orden público económico.
> Por su parte, la libre y leal competencia, tiene que ver con que al iniciar una actividad económica no se restringa injustificadamente, y se garantice la posibilidad de poder ingresar al mercado a competir con los demás empresarios en la búsqueda de la clientela en situación de igualdad y transparencia, por lo que adicionalmente dicha competencia se debe de realizar de buena fe y con lealtad. (2020, p. 109).

Con todo, es de subrayar que la lista mencionada de principios es meramente enunciativa, y que, indubitablemente, existen muchos otros principios sobre los cuales se sustenta y orienta el derecho mercantil.

- Tratados y Convenciones Internacionales no ratificadas por Colombia: En la medida en que estos tratados y convenciones no han cumplido con todo su régimen de incorporación a nuestro sistema jurídico mercantil, solamente están llamados a cumplir una función integrativa y hermenéutica de nuestro derecho comercial. (Artículo 7 del Código de Comercio).

> Sean Bilaterales o multilaterales, siempre compendian prácticas internacionales de singular utilidad para los actores de la vida económica y susceptibles de ser asimiladas en el medio jurídico nacional. De ahí que se les reconozca valor como reglas de jure condendo, que excepcionalmente pueden convertirse en pautas para colmar un determinado vacío de la legislación mercantil. Realmente solo puede acudirse a ellas cuando ésta no brinda solución alguna (Narváez, 2008, p. 135).

- Costumbre Mercantil Internacional y Costumbre Mercantil Extranjera: ambos tipos de costumbre se convierten en fuente material de nuestro derecho comercial, cuya función entonces es la de servir de fuente de inspiración al legislador para la expedición posterior de normas mercantiles, y para servir de fuente interpretativa de los negocios comerciales internacionales y eventualmente de la legislación comercial doméstica. (Artículo 7 del Código de Comercio).

> ...Resultaría muy poco probable que un juez o funcionario administrativo tomara una decisión basándose en una costumbre extranjera que rigiera en un país con el cual la relación jurídica no tuviera conexión alguna. La única alternativa en la que tal vez correspondería buscar solución en ella, seria tratándose de un contrato internacional que tuviera puntos de contacto con el Derecho de otro país en el que rigiere tal costumbre extranjera, de forma que este resultare aplicable a dicha transacción en virtud de las reglas de conflicto pertinentes (Oviedo, 2018, p. 69).

- La doctrina: aquí encontramos los escritos de los estudiosos del derecho comercial, junto con las circulares y conceptos de las diversas autoridades supervisoras de la actividad comercial, tales como: las Superintendencias.

En definitiva, tenemos que la jerarquía de fuentes de nuestro derecho comercial es la siguiente:

I. La Constitución Política: artículo 4 de la Constitución.

II. Ley Comercial Imperativa y en este mismo nivel la Ley Civil Expresamente Invocada por Nuestro Legislador Comercial de Carácter Imperativo. (Artículo 1 del Código de Comercio).

III. Ley Comercial Dispositiva, su aplicación analógica, y en este mismo nivel a la Ley Civil Expresamente Invocada por Nuestro Legislador Comercial de Carácter Dispositivo. (Artículo 1 del Código de Comercio).

IV. Los Negocios Jurídicos Comerciales. Artículo 4 del Código de Comercio.

V. La Ley Comercial Supletiva, su aplicación analógica, y en este mismo nivel la Ley Civil Expresamente Invocada por Nuestro Legislador Comercial de Carácter Supletivo. (Artículo 1 del Código de Comercio).

VI. La Costumbre Mercantil Local. (Artículo 3 del Código de Comercio).

VII. La Costumbre Mercantil General o Nacional. (Artículo 3 del Código de Comercio).

VIII. La Ley Civil No Invocada Expresamente por Nuestro Legislador Comercial. (Artículo 2 del Código de Comercio).

Ahora bien, cumpliendo una función interpretativa e integrativa de las fuentes formales, encontramos a las fuentes materiales con su aplicación de forma simultánea. Artículo 7 del Código de Comercio. Señala con relación a la jerarquía de fuentes del derecho comercial la Corte Suprema de Justicia, en Sentencia del 27 de marzo de 1998, que:

> Los artículos 1 a 9 del Código de Comercio consagran las fuentes formales del derecho mercantil colombiano, estableciendo una jerarquía en el orden de aplicación. Conforme a lo prevenido en tales disposiciones, las situaciones o relaciones jurídicas de este linaje se rigen prioritariamente por la ley mercantil. Si ella no regula la situación específica que suscita, debe recurrirse a la solución que la ley comercial haya dado a una situación semejante, es decir, a la analogía interna, mediante la cual se colman las lagunas de la ley, que dado su carácter general y abstracto no puede prever todas las situaciones que pueden surgir en la práctica (art. 1, C.Cco.). Si con tal procedimiento tampoco se encuentra la solución, debe acudirse a la costumbre, que de reunir las condiciones señaladas por el articulo 3 ejusdem, tiene la misma fuerza normativa de la ley mercantil y por ende resulta de aplicación preferente a las normas del derecho civil, a las cuales el articulo 2 permite acudir para llenar las deficiencias del derecho mercantil positivo o consuetudinario, pero por virtud de aplicación subsidiaria. Sin embargo, cuando es la misma ley mercantil la que de manera expresa invoca la regulación de la ley civil, la aplicación de esta no es subsidiaria, sino principal y directa, por lo que pudiera denominarse mercantilización de la norma civil, ya que se da una integración o reenvío material de normas.

2. El acto de comercio

Dado nuestro sistema jurídico dicotómico de derecho privado donde tenemos contratos y figuras obligacionales con doble regulación, es decir, que se encuentran regulados tanto en el régimen civil como en el mercantil[1], es que se hace necesario saber cuáles son los criterios que se han esbozado para determinar cuándo estamos en presencia de un negocio jurídico comercial y de esa manera establecer su normativa aplicable. Bajo estas consideraciones tenemos que la doctrina se ha puesto en la tarea de plantear como criterios de mercantilidad a los siguientes.

2.1. CRITERIOS DE MERCANTILIDAD

- Criterio de la Onerosidad: según este criterio, un acto será de naturaleza mercantil cuando sea de carácter oneroso; es decir, cuando reporte beneficio para todas las partes involucradas dentro del mismo, con lo cual los contratos gratuitos, como la donación, no serían mercantiles.

Frente a este criterio indica José Ignacio Narváez García: "En los actos jurídicos que realizan los hombres de negocios la gratuidad y el desinterés son plantas extrañas, pues en las actividades mercantiles siempre está presente el lucro o *animus lucrandi*" (2008, p. 147).

Con todo, si bien muchos de los actos jurídicos comerciales son de carácter oneroso, esto no significa que no puedan existir actos gratuitos de naturaleza comercial como, por ejemplo, una donación o un mutuo gratuito comercial con lo cual este criterio no es satisfactorio para determinar cuándo un acto o negocio jurídico es de orden comercial. Y así mismo, también es de resaltar que existen actos de naturaleza civil que son esencialmente onerosos como, por ejemplo, la compraventa o el arrendamiento civil.

---

1 Así, por ejemplo, en el ámbito obligacional tenemos a: las arras, la cláusula penal, la solidaridad, la condición resolutoria tacita, el principio de la buena fe contractual, el pago, los intereses, la perdida de la cosa que se debe y las sanciones al negocio jurídico; y en materia contractual tenemos contratos con doble regulación como: la promesa de contrato, el contrato de mandato, el contrato de mutuo, el contrato de depósito, la prenda, la anticresis y la compraventa.

- Criterio del Ánimo de Lucro: Según este criterio un acto será comercial cuando se realice con ánimo de obtener lucro o ganancia por parte del agente o los agentes que lo realizan.

Ahora bien, este criterio en nuestro sistema jurídico mercantil no es de recibo por cuanto, en el mismo, la mercantilidad deviene del acto objetivo de comercio, del acto como tal, y no de un aspecto subjetivo del sujeto que lo realiza como lo es su intención de obtener una ganancia con su realización; al punto que pueden presentarse actos de comercio donde quien lo efectúe no tenga intención de obtener lucro; piénsese, por ejemplo, en aquella persona que adquiere un bien con la intención de enajenarlo a su hermano a un precio inferior a su adquisición. Articulo 20 numeral 1 del Código de Comercio. Al respecto, Alfredo Rocco (1981) aduce que:

> La finalidad de especulación o lucro no es de esencia para el acto de comercio; cierto que, por lo común, el que media para realizar un cambio indirecto no quiere inútilmente arriesgar su actividad y su capital, y tratará de obtener un beneficio, pero, en orden a nuestro derecho positivo, no se requiere la finalidad de ganancia. La evolución social y económica ha dado a esta función intermediaria otros fines distintos que los de lucro. (Citado por Néstor Humberto Martínez, 2021, p. 136).

- Criterio de Intermediación: Conforme a este criterio, un acto será comercial cuando se realice en la etapa de distribución de los bienes y los servicios; es decir, en aquella fase del proceso productivo en donde se perfeccionan los negocios jurídicos con los diversos agentes encargados de conectar los productos de los fabricantes y productores con los consumidores finales.

En este orden de ideas, la fase de distribución, que la llama Mauricio Velandia como distribución indirecta, implica que el fabricante puede estructurar su alcance bajo dos clases de canales:

> El primero denominado canal corto, se presentan cuando entre el fabricante y el consumidor existe la presencia de un único intermediario, que puede ser descrita como: fabricante-detallista-consumidor; y
> El segundo, denominado canal largo, en el que existen muchos intermediarios entre el fabricante y el consumidor final, por ejemplo: fabricante-representante de zona-mayorista de ciudad-minorista de barrio-detallista-consumidor. (2019, p. 69).

Así las cosas, se itera, bajo este criterio que solo serán comerciales los actos que se desenvuelvan en la fase de distribución tales como: la agencia comercial, el corretaje, la comisión, el mandato, la distribución, el suministro, etc.

No obstante, lo anterior, es claro concluir que los actos de comercio no se reducen únicamente a los de la etapa de distribución, pues pueden existir muchos otros actos de naturaleza mercantil que ocurran en un etapa diferente a la circulatoria; por ejemplo: la intervención como asociado en la constitución de una sociedad comercial, numeral 5 del artículo 20 del Código de Comercio; las empresas para el aprovechamiento y explotación mercantil de las fuerzas o recursos de la naturaleza, numeral 16 del artículo 20 del Código de Comercio; etc.

- Criterio de la empresa: bajo este criterio solamente tendrán la calidad de comerciales, los actos o negocios jurídicos que se lleven a cabo a través de una empresa; entendiendo por empresa en los términos del artículo 25 del Código de Comercio, a toda actividad económica organizada para la producción, transformación, circulación, administración o custodia de bienes, o para la prestación de servicios; actividad que se realiza a través de uno o varios establecimientos de comercio.

Así las cosas, por empresa en materia mercantil se debe entender a toda actividad económica (la cual en los términos mencionados puede ser sumamente amplia pasando desde la fabricación, la circulación, transformación o la custodia de bienes hasta la prestación de servicios) que se organiza a través de uno o varios establecimientos de comercio que posee un titular (el empresario persona natural o jurídica) y que, adicionalmente, requiere de complejidad para su desenvolvimiento en la medida en que exige de la interacción de capital, equipos, y trabajo.

Dentro de la economía moderna, la empresa ha sido considerada como un elemento fundamental, toda vez que se ha convertido en instrumento imprescindible para la realización de actividades mercantiles e industriales en gran volumen. De ahí que la empresa sea un elemento de la organización económica sometida a tratamiento jurídico (Bahena, 2009, p. 83).

Ahora bien, no obstante, la importancia de la empresa para el desarrollo de la actividad mercantil en la actualidad, no se puede afirmar que, para que un acto sea de comercio siempre se debe de desarrollar a través de una organización empresarial puesto que existen actos que son de naturaleza mercantil, y en modo alguno requieren que se lleven a cabo por medio de una empresa. Así, por ejemplo: el giro de una letra de cambio o el otorgamiento de un pagaré, numeral 6 del artículo 20 del Código de Comercio; la compra para la reventa, numeral 1 del artículo 20 del Código de Comercio; la negociación de unas acciones de una sociedad comercial, numeral 5 del artículo 20 del Código de Comercio; etc.

En consecuencia, del análisis de todos estos criterios que se han esbozado para determinar cuando estamos en presencia de un acto de comercio se puede llegar a la conclusión que, no existe un criterio absoluto que como una fórmula matemática o ecuación nos permita hacer esta determinación; de tal suerte que, algunos criterios realmente no sirven para establecer la calidad mercantil de un negocio jurídico, y otros son de carácter relativo, por cuanto algunos actos lo adoptarían ,pero este no abarcaría a la totalidad de negocios considerados como comerciales.

Así las cosas, siguiendo a Marcela Castro de Cifuentes:

> Un acto es comercial por voluntad del legislador, es decir, la ley es la que señala cuando se está en presencia de uno de tales actos o actividades, no por medio de una definición, sino de un extenso listado que incluye una gama muy variada y heterogénea de operaciones usuales en la vida de los negocios (2013, p. 172).

Por otro lado, se puede establecer como clasificación de los actos de comercio, la siguiente.

2.2. CLASIFICACIÓN DE LOS ACTOS DE COMERCIO

- Actos de comercio subjetivos intencionales: son aquellos en los cuales se requiere examinar cuál era la intención del sujeto al momento de celebrar el negocio, así, por ejemplo: comprar bienes con la intención del adquirente de a su vez venderlos, se constituye en un acto de comercio subjetivo intencional. Numeral 1 del artículo 20 del Código de Comercio.
- Actos de comercio objetivos absolutos: Son todos aquellos actos que recaen sobre un bien mercantil, con lo cual cualquier negocio jurídico que tenga por objeto un establecimiento de comercio, un bien derivado de la propiedad industrial o un título valor, es un acto de comercio objetivo absoluto. Ejemplo, numeral 6 del artículo 20 del Código de Comercio.
- Actos de comercio objetivos con relación al sujeto: Se trata de todos aquellos actos que giran alrededor de un sujeto calificado, como podría ser una institución financiera, una sociedad comercial, o un auxiliar del comercio. Como ejemplo tenemos los numerales 7 y 8 del Código de Comercio.

- Actos de comercio objetivos con relación a la empresa: son todos aquellos actos o negocios jurídicos cuya mercantilidad deviene de efectuarse, a través de una organización empresarial; es decir, de una actividad económica organizada a través de uno o varios establecimientos de comercio, en donde interactúa cierto nivel de complejidad, capital y trabajo, en cabeza de un titular que es el empresario. Como ejemplo de estos actos tenemos a los numerales 10 al 18 del Código de Comercio.
- Actos de comercio accesorios, conexos o por relación: de conformidad con el artículo 21 del Código de Comercio, este tipo de actos comerciales admite dos modalidades; la primera tiene que ver con los actos que realiza un comerciante, —que considerados aisladamente se podrían catalogar como no mercantiles—, pero que al poseer una relación estrecha con la actividad económica mercantil que explota el comerciante adquieren la calidad de comerciales; y la segunda modalidad tiene que ver con los actos o negocios jurídicos realizados por cualquier persona, pero que tienen por fin asegurar el cumplimiento de una obligación de carácter comercial.

En el derecho colombiano es posible entonces predicar la mercantilidad de actos jurídicos onerosos e incluso gratuitos que celebra el comerciante, en desarrollo y para beneficio de su actividad empresarial. Ejemplo de los segundos son el permitir a los clientes estacionar gratuitamente sus vehículos en el parqueadero de un centro comercial para facilitar el acceso al establecimiento de comercio y obsequiar muestras gratis de un producto por la compra de otro. En estos casos, el depósito gratuito y la donación serian comerciales, en aplicación del artículo 21 del Código de Comercio, cuya calificación puede ser relevante para ciertos efectos como la eficacia probatoria de los libros de comercio en caso de controversia, (Castro, 2016, p. 50).

- Actos de comercio mixtos: Como mencionábamos supra, cuando el negocio fuere mercantil para uno de los extremos de la relación negocial, todo el acto se va a regir por la legislación comercial por tratarse de un acto de comercio mixto. Artículo 22 del Código de Comercio.

Sin embargo, esta afirmación que plantea el estatuto comercial habría que matizarla, en el sentido de que cuando estamos en presencia de una relación de consumo[2], la normativa en principio aplicable sería la del Es-

---

2 Entendiendo por esta como aquella en que en un extremo de la relación negocial hay un productor y proveedor y en el otro extremo se da la presencia de un consumidor, en los términos de la Ley 1480 de 2011.

tatuto de protección al consumidor. Ley 1480 de 2011. Con todo, es de resaltar que nuestro Código de Comercio menciona una lista no taxativa[3] de actos considerados no mercantiles en su artículo 23; en este orden de ideas, tenemos como tales a:

1. La adquisición de bienes con destino al consumo doméstico o al uso del adquirente, y la enajenación de estos o de los sobrantes: como se puede apreciar, nuestro Estatuto comercial plantea como actos no mercantiles a los actos de consumo, entendiendo por tales, a aquellos en los que se encuentra involucrado dentro de la relación negocial un consumidor.

Ahora bien, es de anotar que no todo acto de consumo se encuentra sometido a la protección especial consagrada en el Estatuto de protección al consumidor de la Ley 1480 de 2011, sino solamente aquellos actos de consumo que se configuran como una relación de consumo; es decir, aquella en la cual en uno de los extremos se encuentra un productor y proveedor y en el otro se encuentra un consumidor, con lo cual no todo acto de consumo constituye a su vez una relación de consumo, pero si toda relación de consumo es igualmente un acto de consumo. (Artículo 2 de la Ley 1480 de 2011).

Cabe resaltar entonces que, el consumidor, dada la situación de asimetría (parte débil) en la que se encuentra frente al comerciante, en aspectos tales como información, profesionalismo, músculo financiero, capacidad jurídica, etc., merece una protección especial, de tal suerte que, desde la misma Constitución en el artículo 78 se ha constitucionalizado el derecho del consumidor, consagrándose como un derecho de carácter colectivo, y a nivel legislativo se han ido estructurando normativas de orden especial y tuitivo, como la Ley 1328 de 2009 para la protección del consumidor financiero y nuestro actual Estatuto de protección al consumidor Ley 1480 de 2011. En estos términos, se pronuncia la Corte Constitucional en Sentencia C-1141 del 30 de agosto del 2000 cuando señala que:

> (...) relación de consumo constituye una particular categoría que surge entre quienes se dedican profesionalmente a elaborar o proveer bienes o prestar servicios con quien los adquiere con el fin de consumirlos; y es precisamente el consumidor, quien por encontrarse en condiciones de vulnerabilidad económica y de desequilibrio, es destinatario de una especial protección normativa.

Y en similares términos, plantea Javier Francisco Franco Mongua, que:

---

[3] Articulo 24 del Código de Comercio.

> Las reglas deben existir porque se parte de la base de que existe una asimetría real entre los productores y distribuidores frente a los consumidores, y todos deben procurar la satisfacción de las expectativas de estos últimos.
> Además de ello, es importante mencionar que la perdida de eficiencia que perjudicará en mayor parte al consumidor, y lo que se buscará mediante un marco institucional será garantizar los derechos de los consumidores a pesar de las fallas del mercado. (2013, p. 562).

Dentro de los aspectos más descollantes que consagra la Ley 1480 de 2011, tenemos:

- La consagración de unos principios rectores que orientan el desarrollo de las normas de protección al consumidor, principios tales como: la protección de la salud y de la seguridad del consumidor; el acceso a información adecuada; la educación; el derecho de asociación del consumidor; y la protección especial para los niños, niñas y adolescentes. (Artículo 1 de la Ley 1480 de 2011).
- La consagración de una serie de derechos y deberes que debe de observar el consumidor, con lo cual el consumidor goza de derechos tales como: derecho a recibir productos de calidad; a su seguridad; a recibir información adecuada; derecho a ser protegido de la publicidad engañosa; derecho a la reclamación; a elegir libremente los bienes y servicios que requiera; a participar y ser representado en las decisiones que los afecten; a la protección contractual; etc. Y como contrapartida tiene el consumidor una serie de deberes, tales como: informarse respecto al producto que está adquiriendo; actuar de buena fe; y a cumplir las normas sobre reciclaje y disposición de desechos de bienes. (Artículo 3 de la Ley 1480 de 2011).
- El carácter imperativo de las normas de protección al consumidor, con lo cual, los pactos que vayan en contra de lo allí consagrado adolecerán de ineficacia de pleno derecho. (Artículo 4 de la Ley 1480 de 2011).
- Delimita claramente las nociones de lo que se debe entender por calidad, cláusula o prórroga automática, consumidor o usuario, contrato de adhesión, garantía, idoneidad o eficiencia, información, productor, producto, promociones y ofertas, proveedor o expendedor, publicidad, publicidad engañosa, seguridad, ventas no tradicionales y a distancia, y la noción de producto defectuoso. (Artículo 5 de la Ley 1480 de 2011).

En este orden de ideas, menciona el Estatuto de protección al consumidor, que, por consumidor, se debe entender a:

> Toda persona natural o jurídica que, como destinatario final, adquiera, disfrute o utilice un determinado producto, cualquiera que sea su naturaleza para la satisfacción de una necesidad propia, privada, familiar o doméstica y empresarial cuando no esté ligada intrínsecamente a su actividad económica. Se entenderá incluido en el concepto de consumidor el de usuario.

De la noción de consumidor que plantea la Ley 1480 de 2011, se rescatan aspectos tales como, que la calidad de consumidor la pueden ostentar tanto las personas naturales como las personas jurídicas; consumidor no es únicamente el adquirente, sino también quien utiliza o disfruta el producto; y el que las sociedades comerciales pueden tener la calidad de consumidores cuando se trata de la adquisición, disfrute o utilización de un bien, siempre y cuando no constituya un acto de comercio accesorio, conexo o por relación para esta. Por otro lado, manifiesta Dante D. Rusconi, que:

> ...es bueno tener presente que "destino final" no es lo mismo que "beneficio propio". El destino final, como dijimos, es una noción netamente objetiva, de carácter económico, que alude a la extinción económica del bien, a la pérdida de su valor de cambio; por el contrario, el beneficio propio es una idea subjetiva que indica el interés a satisfacer tenido en cuenta por el sujeto al llevar a cabo el acto de consumo ya se trate de una persona física o de un ente ideal; se consume para satisfacer necesidades personales y sin ánimo de transformarlo u oficiar de intermediario. (2013, p.84).

Por su parte, menciona la norma en mención como productor a:

> Quien de manera habitual, directa o indirectamente, diseñe, produzca, fabrique, ensamble o importe productos. También se reputa productor, quien diseñe, produzca, fabrique, ensamble, o importe productos sujetos a reglamento técnico o medida sanitaria o fitosanitaria.

Y como proveedor a: "Quien de manera habitual, directa o indirectamente, ofrezca, suministre, distribuya o comercialice productos con o sin ánimo de lucro".

- En cuanto al régimen de garantías, entre otras, consagra la noción de garantía legal como aquella obligación solidaria (artículo 10 de la Ley 1480 de 2011) que tiene el productor y proveedor de responder por la calidad, idoneidad, y buen funcionamiento de los productos que fabrica o distribuye en el mercado. (Numeral 5 del artículo 5, y artículo 7 de la Ley 1480 de 2011).

En este orden de ideas, mediante la garantía, el comerciante responde por que el producto realmente satisfaga la necesidad o necesidades para las cuales se ha fabricado o comercializado, y porque cumpla con las características inherentes y las atribuidas por la información que se suministró sobre él (numerales 1 y 6 del artículo 5 de la Ley 1480 de 2011).

> El derecho a reclamar una garantía no está ligado únicamente al primer comprador. Puede ser ejercido por cualquier persona que use o disfrute el bien o el servicio, independiente de la forma en que haya llegado a sus manos, mientras sea usado para satisfacer una necesidad propia, privada, familiar, o doméstica, o empresarial, cuando no esté ligada intrínsecamente con su actividad económica.
>
> La garantía no depende de la existencia de un contrato, sino que es una consecuencia jurídica de haber puesto un producto en el mercado. (Giraldo, 2017, p. 231).

En cuanto al término de vigencia de la garantía legal, consagra el estatuto del consumidor en el artículo 8, que este será el dispuesto por la ley o por la autoridad competente, y a falta de dicha disposición, será el término anunciado por el productor y proveedor, la cual empezará a correr a partir de la entrega del producto al consumidor.

Con todo, si el comerciante guarda silencio sobre el término de la garantía, existe ley supletiva en el sentido que para productos nuevos el término será de un año; para productos perecederos será el de su fecha de vencimiento; los productos usados en los que haya expirado la garantía, su término será de tres meses, salvo que se hayan vendido sin garantía, circunstancia que debió haber sido aceptada por escrito por parte del consumidor; la prestación de servicios que suponen la entrega de un bien, el servicio tiene un término de tres meses contados desde la entrega del bien a quien solicitó el servicio, aunque igualmente, se puede prestar el servicio sin garantía si así lo aceptó el consumidor por escrito; y por último, la garantía sobre bienes inmuebles comprende la estabilidad de la obra por diez años y para los acabados de un año.

Así mismo, es de tener en cuenta que el abanico de aspectos incluidos dentro de la garantía es sumamente amplio (artículo 11 de la Ley 1480 de 2011), entre los que se resalta, la reparación del bien y si este no admite reparación, su reposición o la devolución del dinero; ahora, en caso de repetirse la falla, el consumidor podrá elegir entre una nueva reparación, la devolución total o parcial del precio pagado, o al cambio parcial o total del bien por otro de la misma especie. En los casos de prestación de servicios el consumidor podrá elegir entre la prestación del servicio de nuevo o la devolución del precio pagado.

Adicionalmente, la garantía incluye aspectos como el suministro de las instrucciones para la instalación, mantenimiento y utilización de los productos, la asistencia técnica y la disponibilidad de repuestos, insumos, partes y mano de obra capacitada. Es importante destacar, que los productos con descuento, rebaja o promoción están igualmente sujetos al régimen de la garantía legal. (Parágrafo del artículo 7 de la Ley 1480 de 2011).

> La responsabilidad del productor y/o proveedor que se deriva de la observancia del régimen de garantías es de carácter objetivo, en la medida en que el consumidor únicamente debe demostrar el defecto del producto y aquel solamente se exonera de responsabilidad demostrando una causa extraña que rompa el nexo de causalidad, tales como: fuerza mayor o caso fortuito, el hecho de un tercero, y el uso indebido del bien por parte del consumidor. Inciso 2 del artículo 10 y artículo 16 de la Ley 1480 de 2011.

En estos términos, indica Fernando Jiménez Valderrama que:

> Otra importante particularidad en la regulación de la conformidad contractual sobre consumo es su alejamiento de la culpa como criterio de imputación de responsabilidad. La referencia mencionada a las expectativas del consumidor medio que se basa en criterios objetivos sugería la tendencia hacia elementos ajenos a referencias subjetivas que se ve reforzada en la asunción de una responsabilidad que podríamos denominar objetiva. Esta orientación hacia la objetivizacion de la responsabilidad pretende igualmente crear un marco práctico y ágil, en el cual al consumidor se le facilite cualquier reclamación frente al vendedor o el fabricante, de tal manera que se viera motivado a comprar. (2017, p. 2013).

Por último, es de subrayar también que al lado de la garantía legal que es de orden imperativo y de carácter gratuito, el comerciante puede conceder garantías suplementarias que amplíen o mejoren las coberturas. Esta garantía suplementaria debe constar por escrito, y se puede conceder a título gratuito u oneroso, pero en este último caso debe mediar la aceptación expresa de la misma por parte del consumidor. (Artículos 13 y 14 de la Ley 1480 de 2011).

Se consagra un régimen especial en cuanto a la información y la publicidad que se le debe de brindar al consumidor, delimitando claramente lo que se debe de entender por información y lo que se entiende por publicidad, de tal manera que la información hace referencia al contenido y forma de dar a conocer las características objetivas de un bien, tales como: su naturaleza, origen, el modo de fabricación, los componentes, los usos, el volumen, el peso o medida, el precio, la forma de empleo, propiedades, etc. Numeral 7 del artículo 5 de la Ley 1480 de 2011. Mientras que la publicidad hace referencia a la forma y contenido de comunicación que tenga como finalidad incidir en las decisiones que tome el consumidor. (Numeral 12 del artículo 5 de la Ley 1258 de 2008).

El estatuto del consumidor es sumamente meticuloso en cuanto al detalle de cómo debe de ser la información que los proveedores y productores le brinden al consumidor, estableciendo que esta debe ser: clara, veraz, suficiente, oportuna, verificable, comprensible, precisa e idónea. Y adicionalmente, consagrando que la no observancia de una adecuada información o de una información suficiente acarreará la indemnización de los perjuicios padecidos por esta circunstancia por el consumidor. (Artículo 23 de la Ley 1480 de 2011).

De la responsabilidad antedicha, solo podrá exonerase el comerciante demostrando una causa extraña como la fuerza mayor o el caso fortuito, o que la información fue adulterada o suplantada sin que hubiese podido evitar la adulteración o suplantación (responsabilidad de tipo objetivo). (Parágrafo del artículo 24 de la Ley 1480 de 2011).

- Señala, adicionalmente, el estatuto la información mínima que debe brindar el productor, tal como: instrucciones de uso, conservación e instalación, la cantidad, el peso y el volumen del producto, su fecha de vencimiento, así como demás especificaciones; y la información mínima que debe suministrar el proveedor atiende a: garantías, precio y los manuales del producto. Artículo 24 de la Ley 1480 de 2011. Además, cuando se trata de productos que sean nocivos para la salud, se debe de indicar esta circunstancia, las instrucciones para su correcta utilización y sus contraindicaciones. (Artículo 25 Ley 1480 de 2011).

Es de resaltar, que cuando aparezcan dos o más precios, o existan tachaduras o enmendaduras, el consumidor solo estará obligado al pago del precio más bajo de los informados, esto no es más que desarrollo del principio *in dubio pro consumatore;* adicionalmente, es de tener en cuenta que la presentación de la factura no es requisito necesario para que el consumidor pueda ejercer sus derechos. (Artículos 26 y 27 de la Ley 1480 de 2011).

De otro lado, tratándose de la publicidad, nuestro estatuto de protección al consumidor prohíbe la denominada publicidad engañosa, entendiendo por tal, aquella cuyo mensaje no corresponda a la realidad o sea insuficiente, de manera que induzca o pueda inducir a error, engaño o confusión. Numeral 13 del artículo 5 de la Ley 1480 de 2011. Con lo cual los daños producidos con este tipo de publicidad correrán a cargo del anunciante, y si al medio de comunicación se le comprueba dolo o culpa grave en su actuar será solidariamente responsable con aquel de los perjuicios padecidos por el consumidor. (Artículo 30 de la Ley 1480 de 2011).

Con todo, y frente a esta responsabilidad solidaria del medio de comunicación, tuvo lugar una demanda de inexequibilidad del artículo 30 del estatuto del consumidor, demanda que no estimó la Corte Constitucional declarando constitucional el artículo en mención mediante Sentencia C-592 de 2012. Al respecto, aduce Juan Carlos Martínez Salcedo:

> La Corte reconoce el derecho a la libertad de expresión a favor de los medios de comunicación, pero advierte que es el mismo artículo 20 el que los hace deudores de responsabilidad social asociada a la protección del interés general. Por lo tanto, el legislador puede endilgar cierta responsabilidad en materia publicitaria e imponer sanciones cuando sean desconocidas. En consecuencia, la libertad de expresión y la libertad de prensa pueden ser destinatarios de restricciones legitimas para asegurar "el respeto a los derechos o a la reputación de los demás, o para la protección de la seguridad nacional, el orden público, la salud o la moral pública" (Corte Constitucional, Sentencia C-592 de 2012). (2017, p. 270).

Y la Corte Constitucional en esta misma Sentencia C-592 de 2012, afirma que:

> La publicidad está vinculada con la actividad productiva y de mercadeo de bienes y servicios (...) es desarrollo del derecho a la propiedad privada, a la libertad de empresa y a la libertad económica, antes que aplicación de la libertad de expresión, razón suficiente para que la publicidad y la propaganda comercial estén sometidas a la regulación de la Constitución económica.

Otro aspecto atinente a la publicidad tiene que ver con la fuerza vinculante de sus condiciones objetivas anunciadas. Artículo 29 de la Ley 1480 de 2011. Lo anterior por cuanto se considera que la publicidad como tal tiene un componente objetivo, vinculado a la información que sobre las características cuantificables del producto se anuncian; y un componente subjetivo que hace referencia a aspectos no cuantificables que buscan persuadir e incidir mediante exageraciones en la decisión del consumidor.

> El elemento objetivo le corresponde al carácter informativo del anuncio, el contar algo respecto de un producto o una idea;(...) a su vez, el elemento subjetivo está determinado por el carácter persuasivo del mensaje, lo que hace posible influenciar en la decisión de su receptor. (Martínez, 2017, p. 262-263)

En consecuencia, el elemento objetivo de la publicidad se debe de respetar y es vinculante para el anunciante, tanto durante la etapa precontractual como al momento de la celebración del contrato de consumo, en cuanto en este último caso esta parte objetiva se incorpora como una obligación contractual del negocio jurídico perfeccionado.

Ciertamente la responsabilidad que se deriva por la difusión de publicidad engañosa y por el no cumplimiento de las condiciones objetivas incorporadas en la publicidad es de carácter objetivo, con lo cual el consumidor podrá demandar la indemnización de los perjuicios sufridos sin necesidad de probar la culpa o dolo del anunciante, y este solo se exonerará de responsabilidad demostrando una causa extraña que destruya el nexo causal como: fuerza mayor o caso fortuito, o que la publicidad fue adulterada o suplantada sin que se hubiese podido evitar la adulteración o suplantación. (Artículos 30 y 32 de la Ley 1258 de 2008).

Finalmente, en materia de publicidad, el Estatuto de Protección al Consumidor consagra un régimen de publicidad para productos nocivos y otro tratándose de la publicidad de promociones y ofertas en los artículos 31 y 33 de la Ley 1480 de 2011. Afirma Fernando Andrés Pico Zúñiga:

> El anunciante, entendido como la persona natural o jurídica, pública o privada, que necesita informar o impulsar un producto para estimular el acto de consumo y acrecentar así la demanda de los bienes o servicios que fabrica o comercializa, en cuyo beneficio se difunde la publicidad, se encuentra sometido a cuatro grandes reglas de responsabilidad. Dos de aplicación universal: el régimen de responsabilidad de la fuerza vinculante de la publicidad y el régimen de la publicidad engañosa, y; dos de carácter especial: el régimen de responsabilidad de la publicidad sobre productos nocivos y el régimen de responsabilidad de la publicidad de promociones u ofertas. (2021, p. 162).

- Se consagra un régimen de responsabilidad por producto defectuoso, el cual, a diferencia del régimen de garantías, este tiene relación con la seguridad que debe de ofrecer el producto que se coloca en el mercado.

El numeral 14 del artículo 5 de la Ley 1480 de 2011, define a la seguridad como:

> Condición del producto conforme con la cual, en situaciones normales de utilización, teniendo en cuenta la duración, la información suministrada en los términos de la presente ley y si procede, la puesta en servicio, instalación y mantenimiento, no presenta riesgos irrazonables para la salud o integridad de los consumidores. En caso de que el producto no cumpla con requisitos de seguridad establecidos en reglamentos técnicos o medidas sanitarias, se presumirá inseguro.

Y el numeral 17 del artículo 5 de la Ley 1480 de 2011, a su vez define a producto defectuoso como: “aquel bien mueble o inmueble que, en razón de un error en el diseño, fabricación, construcción, embalaje o información, no ofrezca la razonable seguridad a la que toda persona tiene derecho”.

Dentro de los daños que ampara este tipo de responsabilidad se encuentra la muerte o lesiones corporales causadas por el producto defectuoso, o los producidos a una cosa diferente al producto defectuoso, pero que fueron causados por el producto defectuoso. (Artículo 20 de la Ley 1480 de 2011).

Ahora bien, es de resaltar que se trata de un tipo de responsabilidad de carácter objetivo, por cuanto a la víctima únicamente le corresponde establecer el defecto del bien, la existencia del daño y el nexo causal entre el defecto y el perjuicio ocasionado, con lo cual la víctima no debe de entrar a probar ningún tipo de factor de atribución de orden subjetivo como sería la culpa o el dolo del productor y proveedor; es más, cuando se viola una medida sanitaria o fitosanitaria, o un reglamento técnico, se presumirá que el bien es defectuoso. (Artículo 21 de la Ley 1480 de 2011).

En consonancia con esta responsabilidad objetiva, las causales de exoneración de responsabilidad que tiene el productor y proveedor atienden a esgrimir una causa extraña que destruya el nexo de causalidad. Numerales 1 al 5 del artículo 22 de la Ley 1480 de 2011. No obstante, esto, el numeral 6 del artículo 22 de la mencionada ley, contempla una causal de exoneración de responsabilidad que atiende más a un aspecto de orden subjetivo, y es el denominado por la doctrina como riesgo de desarrollo, consistente en que al momento que el producto fue puesto en circulación, el estado de la técnica, la tecnología, y los conocimientos científicos existentes, no le permitían descubrir o proveer al productor y proveedor su potencialidad de riesgo y peligrosidad. Al respecto, Mantilla Espinosa y Ternera Barrios (2014) manifiestan que:

> Consideramos que esta causal es ajena a un régimen de responsabilidad objetivo en la medida en que no está dirigida a demostrar que el daño fue causado por un evento distinto al defecto del producto, sino que, por el contrario, da por supuesta tal vinculación. Por tanto, en la medida en que la defensa se plantea en términos de la posibilidad de que el empresario anticipe o prevea el daño, como explica parte de la doctrina, "estamos ante una exoneración por la prueba de la ausencia de culpa" (citados por Diego Fernando Ramírez Sierra, 2018, p. 126).

Así mismo, este régimen especial consagra que frente a los daños que padezca el consumidor por el producto defectuoso van a responder de forma solidaria tanto el productor como el proveedor del producto. (Artículo 20 Ley 1480 de 2011).

> Una de las muestras más evidentes del régimen especial frente al que estamos es la determinación de las partes. Por un lado, el sujeto pasivo de una reclamación será el expendedor, productor, distribuidor, o importador, de manera solidaria, en los términos del artículo 2344 del Código Civil. (Malaver, 2017, p. 14).

Finalmente, en materia de responsabilidad por producto defectuoso existe una obligación expresa de información por parte de los miembros de la cadena de producción y comercialización del producto, en el sentido de informar cuando tengan conocimiento de la peligrosidad del producto, so pena de indemnizar de manera solidaria los perjuicios que la omisión de esta obligación ocasione. (Artículo 19 de la Ley 1480 de 2011).

- Protección contractual, en esta materia el Estatuto del Consumidor (Ley 1480 de 2011) consagra varios ámbitos de protección al consumidor como parte débil en la relación de consumo, entre ellos tenemos:
    - La consagración del criterio interpretativo *pro consumatore* en virtud del cual las condiciones generales contenidas en los contratos de consumo se deben de interpretar a favor del consumidor; así como que, en el evento de duda debe de prevalecer la cláusula más favorable para con este sobre las que no lo sean. (Inciso 3 del artículo 4 y articulo 34 de la Ley 1480 de 2011).
    - La consagración de requisitos mínimos que deben de contener los contratos de adhesión, entendiendo por estos como aquellos en los cuales sus cláusulas han sido previamente redactadas por el comerciante (predisponente), con lo cual al consumidor (adherente) no le queda sino prestar su consentimiento para someterse o no al clausulado contractual. (Artículo 37 de la Ley 1480 de 2011).
    - Contempla nuestro régimen de derecho de consumo lo atinente a las cláusulas abusivas, que en los términos del artículo 42 del Estatuto de protección al consumidor, son todas aquellas que producen un desequilibrio injustificado en perjuicio del consumidor, y las que, en las mismas condiciones, afecten el tiempo, modo o lugar en que el consumidor pueda ejercer sus derechos; es decir, las cláusulas abusivas son todas aquellas que imponen derechos y beneficios exorbitantes en beneficio de la parte que diseña el contrato o que imponen obligaciones o cargas desproporcionadas en contra de quien se adhiere al mismo.

Nuestro régimen general de protección al consumidor es sumamente completo en cuanto a la regulación de las cláusulas abusivas, al establecer un sistema mixto frente a las mismas; es decir, por un lado, consagrar en su artículo 43 un listado de cláusulas que por sí mismas se constituyen como tales, que es lo que la doctrina denomina como listas negras, y por el otro, en el artículo 42 establecer una cláusula general de prohibición de las mismas, en las cuales se le concede un margen amplio de interpretación al juzgador para determinar la abusividad de la cláusula, a estas se les denomina como grises por parte de la doctrina.

En este sentido, Fernando Jiménez Valderrama y Joaquín Acosta Rodríguez expresan que "Mediante este sistema mixto (clausula general más lista negra de cláusulas abusivas) se logran establecer unos criterios flexibles que les permitirán a los jueces valorar los contratos con consumidores a fin de descifrar posibles estipulaciones abusivas en su contra" (2017, p.326).

La sanción que conlleva introducir cláusulas abusivas en los contratos con los consumidores es la ineficacia de pleno derecho, que como bien lo expresa el artículo 897 del Código de Comercio, es una sanción al negocio jurídico que no requiere declaración judicial. (Inciso 2 del artículo 42 de la Ley 1480 de 2011).

- En consonancia con las nuevas modalidades de contratación a las que puede acceder el consumidor, nuestro Estatuto de Protección al Consumidor define lo que son ventas no tradicionales en el numeral 15 del artículo 5 de la Ley 1480 de 2011, como:

> Aquellas que se celebran sin que el consumidor las haya buscado, tales como las que se hacen en el lugar de residencia del consumidor o por fuera del establecimiento de comercio. Se entenderá por tales, entre otras, las ofertas realizadas y aceptadas personalmente en el lugar de residencia del consumidor, en las que el consumidor es abordado por quien le ofrece los productos de forma intempestiva por fuera del establecimiento de comercio o es llevado a escenarios dispuestos especialmente para aminorar su capacidad de discernimiento.

Y a las ventas a distancia, el numeral 16 del artículo 5 del Estatuto las define como: "Son las realizadas sin que el consumidor tenga contacto directo con el producto que adquiere, que se dan por medios, tales como, teléfono, catalogo o vía comercio electrónico".

Estableciendo el Estatuto del Consumidor para estos métodos no tradicionales o a distancia de contratación, el denominado derecho de retracto en virtud del cual se faculta al consumidor para que dentro de los cinco días hábiles siguientes a la entrega del bien, pueda resolver el contrato unilateralmente retornando las cosas al estado precontractual, sin necesidad de aducir ninguna causa o justificación para ejercer este derecho, y sin requerir intervención judicial alguna; esto es lo que se denomina por el Estatuto del Consumidor como el derecho de retracto. (Artículo 47 de la Ley 1480 de 2011).

Frente a este tipo de resolución directa por el acreedor, se refiere Fueyo Laneri (2004, citado por Ernesto Rengifo García, 2014, p. 114 y 115):

> Se le llama resolución por autoridad del acreedor, como podría también llamarse mixta, porque a través de esta fórmula moderna, realista y eficaz, se dilucida la vieja opción ejercitada ante el juez para seguirse generalmente un pleito, largo, costoso y de resultado incierto. (...) esta forma de resolución fue ignorada por el Código Civil francés y por muchos que le siguieron...

Adicionalmente, para el caso de las ventas a distancia, el Estatuto en mención establece toda una serie de deberes que deben de cumplir los productores y proveedores cuando utilicen la vía del comercio electrónico[4]. Artículo 49 y 50 de la Ley 1480 de 2011. Y también la posibilidad para el consumidor de revertir el pago en este tipo de comercio en los eventos de operación fraudulenta o no solicitada, o no recepción del producto solicitado, o cuando el producto recibido no corresponda al pedido o sea defectuoso. Artículo 51 de la Ley 1480 de 2011. Con relación a la reversión del pago, manifiesta Luisa Fernanda García Salazar, que:

> Por otra parte, la Ley 1480 de 2011, ante su compromiso de proteger en todos los aspectos posibles al consumidor, le otorga a éste otro derecho, que se desarrolla en su artículo 51, y es la llamada "reversión de pago", mediante la cual el consumidor cuenta con la posibilidad de presentar queja ante el proveedor, y es deber del quejoso devolver el producto, y del proveedor, informar al emisor del instrumento de pago electrónico para realizar la reversión del pago si procede la reclamación efectuada. (2018, p. 202 y 203).

- Todas estas prerrogativas de orden sustancial que posee la ley de protección al consumidor se complementan con los mecanismos que, de orden jurisdiccional y administrativo, contempla el mismo estatuto para que aquellas se puedan realmente hacer efectivas.

En este orden de ideas, tenemos que como mecanismos judiciales el consumidor puede acudir a tres tipos de acciones (artículo 56 de la Ley 1480 de 2011) como lo son: las acciones populares y de grupo en los términos de la Ley 472 de 1998; la acción de responsabilidad por producto defectuoso cuando se trata de obtener una indemnización por los daños a la vida o integridad personal causados por un producto defectuoso; y la acción de protección al consumidor, la cual tiene cabida cuando se trata de violación de las normas sobre protección del consumidor, violación de normas de protección contractual, para la reparación de los daños ocasio-

---

4 En Colombia la ley de comercio electrónico es la Ley 527 de 1999.

nados por información y publicidad engañosa, y para hacer efectiva una garantía.

De esta última acción (de protección al consumidor) conocen a prevención los Jueces Civiles del Circuito y la Superintendencia de Industria y Comercio en ejercicio de funciones jurisdiccionales. Artículo 24 de la Ley 1564 de 2012. Y adicionalmente a ello, el artículo 58 de la Ley 1480 de 2011, complementa el procedimiento verbal o verbal sumario de acuerdo con la cuantía del Código General del Proceso, para el trámite de esta acción judicial.

Por otro lado, como mecanismo administrativo, el consumidor puede colocar una queja ante la Superintendencia de Industria y Comercio con el fin de que esta inicie la investigación administrativa correspondiente, la cual puede culminar con la imposición de multas, el cierre temporal del establecimiento de comercio del comerciante, y en caso de reincidencia su cierre definitivo, así como la imposición de inhabilidades para ejercer el comercio. Artículo 61 de la Ley 1480 de 2011.

De conformidad con el artículo 62 de la Ley 1480 de 2011, la queja administrativa correspondiente también la podrá instaurar el consumidor ante los alcaldes municipales.

1. La adquisición de bienes para producir obras artísticas y la enajenación de estas por su autor.

2. Las adquisiciones hechas por funcionarios o empleados para fines de servicio público: este tipo de adquisiciones pertenecen a la órbita del derecho administrativo por lo que diáfanamente no se pueden considerar como actos mercantiles.

3. Las enajenaciones que hagan directamente los agricultores o ganaderos de los frutos de sus cosechas o ganados, en su estado natural. Tampoco serán mercantiles las actividades de transformación de tales frutos que efectúen los agricultores o ganaderos, siempre y cuando dicha transformación no constituya por sí misma una empresa: en este orden de ideas cuando para la transformación de los frutos media toda una organización empresarial como lo es la presencia e interacción de capital, equipos, establecimientos de comercio, complejidad, trabajadores, etc.; estaremos en presencia de un acto de comercio, particularmente el contenido en el numeral 16 del artículo 20 del Código de Comercio.

4. La prestación de servicios inherentes a las profesiones liberales: se considera que una profesión es liberal cuando reúne las siguientes

características: i) es un servicio donde prima la actividad intelectual sobre la meramente operativa; ii) requiere de largos estudios; y iii) para poder ejercerla se requiere de la obtención de un título de idoneidad otorgado por una entidad de educación superior debidamente reconocida por el gobierno nacional. Así las cosas, tenemos como ejemplos de profesiones liberales a la medicina, el derecho, la contaduría, la ingeniería, la economía, etc.

Pues bien, una vez presentados los actos no mercantiles contemplados en el Código de Comercio es menester hacer alusión a los actos de comercio contenidos en el artículo 20 de este mismo estatuto, haciendo la misma salvedad, esto es, que los actos de comercio que aglutina esta norma no son taxativos. (Artículo 24 del Código de Comercio). En este sentido, señala el artículo 20 como actos de comercio:

1. La adquisición de bienes a título oneroso con destino a enajenarlos en igual forma, y la enajenación de los mismos: se trata de un acto de comercio subjetivo o intencional por cuanto se debe tener en cuenta cuál era la intención (inicial) que poseía el adquirente al momento de adquirir, con lo cual, si la intención era adquirir para a su vez enajenar a título oneroso, el acto será comercial, así como la enajenación posterior.

Es de resaltar que la adquisición y el acto de enajenación posterior debe ser a título oneroso (que medie desembolso patrimonial) para que tenga la calidad de comercial; y que el título de adquisición y de enajenación debe tener vocación para transferir el dominio del bien, como podría ser, por ejemplo: una compraventa, una permuta, o un aporte a sociedad. Cabe agregar igualmente que, para que se configure este acto de comercio, este puede recaer tanto sobre bienes muebles como sobre bienes inmuebles.

En definitiva, se puede apreciar cómo tratándose, por ejemplo, de un acto de enajenación como la compraventa, sus requisitos esenciales particulares siguen siendo los mismos (cosa y precio) tanto para una compraventa de carácter civil como para una de carácter mercantil, y que realmente el criterio diferenciador para determinar su mercantilidad es la intención del sujeto al momento de celebrar el acto.

Así las cosas, tenemos que en el ámbito del derecho privado existe la compraventa civil, la compraventa mercantil, la compraventa sometida al derecho del consumidor, y la compraventa internacional de mercaderías.

Con relación a esta última, hacemos alusión a cuando la adquisición del bien a cambio del precio contiene algún elemento internacional, como puede ser que las partes tengan sus domicilios en estados diferentes, o que la relación jurídica tenga contacto con la ubicación del establecimiento de comercio o lugar de los negocios de alguna de las partes y este se encuentre por fuera de sus domicilios principales, o que el lugar de ejecución de las obligaciones principales se encuentre por fuera del estado en el cual las partes tienen sus domicilios, o inclusive que se trata de una relación que afecta los intereses del comercio internacional[5].

En este orden de ideas, la presencia de un componente internacional implica que dicha compraventa va a tener la capacidad de ser regida por varios sistemas jurídicos, con las consecuentes problemáticas que dicha situación puede llegar a acarrear.

De ahí que, para hacerle frente a esta situación fruto de los trabajos de la Comisión de las Naciones Unidas para el Derecho Mercantil Internacional (CNUDMI o UNCITRAL, por sus siglas en inglés) surgiera como instrumento perteneciente a la *lex mercantoria* en su faceta de *hard law* la Convención de Viena sobre Compraventa Internacional de Mercaderías de 1980 (CISG), como una regulación que va regir los aspectos sustanciales del contrato de compraventa internacional. Señala Claudia Madrid, frente a la regulación sustancial o material de la Convención, que:

> Ahora bien, aunque la importancia de esta Convención para la regulación uniforme de la compraventa internacional es innegable, no hemos de dejar de lado su limitado ámbito de aplicación. En efecto, la Convención solo se aplica entre Estados parte de la misma —o cuando las normas de conflicto del juez determinen la aplicación del Derecho de un Estado parte— (2020, p. 56).

Y por su parte, Juan Pablo Cárdenas Mejía aduce que:

> De conformidad con la Convención la misma se aplica cuando se reúnen las siguientes condiciones: en primer lugar, que se trate de una compraventa. Como ya se dijo, el concepto de compraventa en la Convención coincide en lo sustancial con la noción del derecho interno. En segundo lugar, se requiere que se trate de una compraventa internacional. Para definir cuando una compraventa es internacional, la Convención toma como base que los contratantes tengan su establecimiento en Estados distintos. En tercer lugar, se requiere que se trate de una compraventa sobre mercaderías. La Convención no define que se entiende por mercadería, pero la doctrina señala que de conformidad con las Convenciones de la Haya sobre compraventa del 1 de julio de 1964, que constituye el antecedente de la Convención de Viena por mercadería debe entenderse las cosas corporales muebles. Por consiguien-

---

[5] Se ha considerado que un negocio jurídico afecta los intereses del comercio internacional cuando este implica la circulación de bienes, servicios, recursos o fondos a través de varios estados.

> te, la Convención no se aplica a bienes inmuebles ni a bienes incorporales. (2021, p. 172 y 173).

Dentro de los aspectos que regula la Convención, tenemos lo atinente a la formación del contrato, las obligaciones del vendedor, las obligaciones del comprador, acciones derivadas del incumplimiento, la transmisión del riesgo, indemnización de daños y perjuicios, resolución del contrato, así como su ámbito de aplicación, etc. Colombia se adhirió a la Convención mediante la Ley 518 de 1999, y mediante Sentencia C-529 de 2000, la Corte Constitucional declaró la constitucionalidad de la misma manifestando que:

> La integración económica con otros Estados es un postulado constitucional que debe lograrse sobre las bases de equidad, reciprocidad y conveniencia nacional (...) En la Convención que se analiza se observa que dichos postulados efectivamente se cumplen pues al lograr unificar la normatividad sobre la compraventa de mercaderías internacionales se hace más expedito para los particulares, ubicados en diferentes Estados, la comercialización de bienes, lo cual seguramente repercutirá también en la calidad de vida de los habitantes de las naciones donde están residenciadas las partes que realizan dichos negocios.

La adquisición a título oneroso de bienes muebles con destino a arrendarlos; el arrendamiento de los mismos; el arrendamiento de toda clase de bienes para subarrendarlos, y el subarrendamiento de los mismos: en realidad este numeral consagra cuatro actos de comercio subjetivos intencionales, correspondientes a:

- Adquirir (posición del adquirente), con desembolso patrimonial de por medio (a título oneroso) un bien mueble con la intención (inicial) de darlos en arrendamiento.

El acto es mercantil porque la adquisición a título oneroso se realiza con el propósito de arrendarlo, pero a diferencia de lo que ocurre en el numeral 1 del artículo 20, tiene que tratarse de bienes muebles, por ejemplo: si compro un apartamento con el ánimo de arrendarlo, esa operación no es mercantil sino civil, porque el arrendamiento de inmuebles se ha considerado de gran trascendencia social, pero ello no es más que un capricho del legislador, porque no existe ningún motivo que justifique esta discriminación, sin fundamento académico alguno. "Los actos de comercio no obedecen a una elaboración científica, no tienen fundamento que permita definirlos, es el legislador con su libre criterio, el que ha determinado cuales son los actos de comercio y cuales, por contraste, los actos civiles" (Velásquez, 2008, p. 146).

- Dar en arrendamiento (posición de arrendador) los bienes muebles que previamente se habían adquirido a título oneroso con esta intención.
- Tomar en arrendamiento (posición de arrendatario) tanto bienes muebles como inmuebles con la intención (inicial) de a su vez darlos en arrendamiento (subarrendamiento).
- Dar en subarrendamiento (posición de subarrendador) el bien mueble o inmueble que previamente se había tomado en arrendamiento con esta intención.

Como se puede apreciar tanto el contrato de arrendamiento civil como el contrato de arrendamiento mercantil gozan de idénticos elementos esenciales particulares, esto es, la cosa y el canon, con lo cual la diferencia radica es en la intención que se tiene al momento de adquirir el bien o al momento de tomarlo en arrendamiento.

2. El recibo de dinero en mutuo interés, con garantía o sin ella, para darlo en préstamo, y los prestamos subsiguientes, así como dar habitualmente dinero en mutuo a interés: este numeral consagra tres actos de comercio subjetivos intencionales correspondientes a:

- Recibir dinero prestado (posición de mutuario) a interés (mutuo remunerado), con garantía o sin ella, con la intención (inicial) de a su vez darlo en préstamo a interés.
- Prestar (posición de mutuante) a interés (mutuo remunerado) el dinero que previamente se había recibido a título de mutuo remunerado con esa intención.
- Dar habitualmente dinero en préstamo (posición de mutuante) a interés (realizar mutuo de dinero remunerado de manera habitual).

El mutuo es un contrato por el cual una parte (mutuante) tramita un bien fungible a otra parte (mutuaria) para que esta la consuma, con cargo de restituir otra al mutuante de igual calidad y género. Señala José Alejandro Bonivento Fernández que:

> El mutuo tiene por objeto cosas fungibles, ya que impone, al hacerse la entrega, un acto traslaticio de dominio y que el mutuario, al usarla, las consumirá. Es indiferente, eso sí, que se dé el aprovechamiento esperado o querido. Basta que recaiga el negocio sobre cosas que se supone que con el uso natural y conveniente se destruyen. (2004, p. 657).

El mutuo es un contrato con doble regulación, pues se encuentra consignado tanto en el Código Civil como en el Código de Comercio, artículos

2221 y siguientes del Código Civil y artículos 1163 y siguientes del Código de Comercio.

Ahora bien, es de resaltar que tanto en materia civil como en materia mercantil el mutuo puede ser tanto gratuito como oneroso, con la diferencia de que en el mutuo civil sino se pacta nada al respecto el mutuo será de carácter gratuito, artículo 2230 del Código Civil, mientras que, en el mutuo mercantil, sino se menciona nada este será de carácter oneroso conforme a lo consagrado en el artículo 1163 del Código de Comercio.

Así mismo, tratándose del mutuo mercantil, sino se establece el interés, el artículo 884 del Código de Comercio entra a suplir este vacío indicando que en cuanto a los intereses de plazo o remuneratorios este será el bancario corriente certificado por la Superintendencia Financiera, y en cuanto a los intereses de mora estos ascenderán como máximo a una y media veces el interés bancario corriente certificado por esta entidad.

Finalmente, es de iterar entonces que los criterios sobre los cuales descansa el numeral 3 del artículo 20 para considerarse un mutuo mercantil son la onerosidad, la intención, y en su parte final también la habitualidad, y que adicionalmente la cosa fungible sobre la cual debe recaer es el dinero.

3. La adquisición o enajenación, a título oneroso, de establecimientos de comercio, y la prenda, arrendamiento, administración, y demás operaciones análogas, relacionadas con los mismos: Este numeral consagra un acto de comercio objetivo absoluto por cuanto los establecimientos de comercio se consideran bienes mercantiles, de ahí que cualquier acto que recaiga sobre los mismos se considerará como un acto de comercio sin importar la intención que se tenga al momento de celebrar el acto.

Ahora bien, el artículo 515 del Código de Comercio manifiesta que un establecimiento de comercio es:

> ...un conjunto de bienes organizados por el empresario para realizar los fines de la empresa. Una misma persona podrá tener varios establecimientos de comercio, y, a su vez, un solo establecimiento de comercio podrá pertenecer a varias personas, y destinarse al desarrollo de diversas actividades comerciales.

En palabras de Rodrigo Uría:

> Salvo supuestos de excepción, el empresario no puede desarrollar su actividad sin el auxilio instrumental de un conjunto de bienes y servicios por el coordinados y dispuestos del modo más adecuado a la finalidad peculiar de su empresa. (...)
> La empresa es un modo de actividad económica; el establecimiento es el instrumento al servicio de esa actividad; la primera entra en la categoría de

> los actos jurídicos, el segundo en la de los bienes instrumentales con valor económico. (2001, p. 33).

En este orden de ideas, el establecimiento de comercio se constituye en el medio que utiliza el comerciante para poder desarrollar su actividad económica.

Por otro lado, es de tener en cuenta que cuando el establecimiento de comercio pertenece a una sociedad, este puede asumir la calidad o bien de sucursal o bien de agencia con la diferencia de que mientras los administradores de una sucursal poseen facultades para representar a la sociedad propietaria de la misma (salvo que se les haya limitado vía estatutaria o por escritura pública o documento privado inscrito en el registro mercantil esta facultad), los administradores de las agencias carecen en principio de dichas facultades, a excepción de la representación de carácter judicial (Artículos 263 y 264 del Código de Comercio, y artículo 59 del Código General del Proceso).

La naturaleza jurídica de los establecimientos de comercio es la de ser una universalidad de hecho, lo cual trae como consecuencia que este conjunto de bienes que lo conforman no dé lugar al surgimiento de un patrimonio autónomo diferente del patrimonio de su propietario, y el que, además, tampoco constituya una persona jurídica, con lo cual carece de los atributos derivados de esta.

> Quizás la posición más aceptada sea que el establecimiento es una universalidad de hecho o universitas facti, posición que compartimos plenamente. Ella se entiende como un conjunto de bienes dispuesto para ciertos propósitos económicos por voluntad de su titular, a diferencia de lo que se predica de las universalidades de derecho, las cuales mantienen su cohesión para determinados fines jurídicos por disposición de la ley, como sucede con el patrimonio propiamente dicho o con la herencia. (Castro, 2016, p. 124).

El establecimiento de comercio se considera un bien mueble dado el tratamiento legal que recibe como tal, así tenemos que: su enajenación se puede realizar por documento privado autenticado, los elementos que supletivamente trae la ley en su composición son todos bienes muebles corporales e incorporales, y adicionalmente, los establecimientos de comercio se pueden dar en prenda, entiéndase hoy, garantía mobiliaria en los términos de la Ley 1676 de 2013.

Dentro de los elementos que supletivamente consagra la ley comercial como integrantes del establecimiento de comercio, tenemos a los siguientes, artículo 516 del Código de Comercio:

- La propiedad intelectual que se utilice en la explotación del establecimiento de comercio la cual comprende: los signos distintivos como las marcas y la enseña o rotulo del establecimiento, las nuevas creaciones como las patentes de invención, de modelo de utilidad, los diseños industriales, etc.; así como los derechos de autor utilizados en la explotación del establecimiento. (Numerales 1 y 2 del artículo 516 del Código de Comercio).
- Las mercancías en almacén o proceso de elaboración, los créditos y los demás valores similares. Así, por ejemplo, las facturas, los pagarés, y demás títulos valores y valores que se expidan con ocasión de la actividad del establecimiento de comercio hacen parte del mismo. (Numeral 3 artículo 516 del Código de Comercio).
- El mobiliario y las instalaciones: Bienes corporales organizados para la debida explotación de la empresa hacen parte del establecimiento de comercio, tales como: las vitrinas, las cajas registradoras, los estantes, las lámparas, datafonos, etc. (Numeral 4 del artículo 516 del Código de Comercio).
- Los contratos de arrendamiento y, en caso de enajenación, el derecho al arrendamiento de los locales en que funciona si son de propiedad del empresario, y las indemnizaciones que, conforme a la ley, tenga el arrendatario: aquí se debe diferenciar en el sentido de que hará parte del establecimiento de comercio el derecho al arrendamiento del local donde funcione cuando el propietario del local y del establecimiento son la misma persona y este enajena el establecimiento, pues en tal evento, el adquirente tendrá derecho al arrendamiento del local donde funciona; y cuando se trata del caso en el cual se tiene arrendado el local y el arrendatario del mismo quien es a su vez el propietario del establecimiento de comercio que funciona dentro del local, enajena el establecimiento, el adquirente del mismo entra a ocupar la calidad de arrendatario del local donde funciona el establecimiento por ministerio de la ley (cesión del contrato de arrendamiento). (Numeral 5 artículo 516 del Código de Comercio).

De lo anterior se puede concluir que el local comercial que es el inmueble destinado a la explotación de un establecimiento de comercio no hace parte integrante del mismo, sino que lo que lo que pertenece al establecimiento es el derecho al arrendamiento o el contrato de arrendamiento del local, según el caso.

- El derecho a impedir la desviación de la clientela y a la protección de la fama comercial: sobre la clientela no se tiene un derecho real de dominio, pues esta es libre de elegir a que comerciante y establecimiento acude a satisfacer sus necesidades, con todo este elemento integrante se debe de interpretar es en el sentido de que el comerciante propietario del establecimiento de comercio tiene a su disposición las acciones judiciales tendientes a evitar o a ser indemnizado en los eventos en los cuales se le efectúen actos de competencia desleal como podrían ser, por ejemplo: actos de desviación de la clientela con la realización de conductas contrarias a la buena fe mercantil y a los usos honestos en materia industrial y comercial, o actos de denigración que puedan afectar negativamente el *Good Will*, la buena fama y la reputación del establecimiento de comercio. (Numeral 6 artículo 516 del Código de Comercio).
- Los derechos y obligaciones mercantiles derivados de las actividades propias del establecimiento, siempre que no provengan de contratos celebrados exclusivamente en consideración al titular de dicho establecimiento: en tal sentido contratos de suministro, de distribución, de compraventa, etc., destinados a la explotación del establecimiento de comercio hacen parte del mismo. (Numeral 7 del artículo 516 del Código de Comercio).

De todos estos elementos que el articulo 516 enuncia como integrantes del establecimiento de comercio, se puede vislumbrar que este no solo comprende bienes de carácter corporal, sino también incorporales o intangibles, bienes cuya debida organización permiten realizar adecuadamente la actividad económica del empresario.

De estas circunstancias nace el hecho de que el legislador mercantil en aras de salvaguardar el mantenimiento de la actividad empresarial como fuente de desarrollo económico y generación de riqueza, haya dispuesto que cuando se trate de la enajenación forzosa de un establecimiento de comercio, o en los casos de liquidaciones de sociedades dueñas de varios establecimientos de comercio, o de particiones de copropiedades donde los comuneros sean dueños en común y proindiviso de varios establecimientos de comercio, se propenda porque la adjudicación de los mismos se haga en bloque o como unidad económica, evitando hasta donde sea posible y como último recurso la disgregación separada de cada uno de los elementos integrantes del establecimiento. (Artículo 517 del Código de Comercio).

Por otro lado, dentro de los actos jurídicos que pueden recaer sobre el establecimiento de comercio considerado como un todo o una unidad económica tenemos:

- Enajenación de establecimiento de comercio: la enajenación de un establecimiento de comercio se puede dar con cualquier título con vocación traslaticia de dominio, es decir, se puede hacer a título de compraventa, de permuta, de donación, de aporte a sociedad, etc.; y en todo caso dicha enajenación se presume hecha en bloque o como unidad económica sin que se requieran discriminar cada uno de los elementos que conforman el establecimiento objeto de enajenación. (Artículo 525 del Código de Comercio).

Siguiendo el criterio de protección de la unidad del establecimiento de comercio, la Ley mercantil ordena que toda enajenación se haga "en bloque o como unidad económica", lo que significa que en testa precisa materia no se requiere especificar o relacionar uno a uno la totalidad de los bienes que integran el establecimiento, no solo porque los bines objeto de enajenación se identifican como "bienes del establecimiento" de acuerdo con el artículo 516 del Código de Comercio, esto es, bienes que presentan la característica común de ser bienes organizados por el empresario enajenante para realizar los fines propios de la empresa, sino porque —además— el enajenante debe entregar obligatoriamente un balance general al adquirente con una relación discriminada del pasivo (Baena, 2009, p. 89).

La enajenación de un establecimiento de comercio se constituye en una excepción a la consensualidad en materia mercantil por cuanto el articulo 526 exige como requisito esencial para su perfeccionamiento que esta conste en documento privado autenticado o en escritura pública, con lo cual la ausencia de esta solemnidad sustancial implicará que el acto sea inexistente. Artículo 898 del Código de Comercio. Ahora bien, para que el acto de enajenación sea oponible frente a terceros, este se debe de inscribir en el registro mercantil. (Numeral 6 artículo 28 del Código de Comercio).

> En términos generales, la publicidad registral tiene dos caras: una positiva y otra negativa. La oponibilidad, por su lado positivo, consiste en la expansión de los efectos jurídicos de un acto o contrato o de una providencia judicial o administrativa, frente a todo el mundo, por haberse cumplido con la formalidad de la inscripción del respectivo documento, en un registro público. En su aspecto negativo, el acto o contrato no inscrito no produce efectos frente a terceros, institución jurídica que corresponde a lo que el legislador denomina inoponibilidad. (Gil, 2020, p. 5).

Por otro lado, dentro del trámite de la enajenación del establecimiento de comercio se exige que el enajenante le entregue al adquirente una relación de pasivos certificada por un contador público. Artículo 527 del Código de Comercio, de tal suerte que en aras de la protección de los terceros acreedores se haya establecido una solidaridad entre el enajenante y el adquirente del establecimiento por las obligaciones contenidas en esta relación de pasivos y que se hayan contraído hasta el momento de la enajenación (entiéndase inscripción de la misma en el registro mercantil).

Dicha solidaridad entre el enajenante y el adquirente del establecimiento perdurará por el termino de dos meses contados desde la inscripción de la enajenación en el registro mercantil, vencidos estos, saldrá el enajenante y el único que quedará respondiendo por las deudas del establecimiento será el adquirente.

No obstante lo anterior, para que efectivamente pasado el termino de dos meses se rompa esta solidaridad y el único que siga respondiendo por las deudas contenidas en la relación de pasivos sea el adquirente se tuvo que haber dado cumplimiento a los presupuesto que indica el artículo 528 del Código de Comercio, esto es: que se le haya dado aviso de esta enajenación en forma general e individual a los acreedores del establecimiento, y que dentro del término de los dos meses siguientes a la inscripción de la enajenación no se hayan opuesto los acreedores a esta enajenación. (el fin de esta oposición es para que se les otorguen garantías para el pago de sus créditos o en su defecto para que se hagan exigibles las obligaciones, aunque se encuentren sometidas a plazo; la oposición se debe de inscribir en el registro mercantil. Parágrafo del articulo 528 y artículo 530 del Código de Comercio). En palabras de Carlos Alberto Velásquez:

> Existe una continuación del régimen obligacional del establecimiento sin importar el cambio de propietario. Así, el enajenante debe entregar al adquirente, un balance del establecimiento y una relación pormenorizada de las deudas a cargo del mismo, certificadas por un contador público.
> Esta obligación se debe a que el problema de mayor complejidad que afronta el legislador es el relacionado con las obligaciones del establecimiento, porque se presentan allí dos grupos de intereses contrapuestos que la ley debe armonizar de alguna manera. De un lado, el interés de los acreedores del establecimiento, para quienes no es justo que se le cambie la persona del deudor, esto es, que el adquirente sustituya al enajenante en las obligaciones contraídas a favor del establecimiento; pero al mismo tiempo, tampoco es justo que un enajenante que ya se ha desprendido del establecimiento, continúe vinculado al pago de las obligaciones, porque si así fuera, no resultaría posible en la práctica, la enajenación en bloque de los mismos. (2008, p. 486 y 487).

Con todo, de conformidad con el artículo 529 del Código de Comercio, por las obligaciones que no consten en el documento de enajenación continuará respondiendo el enajenante, salvo que el adquirente no demuestre buena fe exenta de culpa al momento de la adquisición, es decir, esta norma plantea un evento de presunción de culpa y quien tiene la carga de demostrar diligencia y cuidado es el adquirente del establecimiento de comercio.

Este artículo 529 del Estatuto mercantil fue demandado por inconstitucional con el argumento, entre otros, de que hacía presumir la mala fe lo cual resulta contrario a la presunción constitucional de buena fe contenida en la Constitución, no obstante, la Corte Constitucional lo declaro exequible mediante Sentencia C-963 de 1999, y entre otros argumentos adujo que:

> Es preciso entonces, afirmar que la expresión acusada de la norma mercantil demandada no contraviene el artículo 83 de la Constitución, ni ningún otro del mismo ordenamiento, pues no se parte del supuesto de la mala fe del comerciante —como equivocadamente lo señala el actor—, sino que por el contrario, se impone al adquirente la obligación de asumir una conducta diligente, oportuna, activa, libre de culpa, so pena de resultar solidariamente responsable por las acreencias del establecimiento que no figuren en los libros de contabilidad.

Finalmente, frente a la enajenación del establecimiento de comercio se debe acotar también que cuando el precio de esta se hace con base en la contabilidad, y aparecieren inexactitudes que implicaren un menor valor del establecimiento, el enajenante deberá restituir al adquirente el mayor valor que este hubiese cancelado con ocasión de estas inexactitudes. (Artículo 531 del Código de Comercio).

Dicha restitución no opera a la inversa, es decir, del adquirente al enajenante por cuanto nadie puede alegar a su favor su propia culpa, y claramente quien se encuentra obligado a llevar correctamente la contabilidad del establecimiento es el enajenante del mismo.

- Arrendamiento de establecimiento de comercio: los establecimientos de comercio se pueden dar en arrendamiento caso en el cual el arrendador le entrega la tenencia del bien al arrendatario para que este lo use y lo goce, y a cambio cancele un precio o canon a favor del arrendador.

El Código de Comercio no regula el contrato de arrendamiento por lo que este negocio mercantil se regulara por lo que las partes hubiesen estipulado y en su defecto por las normas atinentes al contrato de arrendamiento de cosas consagradas en el Código Civil, en virtud de la remisión que expresamente hace el artículo 822 del Código de Comercio. Dentro de los aspectos para tener en cuenta en el arrendamiento de establecimiento de comercio tenemos que:

- Dado que el propietario-arrendador se desprende de la tenencia y explotación del establecimiento de comercio este entonces perderá la calidad de comerciante, y quien entonces la asumirá tal calidad será el arrendatario.

- No existirá solidaridad entre el arrendador y el arrendatario por las obligaciones derivadas de la explotación del establecimiento de comercio.
- El arrendamiento de establecimiento de comercio es desde el punto de vista de su perfeccionamiento de carácter solemne pues debe constar en escritura pública o en documento privado autenticado. (Artículo 533 del Código de Comercio).
- Para efectos de oponibilidad frente a terceros se debe de inscribir en el registro mercantil. (Numeral 6 artículo 28 del Código de Comercio).
- Al contrato de arrendamiento de establecimiento de comercio, no se le aplican las protecciones consagradas de los artículos 518 al 524 del Código de Comercio, las cuales únicamente operan para el arrendamiento de local comercial.
- Usufructo de establecimiento de comercio: sobre los establecimientos de comercio se puede constituir el derecho real de usufructo, el cual implica una limitación al derecho real de dominio que tiene el propietario del establecimiento convirtiéndose este en nudo propietario, y por su parte, el usufructuario (titular del derecho real de usufructo) del establecimiento adquirirá la facultad de usar y gozar del mismo con cargo de restituirlo al vencimiento del usufructo.

Dado que el derecho real de usufructo no se encuentra regulado en el Código de Comercio, a este se le aplicaran las normas que lo regulan en el Código Civil artículos 823 y siguientes, en virtud de la remisión que a este estatuto efectúa el artículo 822 del Código de Comercio.

La constitución del derecho real de usufructo sobre un establecimiento de comercio se debe de hacer por escritura pública o por documento privado autenticado, artículo 533 del Código de Comercio, y en todo caso, para efectos de oponibilidad frente a terceros y dada que se afecta la propiedad del mismo, se debe de inscribir en el registro mercantil, numeral 6 del artículo 28 del Código de Comercio. Vale la pena indicar como diferencias entre el usufructo y el arrendamiento de establecimientos de comercio las siguientes:

- El usufructo puede ser de carácter gratuito u oneroso, y en caso de no pactarse nada al respecto, este será gratuito; mientras que el arrendamiento siempre es un contrato a título oneroso.
- El usufructo no es transmisible por causa de muerte a diferencia del arrendamiento que si lo es.

- El usufructo es un derecho real, con lo cual se pueden ejercer las acciones reales en caso de pérdida o despojamiento ilegitimo como sería la acción reivindicatoria; mientras que el contrato de arrendamiento es un derecho personal que produce efectos únicamente inter-partes (efecto relativo de los contratos) y que no goza del ejercicio de las acciones reales para su protección sino únicamente de las acciones de carácter personal. En palabras de Juan Enrique Medina Pabón:

> Por este derecho real el beneficiario tiene el ius utendi, es decir, la facultad jurídica de servirse de la cosa, más el ius fruendi para apropiarse de los frutos naturales o civiles que este bien produzca, sin llegar a modificar o deteriorar su esencia (...); lo que lleva a que además cuente con las facultades generales de administración, con oponibilidad general, derecho de persecución y preferencia, y goce de las acciones de defensa de su condición, que le sirven para ejercitar esta condición ante todos, incluyendo al propietario (oponibilidad amplia). En esto último se distingue el usufructuario de todo otro tenedor que también tenga el derecho de goce o disfrute sobre el bien, como el arrendatario, el comodatario, el depositario autorizado para servirse del bien y el acreedor anticrético, del sistema del Código Civil, que solamente cuentan con las acciones personales ante el dueño a quien en el evento de perturbación le reclamaran el cumplimiento de su obligación de mantenerlos en la tenencia y librarlos de cualquier situación que embarace el goce. (2019, p. 471).

- Anticrisis de establecimiento de comercio: la anticresis es un contrato cuyas partes son el acreedor y el deudor anticrético, en virtud del cual este último le entrega la tenencia de un bien mueble o inmueble al acreedor para que este se pague con los frutos que genere el bien entregado en anticresis, y una vez cancelada la deuda, el acreedor le restituya el bien al deudor anticrético.

A diferencia de la anticresis civil que únicamente puede recaer sobre bienes inmuebles, la anticresis comercial puede recaer tanto sobre bienes inmuebles como sobre bienes muebles, incluyendo por tanto dentro de estos últimos a los establecimientos de comercio. Artículo 1221 del Código de Comercio. Ahora bien, cuando la anticresis recae sobre un bien mueble, como lo son los establecimientos de comercio este se considera en virtud de la Ley 1676 de 2013 una garantía mobiliaria, con lo cual este contrato se perfeccionará por documento privado inscrito en el registro de garantías mobiliarias que lleva Confecámaras. (Artículos 14 y 21 de la Ley 1676 de 2013).

Cabe resaltar así mismo, que la entrega de un establecimiento de comercio en anticresis no le hace perder la calidad de comerciante al deudor anticrético, e igualmente que por las obligaciones derivadas de la explotación del establecimiento van a responder de manera solidaria tanto el acreedor como el deudor anticrético. (Artículos 1224 y 1225 del Código de Comercio).

- Fiducia mercantil sobre establecimiento de comercio: La fiducia mercantil es un contrato en virtud del cual una de las partes denominada fiduciante o fideicomitente transfiere unos bienes a una sociedad fiduciaria (entidad sujeta a vigilancia por la Superintendencia Financiera) para que esta constituya un patrimonio autónomo (fideicomiso) con dichos bienes y lo administre, entregándole los rendimientos fruto de esta administración a un tercero denominado beneficiario o fideicomisario. (Artículo 1226 del Código de Comercio).

En este orden de ideas, el dueño de un establecimiento de comercio (fiduciante) puede transferir el dominio del mismo a una sociedad fiduciaria para que esta constituya un patrimonio autónomo con el mismo y lo gestione, entregándole los beneficios fruto de su explotación a un tercero o al mismo fiduciante. Manifiestan Juan Carlos Varón Palomino y Germán Darío Abella Abondano, que:

> A términos de la definición legal en comento, el fideicomitente transfiere unos bienes determinados, transferencia que conlleva el traslado del derecho de dominio sobre los bienes fideicomitidos, a cambio de los derechos fiduciarios correspondientes. Así, la fiducia mercantil es un título traslaticio del derecho real de dominio o propiedad sobre los bienes fideicomitidos, en virtud del cual este pasa del fideicomitente al patrimonio autónomo, cuyo vocero es el fiduciario. De este modo, una vez efectuada la tradición la propiedad de los bienes fideicomitidos se radica en el patrimonio autónomo para todos los efectos legales. (2013, p. 7).

Y más adelante, agregan estos mismos autores que:

> El patrimonio autónomo que surge en virtud del contrato de fiducia mercantil no tiene personería jurídica, pero, por disposición legal, se constituye en receptor de los derechos y obligaciones legales y convencionalmente derivados de los actos y contratos celebrados y ejecutados por el fiduciario en cumplimiento del contrato de fiducia mercantil, y los bienes que lo integran solo garantizan las obligaciones contraídas en el cumplimiento de la finalidad perseguida. (2013, p. 8).

Dado que el contrato de fiducia mercantil sobre establecimiento de comercio implica la transferencia del dominio sobre el mismo, como señalábamos *supra*, este negocio se perfecciona por documento privado autenticado o por escritura pública. Articulo 533 y 526 del Código de Comercio;

y para efectos de oponibilidad frente a terceros se debe de inscribir en el registro mercantil. (Numeral 6 artículo 28 del Código de Comercio).

- Prenda sobre establecimiento de comercio: De conformidad con el artículo 532 del Código de Comercio sobre los establecimientos de comercio se puede constituir el derecho real de prenda, con o sin tenencia del acreedor, para garantizar el cumplimiento de obligaciones propias o ajenas.

Ahora bien, en materia mercantil resulta mucho más viable la constitución de prenda sin tenencia en la medida en que con este tipo de prenda el deudor conserva la tenencia y explotación del establecimiento de comercio permitiéndole con los frutos que genere cancelarle la obligación al acreedor.

Señala el inciso 2 del artículo 532 del Código de Comercio que la prenda sobre establecimiento de comercio comprende todos los elementos integrantes del mismo salvo los activos circulantes[6] los cuales para que queden comprendidos dentro de la garantía se requiere pacto expreso. No obstante, lo anterior, se debe indicar que hoy en día la prenda sobre establecimiento de comercio es considerada una garantía mobiliaria en los términos de la Ley 1676 de 2013, con lo cual esta se perfecciona por documento privado y para efectos de oponibilidad se debe de inscribir en el registro de garantías mobiliarias que lleva Confecámaras.

Adicionalmente a ello, al tratarse de una garantía mobiliaria ya no se requiere pacto expreso para que queden comprendidos los activos circulantes dentro de la garantía, dado que de conformidad con el artículo 6 de la Ley 1676 de 2013 estos quedan cubiertos dentro de la misma al ser considerados un bien derivado o atribuible, es decir, aquellos que provienen de los bienes originalmente gravados con la garantía.

- Contrato de preposición: El contrato de preposición es una forma o subespecie de mandato de carácter representativo que tiene por objeto la administración de un establecimiento de comercio o de una parte o ramo de la actividad del mismo. (Artículo 1332 del Código de Comercio).

---

[6] Por activos circulantes se entienden aquellos bienes del establecimiento de comercio que están destinados a enajenarse dentro del giro normal del establecimiento o a ser consumidos, de tal suerte que cuando la prenda se hace extensiva a ellos, opera una subrogación en el sentido que los bienes que se produzcan o adquieran reemplazan a los que se van enajenando o consumiendo.

Las partes de este contrato son el preponente que es el dueño del establecimiento de comercio que opta por encargar la administración del mismo a un tercero, y el factor quien como mandatario se encarga entonces de la administración del establecimiento.

El contrato de preposición es desde el punto de vista de su perfeccionamiento de carácter consensual, no obstante, para efectos de oponibilidad frente a terceros se debe de inscribir en el registro mercantil; así mismo, su revocación, también se encuentra sujeta a inscripción para efectos de oponibilidad. (Artículo 1333 del Código de Comercio).

Como se trata de una modalidad de mandato representativo, el factor debe actuar por cuenta del preponente y en su nombre y representación, con lo cual los actos que realice el factor son como si directamente los hiciese el preponente. (Artículo 1336 del Código de comercio).

Ahora bien, en el evento en que el factor actúe en su propio nombre vinculará al preponente cuando el acto corresponda al giro ordinario del establecimiento de comercio y sea notoria su calidad de mandatario, o cuando el resultado del negocio redunde en beneficio del preponente. (Artículo 1337 del Código de Comercio).

Señala el legislador que los factores se encuentran facultados para celebrar y ejecutar todos aquellos actos relacionados con el giro ordinario del establecimiento, y en el evento en que se le vayan a limitar sus facultades, dicha limitación se debe de inscribir en el registro mercantil para efectos de oponibilidad frente a terceros. (Artículo 1335 del Código de Comercio).

El contrato de preposición es de carácter bilateral por cuanto genera obligaciones para ambas partes, así tenemos que el factor debe llevar la contabilidad, cumplir con las leyes fiscales y con los reglamentos administrativos del establecimiento que administra, así mismo el factor tiene una obligación de abstención consistente en, salvo autorización del preponente, tomar interés personal o de terceros en negociaciones del mismo ramo de las que desarrolla el establecimiento que gestiona. Por su parte, la obligación principal del preponente consiste en pagarle la remuneración al factor por la prestación de sus servicios de administración. (Artículos 1338 y 1339 del Código de Comercio). Según Lisandro Peña Nossa:

> Las relaciones entre el preponente y el factor se disciplinan de la siguiente manera: si el factor es persona natural, existe un contrato de trabajo anexo a la relación de mandato, y si se presentan diferencias entre uno y otro, tratándose de derechos, garantías y prestaciones del factor, priman las normas laborales. Y si el factor es persona jurídica, las relaciones se regulan por el contrato de preposición, exclusivamente. (2010, p. 299).

- Arrendamiento de local comercial: El legislador mercantil no regulo el contrato de arrendamiento, ni particularmente el contrato de arrendamiento de local comercial, con lo cual para saber cómo se perfecciona, sus efectos, las obligaciones que asumen las partes, etc.; nos tenemos que remitir a las normas civiles sobre el arrendamiento de cosas de conformidad con lo establecido por el artículo 822 del Código de Comercio.

No obstante, esto, el Código de Comercio, si consagra una serie de protecciones para el arrendatario de un local comercial, normas que son de carácter imperativo y cuya inobservancia o pacto en contrario es sancionado con la ineficacia de pleno derecho de conformidad con lo consagrado en el artículo 524 del Código de Comercio. Dentro de dichas protecciones tenemos:

- Derecho a la renovación: de conformidad con el artículo 518 del Código de Comercio, el arrendatario de un local que lo hubiese ocupado no menos de dos años consecutivos con un mismo establecimiento de comercio tiene derecho a la renovación del contrato a su vencimiento.

Ahora bien, renovación no es lo mismo que prorroga, pues esta implica la continuación del mismo contrato en idénticas condiciones de tenencia, mientras que aquella implica la celebración de un nuevo contrato con condiciones de tenencia diferentes en cuanto, por ejemplo, el plazo o canon del nuevo contrato.

Sin embargo, cuando se presenten discrepancias en la renovación del contrato como puede ser el caso del precio del canon, estas se pueden llevar ante un juez para que este mediante el trámite de un proceso verbal con intervención de peritos las supere. Artículo 519 del Código de Comercio. Al respecto indica la Corte Suprema de Justicia en Sentencia del 27 de abril de 2010 que:

> [...] ese peculiar privilegio de poder renovar el contrato una vez cumplidos los requisitos legales, aún en contra de la voluntad del arrendador, no supone de modo ineludible la prolongación de las condiciones pactadas inicialmente, puesto que de la esencia de la indicada facultad no emerge semejante conclusión, sino de modo exclusivo, la opción de continuar con el uso del inmueble, aunque sea menester el cambio del contrato anterior o, por lo menos, la alteración de algunas de las cláusulas antes aceptadas por las partes, tales como las relativas al precio o a las circunstancias de utilización del bien material de arrendamiento.

Este derecho de renovación no opera en los eventos en que el arrendatario haya incumplido el contrato; cuando el propietario necesite el local para su propia habitación o para un establecimiento suyo destinado a una actividad sustancialmente diferente a la que tiene el arrendatario; y cuando el inmueble deba ser reconstruido o reparado con obras necesarias que no puedan ejecutarse sin la entrega o desocupación, o que el local deba ser demolido por ruina o para la construcción de obra nueva.

- Derecho de desahucio: conforme al artículo 520 del Código de Comercio, cuando el propietario del inmueble lo requiera para su propia habitación o para un establecimiento suyo para una actividad económica sustancialmente distinta de la del arrendatario; o cuando el local deba ser reconstruido, reparado o demolido para la construcción de obra nueva, el propietario deberá avisarle al arrendatario con por lo menos seis meses de anticipación a la fecha de terminación del contrato, so pena de que se entienda renovado o prorrogado en las mismas condiciones de tenencia del contrato inicial.

No señala el artículo en mención como debe de hacerse la notificación al arrendatario, con lo cual esta puede hacerse por cualquier medio e incluso de manera oral siempre y cuando en una eventual controversia se pueda efectivamente probar que se efectuó con la antelación debida. Es de entender que si no se hace el correspondiente preaviso con la antelación debida lo que realmente ocurre es que el contrato original se prorroga en las mismas condiciones en las que se encontraba ejecutando. Frente a este derecho de desahucio afirma la Corte Suprema de Justicia que:

> [...] este es un aviso que se le da al arrendatario para que en el razonable término que la norma fija, se ubique en otro lugar con posibilidades de continuar la explotación económica del establecimiento con la misma fama, clientela y nombres adquiridos, porqúe en dicho plazo puede adoptar todas las medidas de publicidad y traslado que resulten convenientes.

- Derecho de preferencia: El arrendatario del local que tuvo que desocuparlo con ocasión de reparación, reconstrucción o nueva construcción, va a tener derecho a que se le prefiera en igualdad de circunstancias a las que ofrezca un tercero en el arrendamiento del local reparado o reconstruido.

En el evento en que se haga uso de este derecho de preferencia el arrendatario no tendrá que pagar primas o valores adicionales diferentes al canon que se acuerde y en caso de desacuerdo se acudirá a su fijación con intervención de peritos. Artículo 521 del Código de Comercio.

- Derecho a la indemnización: En el evento en que se bloque el derecho a la renovación del contrato de arrendamiento del local por haberse hecho uso de las causales 2 y 3 del artículo 518 del Código de Comercio, y el propietario dentro de los tres meses siguientes a la entrega no le den al inmueble el destino indicado o no principie las obras, deberá indemnizar al arrendatario todos los perjuicios que se le hayan ocasionado por esta desocupación.

Así mismo, se deberá indemnizar en el caso en que se arriende el local que se desocupo o se destine para instalar un establecimiento de comercio con la misma o similar actividad empresarial que tenía el arrendatario.

Contiene el artículo 522 del Código de Comercio a título simplemente enunciativo los rubros indemnizatorios que se podrían considerar, tales como: el lucro cesante esto es las sumas dejadas de percibir por el arrendatario con ocasión de la no explotación del establecimiento de comercio por motivo de la desocupación del local, y a título de daño emergente conceptos como: gastos efectuados para la nueva instalación, la indemnización de los trabajadores despedidos, y el valor de la mejoras necesarias y útiles que se hubiesen efectuado al local.

Iterando en todo caso que si se logran demostrar por parte del arrendatario más perjuicios patrimoniales o inclusive extrapatrimoniales estos tendrán que ser indemnizados. Al respecto señala la Corte Suprema de Justicia en providencia del 29 de septiembre de 1978, que:

> La redacción misma del texto legal y el empleo del verbo incluir demuestran sin duda alguna que esa enumeración de factores [C. de Co., art.522] que conforman los perjuicios no es limitativa. Por consiguiente, para efecto de indemnizarlos pueden tenerse en cuenta todos los demás daños que el arrendatario demuestre haber sufrido como consecuencia de la clausura o del traslado del establecimiento comercial que tenía el local arrendado.

- Subarrendamiento y Cesión del contrato de arrendamiento de local comercial: El arrendatario de un local comercial puede subarrendar hasta la mitad del inmueble sin requerir autorización ni expresa ni tacita por parte del arrendador, eso sí, siempre y cuando con dicho subarriendo no se lesionen gravemente los derechos del arrendador.

Ahora bien, para que el arrendatario pueda subarrendar más del 50 % del inmueble requerirá autorización expresa o tácita del arrendador, so pena, de configurarse un incumplimiento contractual y consecuentemente se pueda solicitar la restitución del local.

Vemos entonces como a diferencia del ámbito del arrendamiento civil en donde para que el arrendatario pueda subarrendar cualquier porcentaje de un bien se requiere del consentimiento expreso del arrendador (artículo 2004 del Código Civil), en materia de subarriendo de local comercial este consentimiento puede ser también dado de manera tácita y solo cuando se trate de subarrendar más del 50 % del mismo.

Por otro lado, tratándose de la cesión del contrato de arrendamiento del local por parte del arrendatario (cedente) a un tercero (cesionario) esta requerirá del consentimiento expreso o tácito del arrendador (contratante cedido), salvo que se trate de la enajenación del establecimiento que funciona dentro del local arrendado, pues en este último evento la cesión del contrato de arrendamiento sobre el inmueble operará de pleno derecho por ministerio de la ley. Artículo 523 del Código de Comercio.

Esto último se explica por lo planteado *supra* en el sentido de que dentro de los elementos integrantes del establecimiento de comercio se encuentra el contrato de arrendamiento del local donde funciona. Numeral 5 del artículo 516 del Código de Comercio.

4. La intervención como asociado en la constitución de sociedades comerciales, los actos de administración de las mismas o la negociación a título oneroso de las partes de interés, cuotas o acciones.

Este numeral consagra en realidad tres actos de comercio, todos actos objetivos con relación al sujeto por cuanto los tres giran en torno a un sujeto calificado como lo son las sociedades comerciales. Analicemos cada uno de ellos:

- La intervención como asociado en la constitución de sociedades comerciales: de conformidad con el artículo 98 del Código de Comercio, las sociedades como personas jurídicas surgen de un contrato (contrato de sociedad) el cual como todo contrato debe cumplir con unos requisitos de existencia o esenciales particulares, y con unos requisitos de validez. Dentro de los requisitos de existencia tenemos: La Pluralidad:

El contrato de sociedad es un negocio o acto jurídico plurilateral, por lo que se da la presencia del acuerdo de voluntades de dos o más partes para su perfeccionamiento, de ahí que, cada asociado en el contrato de sociedad se constituye en una parte del mismo; en otras palabras, hay tantas partes cuantos socios existan.

Es de anotar que, el inciso primero del artículo 864 del Código de Comercio, le da expresa admisión a los actos jurídicos plurilaterales en el ámbito mercantil, cuando en la noción que realiza de contrato afirma que:

> El contrato es un acuerdo de dos o más partes para constituir, regular o extinguir, entre ellas una relación jurídica patrimonial, y, salvo estipulación en

> contrario, se entenderá celebrado en el lugar de residencia del proponente y en el momento en que éste reciba la aceptación de la propuesta. (el resaltado es nuestro).

Afirma Narváez refiriéndose a la Pluralidad:

> Como la sociedad nace de un contrato al cual se mantiene aferrada, siempre presupone la conjunción de voluntades de por lo menos dos personas, pues no es concebible el acuerdo consigo mismo. Sin esa pluralidad no hay animus contrahendae societatis ni suma de aportaciones ni participación proporcional en las ganancias. Tal pluralidad es presupuesto necesario de la sociedad porque desde su formación hasta cuando concluye su ciclo de vida activa es un ente corporativo organizado jurídicamente. (2005, p. 102-103).

Con todo, el requisito de la pluralidad se desdibuja tratándose del tipo societario denominado: Sociedad por Acciones Simplificada consagrado en la Ley 1258 de 2008, pues este puede surgir, o bien de un contrato como acto o negocio jurídico plurilateral; o bien de un acto jurídico unilateral, es decir, de la manifestación de voluntad de una sola persona de querer constituir este tipo societario.

En este sentido, manifiesta el inciso 1 del artículo 1 de la Ley 1258 de 2008, que: "La sociedad por acciones simplificada podrá constituirse **por una o varias personas naturales o jurídicas,** quienes solo serán responsables hasta el monto de sus respectivos aportes" (El resaltado es propio).

De estas consideraciones, podemos concluir que el requisito de la pluralidad continúa siendo un requisito esencial particular de todos los tipos societarios; salvo de la sociedad por acciones simplificada, que se pueden constituir como sociedades pluripersonales, pero también unipersonales, siendo actualmente el único tipo societario que se puede constituir con una sola persona.

- El Aporte: se constituye en la prestación a la que se obliga cada uno de los socios en virtud del contrato de sociedad, el cual es necesario para que la sociedad pueda desarrollar su empresa u objeto social. Dicha prestación puede ser de dar, cuando lo que se aporta es dinero o bienes apreciables en dinero para conformar el capital de la sociedad. Los socios que aportan dar se les denomina socios capitalistas.

Adicionalmente, el aporte puede ser de hacer, como cuando se aporta trabajo, servicios, conocimientos tecnológicos, asistencia técnica, un *know how*, secretos industriales o empresariales, etc.; caso en el cual a los socios que aportan hacer se les denomina socios industriales. En este orden de ideas, se puede afirmar que el aporte se constituye en el objeto del contrato de sociedad.

- Utilidades: se constituyen en la causa del contrato de sociedad, son el móvil, pues lo que se persigue con la constitución de una sociedad y la explotación de su objeto social es que ésta obtenga ganancias para ser distribuidas entre los asociados.

Este elemento esencial particular del contrato de sociedad es el que permite afirmar que las sociedades todas tienen ánimo de lucro, pues las mismas están destinadas a ser distribuidas entre los socios en proporción a su aporte, tanto durante la vigencia de la sociedad como al momento de su disolución y liquidación. Es de resaltar que, serán beneficiarios de las utilidades tanto los socios capitalistas como los socios industriales de la sociedad (Artículo 150 del Código de Comercio).

Un contrato de sociedad en el cual se pacte que no van a ver utilidades será inexistente por la ausencia de un requisito esencial particular, en los términos del artículo 898 del Código de Comercio; sin embargo, si lo que ocurre es que se pacta dentro del contrato que alguno o algunos de los socios no va a recibir utilidades, esta cláusula contractual será ineficaz de pleno derecho por expresa disposición del inciso 2 del artículo 150 del Código de Comercio concordado con el artículo 897 del mismo estatuto.

Al respecto señala el inciso 2 del artículo 150: "Las cláusulas del contrato que priven de toda participación en las utilidades a alguno de los socios se tendrán por no escritas, a pesar de su aceptación por parte de los socios afectados con ellas". Empero, es de destacar que una vez las utilidades salen del patrimonio de la sociedad y se convierten en un pasivo externo a favor de los socios, estos pueden renunciar a estos dividendos, en los términos del artículo 15 del Código Civil, por tratarse de un derecho de orden patrimonial que solo mira el interés particular del socio.

En este sentido indica el precitado artículo 15 del Código Civil, que: "podrán renunciarse los derechos conferidos por las leyes, con tal que solo miren al interés individual del renunciante, y que no esté prohibida la renuncia".

- Objeto Social: hace referencia a la actividad económica, a la empresa que va a explotar la sociedad en los términos del artículo 25 del Código de Comercio. El objeto social, conforme al artículo 99 del Código de Comercio, determina no solo la capacidad de goce, sino también la capacidad de ejercicio de la sociedad.

Este elemento se divide en objeto social principal y secundario o complementario, el primero es aquel que:

> Se formula en los estatutos sociales de manera general y es aquel que se desarrollará de manera reiterada y predominante. Se caracteriza por estar confor-

> mado por todas las actividades que constituyen la finalidad de la sociedad, las cuales a su vez fijan y delimitan su capacidad (Peña, 2011, p. 118).

El objeto social principal puede ser exclusivo o múltiple, dependiendo de si la sociedad se va a dedicar a una actividad económica de forma única, o a varias actividades, sin necesidad que exista relación entre las mismas. Por su parte, el objeto social complementario: "Son todos aquellos actos que sirven de medio para el desarrollo del objeto principal, los cuales no requieren ser mencionados, pues se entienden incluidos dentro del principal" (Peña, 2011, p. 118).

El artículo 99 del Código de Comercio, se refiere al objeto social complementario o secundario cuando afirma que: "(...) Se entenderán incluidos en el objeto social los actos directamente relacionados con el mismo y los que tengan como finalidad ejercer los derechos o cumplir las obligaciones, legal o convencionalmente derivados de la existencia y actividad de la sociedad".

> De otra parte, hay que tener en cuenta que en las sociedades tradicionales, esto es, las reguladas en el libro II del Código de Comercio (Sociedad Colectiva, Sociedad Anónima, Sociedad de Responsabilidad Limitada, Sociedad en Comandita Simple y Sociedad en Comandita por Acciones), el objeto social principal debe de estar plenamente determinado, so pena de ineficacia (Numeral 4 artículo 110 del Código de Comercio).
> Ahora bien, las sociedades tradicionales se pueden constituir a la luz de la Ley 1014 de 2006, si cumplen con los presupuestos allí contemplados, esto es, que al momento de constituirse tengan 10 o menos trabajadores o activos inferiores a 500 salarios mínimos legales mensuales vigentes; estas sociedades pueden constituirse con objeto social indeterminado para la realización de cualquier acto licito de comercio (Numeral 4 artículo 1 del Decreto 4463 de 2006).

Y tratándose de las Sociedades por Acciones Simplificadas, estas pueden constituirse con objeto social indeterminado para la realización de cualquier acto jurídico civil o comercial licito (Numeral 5 artículo 5 de la Ley 1258 de 2008).

El criterio que determina si una sociedad es civil o es comercial, es el objeto social, por cuanto si la sociedad se constituye para la realización de actos mercantiles (ejemplo los contenidos en el artículo 20 del Código de Comercio), la sociedad será comercial; si la sociedad se constituye para la realización de actos civiles (ejemplo los del artículo 23 del Código de Comercio), la sociedad será civil; y si el objeto social es mixto, es decir, para la realización de actos civiles y actos mercantiles, la sociedad será comercial (Artículo 100 del Código de Comercio, modificado por la Ley 222 de 1995).

Empero, tratándose de las sociedades por acciones simplificadas, impera es un criterio de carácter formal, pues estas serán siempre de carácter comercial, independientemente del objeto social que realicen, sea civil o comercial, esto por expresa disposición del artículo 3 de la Ley 1258 de 2008.

Ahora bien, independientemente de si la sociedad es civil o es comercial, menciona el artículo 100 del Código de Comercio, que estas estarán sometidas en su regulación a la legislación mercantil. De estas consideraciones, tenemos que hoy en día las diferencias entre las sociedades civiles y las sociedades comerciales se circunscriben a dos aspectos que son:

- Solamente las sociedades comerciales estas sujetas a supervisión de la Superintendencia de Sociedades. Inciso 1 del artículo 82 de la Ley 222 de 1995.
- Únicamente tienen el deber de matricularse en el registro mercantil como comerciantes, las sociedades comerciales. Numeral 1 del artículo 19 del Código de Comercio.

Al respecto manifestó la Corte Constitucional en Sentencia C-435 de 1996 con magistrado ponente José Gregorio Hernández Galindo, que:

> En el ámbito de la empresa, sea esta civil o comercial, los deberes que se adscriben a su titular corresponden igualmente a una materia que en principio es puramente legal y no constitucional. Aunque, en el caso presente, la sola unificación del régimen societario no apareja la conversión de la sociedad civil en comerciante, la ley puede razonablemente determinar la extensión de deberes inicialmente establecidos para ciertos sujetos, lo que naturalmente debe de hacer de manera expresa. (...)

Y es que el hecho de que unas sociedades tengan por objeto la ejecución de actos civiles y otras la actividad comercial no es criterio que justifique eximir a las primeras de obligaciones consagradas para las segundas (como la de llevar libros de contabilidad), ya que, si son sociedades y no asociaciones (como parece entenderlo la accionante cuando se refiere a los hospitales), tienen un elemento en común —el ánimo de lucro—, en el cual puede fijarse el legislador, dentro de sus nuevos criterios, para señalar regulaciones más exigentes que faciliten la inspección, la vigilancia y la intervención estatales en la actividad particular.

- *Animus Societatis:* A diferencia del consentimiento como requisito general de todo contrato, y que no es ajeno al contrato de sociedad, consistente en la voluntad de constituir una sociedad comercial; el *animus societatis* consiste en la intención de cooperación de los asociados en el efectivo desarrollo de la sociedad para que esta pueda lograr satisfactoriamente los fines para los cuales se formó.

El *animus societatis* es el elemento que diferencia a las sociedades de, por ejemplo, el cuasicontrato de comunidad, en el cual el ánimo de asociación no existe, al punto que se puede llegar a tener la propiedad en común y proindiviso con otras personas sobre un bien, sin que exista manifestación de voluntad en este sentido. Refiriéndose al *animus societatis*, manifiesta la Superintendencia de Sociedades en Oficio 220-21508 del 27 de abril de 2007, que es:

> Uno de los elementos esenciales del contrato de sociedad, refiere a la libre y voluntaria decisión que tienen las personas para unirse, en orden a adelantar actividades, que comunes, vienen a concretarse en la constitución de compañías, o formando parte de aquellas existentes.
> Este animus societatis debe de observarse no solamente al momento de la celebración del contrato, sino también durante toda su ejecución; es decir, debe de permanecer vigente durante toda la vida de la sociedad.
> Por otro lado, dentro de los requisitos de validez del contrato de sociedad se encuentra el que este debe tener objeto y causa lícitos, capacidad de las partes, y consentimiento exento de error fuerza y dolo. Artículo 101 del Código de Comercio.
> Ahora, si bien el contrato de sociedad es desde el punto de vista de su perfeccionamiento de carácter consensual, pues basta que las partes se pongan de acuerdo sobre los elementos esenciales del mismo para que este nazca a la vida jurídica; siguiendo entonces la regla general de perfeccionamiento de los contratos en materia mercantil, artículo 824 del Código de Comercio, para que surja una persona jurídica distinta a los socios individualmente considerados, sí se requiere del cumplimiento de una formalidad o solemnidad.

La naturaleza consensual del contrato societario resulta de un sencillo análisis de los artículos 98 y 498 del Código de Comercio. En efecto, mientras el inciso primero del articulo 98 consagra los requisitos del contrato de sociedad, el inciso segundo establece: "La sociedad, una vez constituida legalmente, forma una persona jurídica distinta de los socios individualmente considerados." Es clara, según la norma, la distinción entre la celebración del contrato y el nacimiento de la persona jurídica.

Ratifica lo anterior el artículo 498 del Código según el cual "La sociedad comercial será de hecho cuando no se constituya por escritura pública (...)" (Oviedo, 2018, p. 175).

De estas consideraciones tenemos entonces que, la solemnidad para que surja la persona jurídica societaria es la siguiente, dependiendo de, si se trata de una sociedad tradicional constituida conforme al Código de Comercio, si se trata de una sociedad tradicional constituida a la luz de la

Ley 1014 de 2006, o si se trata de una sociedad por acciones simplificada; veamos:

- Sociedades tradicionales constituidas conforme al Código de Comercio:

Si se trata entonces de una sociedad colectiva, anónima, de responsabilidad limitada, comandita simple o comandita por acciones que son las sociedades reguladas en el libro II del Código de Comercio, la persona jurídica surge con la escritura pública de constitución, de conformidad con lo establecido en el inciso 2 del artículo 98, el articulo 110 y los artículos 498 y 499 del Código de Comercio.

Ahora bien, la inscripción de la escritura pública de constitución en el registro mercantil es para efectos de oponibilidad de la persona jurídica frente a terceros, conforme a lo establecido en el numeral 9 del artículo 28 y en el numeral 4 del artículo 29 del Código de Comercio; y adicionalmente, para efectos de saneamiento de vicios de forma conforme a lo consagrado en el artículo 115 del mismo estatuto.

Es de observar que, si la sociedad no registra la escritura pública de constitución en el registro mercantil, y no obstante esto, inicia actividades de explotación de su objeto social, los administradores tendrán que responder con su patrimonio personal y de manera solidaria frente a los socios y frente a terceros de las operaciones que celebren en nombre o por cuenta de la sociedad (Artículo 116 del Código de Comercio).

De igual manera, si se aportaron bienes inmuebles a la sociedad, la escritura de constitución también se debe de inscribir en la oficina de registro de instrumentos públicos correspondiente.

- Sociedades tradicionales constituidas a la luz de la Ley 1014 de 2006:

De conformidad con el artículo 22 de la Ley 1014 de 2006, las sociedades tradicionales que al momento de su constitución tengan una planta de personal no superior a diez trabajadores o activos totales por valor inferior a 500 salarios mínimos mensuales legales vigentes, se constituirán conforme a las normas propias de la empresa unipersonal contenidas en los artículos 71 y siguientes de la Ley 222 de 1995, de tal manera que estas sociedades se pueden constituir por documento privado (salvo que se hicieren aportes de bienes inmuebles, pues en tal evento necesariamente se tendría que constituir por escritura pública), pero únicamente surgirá su personalidad jurídica, una vez inscrito el documento de constitución en el registro mercantil correspondiente; en estos casos el registro mercantil claramente cumple una función de carácter constitutivo.

- Sociedades por acciones simplificadas:

Las sociedades por acciones simplificadas también se pueden constituir por documento privado, salvo que se vayan a hacer aportes de bienes inmuebles, caso en el cual necesariamente se tendrá que constituir por escritura pública; sin embargo, el registro mercantil también es de carácter constitutivo, pues la personalidad jurídica de este tipo societario no surge a la vida jurídica sino hasta tanto se haga la inscripción del documento de constitución en el registro mercantil (Artículo 2 y artículo 5 de la Ley 1258 de 2008).

En este orden de ideas, una vez cumplida la formalidad correspondiente, surge una persona jurídica distinta de los socios individualmente considerados, y que como tal goza de todos los atributos de la personalidad jurídica.

- Los actos de administración de las sociedades comerciales: este es el segundo acto de comercio que consagra el numeral 5 del artículo 20 del Código de Comercio, con lo cual la administración de una sociedad comercial se considera un acto de comercio.

En este orden de ideas, tenemos tipos societarios donde en principio la administración y representación legal la tienen todos y cada uno de los socios como puede ser el caso de la sociedad colectiva (artículo 310 del Código de Comercio), y de la sociedad de responsabilidad limitada (artículo 358 del Código de Comercio); y casos donde la administración y la representación legal la posee determinada categoría de socios como los socios gestores o colectivos en las sociedades en comandita simple y por acciones (artículo 326 del Código de Comercio).

De otra parte, existen tipos societarios donde la administración y representación legal la tienen mandatarios temporales y libremente revocables como la sociedad anónima que requiere de junta directiva con mínimo tres miembros principales y tres miembros suplentes y de mínimo un representante legal con su suplente (434 y 440 del Código de Comercio); y la sociedad por acciones simplificada que solamente requiere como órgano de administración a un representante legal con o sin suplente (artículo 26 de la Ley 1258 de 2008).

Adicionalmente, es de indicar que de conformidad con el artículo 22 de la Ley 222 de 1995 se consideran administradores: el representante legal, el liquidador, el factor, los miembros de juntas o consejos directivos, y quienes de acuerdo con los estatutos ejerzan o detenten esas funciones.

Inclusive el parágrafo del artículo 27 de la Ley 1258 consagro la figura del administrador de facto o de hecho en virtud de la cual una persona sin tener la calidad de administrador de la compañía se inmiscuye efectivamente en actos positivos de gestión y dirección de la misma, con lo cual quedará sujeto al régimen de responsabilidad propio de los administradores. Es así, como Oscar Humberto González Benjumea advierte que:

> La persona que actúa como administrador, independientemente de su condición, es decir que sea de derecho o de hecho, previa verificación en este último de tal calidad de administrador, debe ser sujeto de imputación de la responsabilidad que para el administrador de derecho ha regulado el legislador. La citada condición no tolera fraccionamientos ni identificaciones difusas, debiendo generar per se responsabilidades directas; de tal suerte que el administrador de hecho debe responder no por lo que formalmente es, sino por lo que efectivamente haya hecho. (2018, p. 55)

En este orden de ideas, un socio mayoritario, accionistas fundadores, un contratista de la compañía, inclusive un padre de familia en una sociedad de familia donde ni siquiera posea la calidad de asociado, etc., pueden eventualmente verse inmersos en el régimen de responsabilidad propio de los administradores, si de hecho, se involucran en actos positivos de administración y dirección de una sociedad.

- La negociación a título oneroso de las partes de interés, cuotas o acciones: dependiendo del tipo societario el aporte que realizan los socios se denominara parte de interés, cuotas o acciones.

Estas partes de interés, cuotas o acciones conllevan una serie de derechos económicos y políticos para el asociado, con lo cual se encuentran radicados dentro del patrimonio del mismo pudiendo este disponer de ellos bien sea título oneroso (ejemplo compraventa, permuta, etc.) o a título gratuito (como sería el caso de una donación).

En este orden de ideas tenemos que en las sociedades colectivas el aporte se denomina parte de interés y su negociación requiere de reforma estatutaria. Artículo 301 del Código de Comercio; el aporte en las sociedades de responsabilidad limitada se denomina cuotas sociales y también su negociación exige de reforma estatutaria. Artículo 362 del Código de Comercio. El aporte en las sociedades anónimas y por acciones simplificada se denomina acciones, las cuales se consideran títulos valores con ley de circulación nominativa por lo que se negocian mediante su endoso, entrega e inscripción en el libro de registro de accionistas que lleva la sociedad. Artículos 377, 648 del Código de Comercio y numeral 6 del artículo 5 y articulo 10 de la Ley 1258 de 2008.

Cabe agregar que cuando se trata de sociedades anónimas abiertas esto es que se encuentran inscritas en el registro nacional de valores y emisores, sus acciones se pueden negociar en bolsa de valores a través de un comisionista de bolsa, y por el contrario las acciones de las sociedades por acciones simplificadas por expresa disposición legal no pueden negociarse en bolsa de valores. (Artículo 4 de la Ley 1258 de 2008).

Tratándose de las sociedades en comandita simple y por acciones los socios colectivos o gestores tienen parte de interés el cual se negocia mediante reforma estatutaria. Artículo 329 del Código de Comercio. Y en cuanto a los socios comanditarios estos en las sociedades en comandita simple poseen cuotas las cuales se negocias mediante reforma estatutaria y los comanditarios de la sociedad en comandita por acciones tienen es acciones las cuales como títulos valores nominativos que son circulan mediante su endoso, entrega e inscripción en el libro de registro de accionistas que lleva la sociedad. (Artículos 330 y 347 del Código de Comercio).

5. El giro, otorgamiento, aceptación, garantía o negociación de títulos valores, así como la compra para reventa, permuta, etc., de los mismos.

Cualquier negocio jurídico que recaiga sobre un título valor se constituye en un acto de comercio objetivo absoluto dado que los títulos valores se consideran bienes comerciales. Ahora bien, un título valor conforme al inciso 1 del artículo 619 del Código de Comercio es un documento necesario para legitimar el derecho literal y autónomo que en ellos se incorpora, en otras palabras, es un documento que contiene un derecho por lo que solo se podrá ejercer el derecho a través del documento con lo cual solo tendrá el derecho quien posea el documento. Felipe Tena (1970, citado por Bernardo Trujillo Calle, 2006, p. 41) expresa que:

> La existencia de un documento, de un papel, en que se haga constar por escrito el derecho a una prestación (o la promesa de una prestación): tal es el elemento que como primordial acusa la definición citada. El documento es necesario no solo porque es condición del nacimiento y conservación del derecho, sino también de su disfrute. Sin él, no es posible hacer efectivo el derecho en contra del obligado, ni transmitirlo a un tercero, ni darlo en garantía. Y, por otra parte, cualquiera operación referente a ese derecho, habrá de consignarse en el titulo para que produzca sus efectos. El derecho documental, como llamaremos, a falta de calificativo más propio, el consignado en un título de crédito, es un derecho que no vive por sí solo, porque desde el momento en que se opera su consagración en el título, al título irá prendido por dondequiera que éste vaya, nutriéndose con su misma vida, corriendo su misma suerte, expuesto a sus propias contingencias y vicisitudes.

Por su parte Alfonso Vanegas Medina y Luis Alejandro León Franco indican que:

> La materialidad no reviste inconveniente alguno en cuanto al escrito tradicional manuscrito, mecanografiado o impreso. Pero ¿qué pasa con un título

> valor soportado en un mensaje de datos o un documento electrónico? Frente a este asunto, se requiere aplicar el principio de equivalente funcional, ya que la información contenida en un mensaje de datos tiene los mismos efectos jurídicos que si estuviera en un escrito tradicional. (2019, p. 61).

En ese orden de ideas, se puede afirmar que la naturaleza jurídica de los títulos valores es la de ser bienes muebles comerciales que participan de la doble connotación de corporales (en cuanto al documento) e incorporales (en cuanto al derecho o relación crediticia que incorporan) (Pérez, 2009).

En contraste con los títulos valores antedichos la Ley 964 de 2005 contempla los denominados valores como todo derecho de naturaleza negociable fruto de una emisión que tiene por objeto o como efecto la captación de recursos del público.

Dentro de los valores podemos encontrar: las acciones, los bonos, los papeles comerciales, los certificados de depósito de mercancías, los títulos resultantes de procesos de titularización, los títulos representativos de capital de riesgo, los certificados de depósito a término, las aceptaciones bancarias, las cedulas hipotecarias, cualquier título de deuda pública, etc.

Así las cosas, se puede decir que a diferencia de los títulos valores que hacen énfasis en esa relación ineludible entre el derecho y el documento, en los valores descuella es el derecho aun de forma desmaterializada.

Ahora bien, tanto los valores como los títulos valores gozan de similares características excepto en cuanto que frente a los valores no cabe la acción cambiaria de regreso ni la acción reivindicatoria y que los valores son emitidos en forma masiva, es decir, más de uno, con el mismo contenido y la misma ley de circulación. Parágrafo 5 artículo 2 de la Ley 964 de 2005. Existen varias clasificaciones de los títulos valores, sin embargo, solo nos remitiremos a tres de ellas que explican mejor los actos cambiarios contenidos en este numeral 6 del artículo 20 del Código de Comercio:

- Según el derecho incorporado dentro del título valor, estos pueden ser:

De Contenido Crediticio: son aquellos que incorporan el derecho a una suma de dinero, a esta clase de títulos también se les denomina instrumentos negociables. Artículo 821 del Código de Comercio. Como ejemplos de esta clase de títulos valores tenemos a la letra de cambio, el pagaré, el cheque, las facturas, el C.D.T, y el bono de prenda.

Dentro de esta categoría se encuentran, como se dijo, los cheques [en sus diversas modalidades que serán luego estudiadas], los cuales en sentido estricto no constituyen títulos valores de crédito sino de pago. En efecto, cuando una persona crea una letra de cambio pretende que se le conceda un plazo para pagar la suma a la letra incorporada; en cambio, cuando expide un cheque busca satisfacer una deuda ya exigible. De ahí que el tenedor del título pueda convertirlo inmediatamente en dinero recurriendo al banco librado (Rengifo, 2012, p. 47).

Corporativos o de Participación: son aquellos títulos valores que incorporación una serie de derechos no solamente de contenido patrimonial, sino también de contenido político dentro de la gestión de un ente colectivo.

Dentro de los títulos de participación más representativos tenemos a las acciones las cuales representan la participación en el capital que los socios poseen en las sociedades por acciones (sociedad anónima, sociedad en comandita por acciones y sociedad por acciones simplificada).

En este orden tenemos las acciones ordinarias de las sociedades anónimas las cuales como derechos económicos otorgan la posibilidad de recibir utilidades en forma de dividendos, su libre negociación, un derecho de preferencia en toda nueva emisión de acciones que haga la sociedad, y una cuota en la liquidación del ente; y como derechos políticos la posibilidad de participar en la asamblea general de accionistas con voz y voto, y un derecho de inspección restringido para que los accionistas revisen los libros y papeles de la sociedad. (Artículo 379 del Código de Comercio).

Con todo, dentro de esta modalidad de títulos valores también se pueden incluir a los bonos como créditos colectivos a cargo de una sociedad (artículo 752 del Código de Comercio) en virtud de los cuales sus tenedores gozan de unos derechos no solamente económicos (participación en sus rendimientos), sino también de carácter político (voz y voto en la asamblea de tenedores de bonos).

De Tradición o Representativos de Mercancías: Son aquellos títulos que incorporan el derecho sobre una mercancía. Como tales tenemos a la carta de porte, el conocimiento de embarque y al certificado de depósito. Artículos 767 y 757 del Código de Comercio.

Esta clase de títulos facilitan enormemente la actividad comercial por cuanto su tenedor legitimo puede disponer de la mercancía en ellos incorporada únicamente con la transferencia del título sin necesidad de movilizar la mercancía. De ahí que también se les denomine como de tradición. (Artículo 644 del Código de Comercio).

- Según su ley de circulación, esto es, la forma como se transfieren o se negocian, los títulos valores pueden ser:

Nominativos: Son aquellos títulos expedidos a favor de una persona determinada y que circulan mediante su endoso, entrega e inscripción del nuevo tenedor en el libro de registro que lleva el creador del título, con lo cual únicamente se considerará como tenedor legitimo aquel que figure tanto en el texto del documento como en el libro de registro del creador. Artículo 648 del Código de Comercio.

Como ejemplos de títulos que pueden tener esta ley de circulación tenemos a las acciones, los CDT, los bonos, los certificados de depósito, los bonos de prenda, el conocimiento de embarque.

A la orden: Son aquellos títulos expedidos a favor de una persona determinada y que circulan mediante su endoso y entrega. Artículo 651 del Código de Comercio.

> El endoso es equivalente a una firma, que se inserta en el título a través de una manifestación unilateral e incondicional, dando nacimiento a varios principios y características, como: la circulación, la autonomía, la literalidad, legitimación, así como a la facultad de disposición, porque es a través de esa manifestación unilateral e incondicional de voluntad que se transfieren todos y cada uno de los derechos que en forma parcial o total se incorporaron en el titulo valor y ahora se pretende poner en circulación, derechos sobre los cuales pretendo legitimar y hacer dueño a otra persona,... (Cuartas, 2015, p. 209).

Como ejemplos de títulos que pueden asumir esta ley de circulación tenemos a la letra de cambio, el pagaré, el cheque, y la factura que únicamente se puede expedir a la orden.

Al Portador: son aquellos que no se expiden a favor de una persona determinada y que circulan con la simple entrega del título. Artículo 668 del Código de Comercio. Como ejemplos de títulos que se pueden expedir al portador tenemos a la letra de cambio, al pagaré, y al cheque.

- Según su estructura jurídica los títulos valores pueden ser:

Bipartitos: Son aquellos en los cuales una parte denominada otorgante se compromete a pagar el derecho incorporado en el titulo valor a favor de otra (beneficiaria o portadora, según que el titulo sea a la orden o al portador). Estos títulos valores se sustentan con base en una promesa de pago que realiza el otorgante (creador del título valor).

El arquetípico título valor bipartito es el pagaré. Numeral 1 artículo 709 del Código de Comercio.

Tripartitos: Son aquellos en virtud de los cuales una parte denominada parte giradora o libradora (creadora del título valor) le da una orden de pago del derecho contenido en el titulo valor a otra parte denominada parte girada o librada y que si esta la acepta (convirtiéndose en aceptante) le pagará el derecho incorporado a la parte beneficiaria o portadora (dependiendo de si el título valor fue expedido con ley de circulación a la orden o al portador).

A diferencia entonces de los títulos valores bipartitos, estos títulos se sustentan es con base en una orden (la que le da el girador al girado). Como título arquetípico tripartito tenemos a la letra de cambio. (Numeral 1 artículo 671 del Código de Comercio).

En este orden de ideas tenemos que los títulos valores tripartitos se libran o giran y están sujetos a aceptación, mientras que los títulos bipartitos se otorgan. Ahora bien, se itera que los negocios que recaigan sobre un título valor como puede ser garantizarlos mediante un aval en virtud del cual una parte denominada avalista garantiza el pago del título valor a favor de otra denominada avalado, así como comprar para vender títulos valores, permutarlos, y cualquier otro acto que recaiga sobre los mismos se constituye en un acto de comercio objetivo absoluto. Con relación al aval José Vicente Andrade Otaiza que:

> El aval persigue facilitar la circulación de un título valor, al vincular a una persona preferencialmente de solvencia económica, que a través de su firma garantiza el pago de la obligación que ha contraído el girador o endosante del título valor (2011, p. 88).

6. Las operaciones bancarias, de bolsas, o de martillos.

Se trata de actos de comercio objetivos con relación al sujeto en la medida en que todos ellos giran alrededor de un sujeto calificado como lo son las instituciones financieras, los comisionistas de bolsa, las bolsas de valores, y los martillos.

- Operaciones bancarias: son aquellas que se llevan a cabo a través de una institución financiera como lo son los bancos comerciales; dentro de las operaciones bancarias existen las denominadas operaciones bancarias pasivas en virtud de las cuales los bancos captan de forma masiva recursos del público, ocupando consecuentemente el banco una posición de deudor por cuanto queda con la obligación de devolver a sus clientes los dineros captados mediante este tipo de operaciones. Dentro de las operaciones bancarias pasivas tenemos a:

Deposito en cuenta corriente bancaria: se trata de un depósito en virtud del cual el cliente (cuentacorrentista) adquiere la facultad de depositar sumas de dinero o cheques en el banco, pudiendo disponer de los saldos de su cuenta mediante el libramiento de cheques o de cualquier otra forma convenida con el banco como puede ser el uso de tarjetas débito, cajeros, instrucciones de débitos. (Artículo 1382 del Código de Comercio).

Este contrato se constituye en un depósito irregular y a la vista, lo primero por cuanto el banco se hace dueño de los dineros allí depositados y lo segundo por cuanto el cuentacorrentista puede disponer de sus saldos consignados en cualquier momento. Con respecto al depósito irregular expresa Sergio Rodríguez Azuero que:

> Por separarse entonces del requisito central aplicable al objeto del contrato de depósito, o sea, su no fungibilidad y admitirse, en cambio, la obligación genérica de devolver un tanto equivalente, se impuso la necesidad de calificar estos depósitos con el nombre de "depósitos irregulares". (2002, p. 291).

El contrato de cuenta corriente bancaria exige la existencia de una chequera como mecanismo para disponer de los fondos consignados mediante el libramiento de cheques por parte del cuentacorrentista.

Como características de este contrato tenemos que es: consensual, es bilateral (surgen obligaciones tanto para el banco como para el cuentacorrentista; para el banco, por ejemplo: pagar los cheques que su cliente libre, facilitarle el formulario de chequera, enviarle los extractos financieros, recibir los depósitos efectuados por el cliente, etc.; y para el cuentacorrentista obligaciones como librar cheques con fondos, cubrir sobregiros, devolver los formularios de cheques no utilizados, etc.) es oneroso, de tracto sucesivo, y es un contrato de adhesión.

El contrato de cuenta corriente bancaria puede ser abierto a nombre de dos o más personas, caso en el cual cualquiera de los cotitulares puede disponer de los fondos existentes en el depósito (cuenta colectiva). Artículo 1384 del Código de Comercio. Con todo, en este tipo de contratos abiertos a nombre de dos o más personas como titulares se podría pactar que todos deben actuar conjuntamente para poder disponer de los fondos existentes, evento en el cual se trataría de una cuenta corriente conjunta.

Si nada se indica se entiende que se trata de una cuenta corriente bancaria de carácter colectivo. De conformidad con el articulo 1389 este contrato puede terminar por decisión unilateral de cualquiera de las partes. Por otro lado, acorde con el artículo 119 de la Ley 1395 de 2010, cuando fallece el titular de la cuenta corriente, es potestad del banco entregar hasta cierto monto fijado por la Superintendencia Financiera las sumas depositadas en la misma sin necesidad de acudir a un proceso de sucesión.

Igualmente es de anotar que, si fallece el titular de la cuenta, este hecho no exonera al banco de pagar los cheque que aquel hubiese librado, siempre y cuando existan fondos disponibles. (Artículo 1390 del Código de Comercio).

Deposito en Cuenta de Ahorros: Se trata de otro deposito irregular y a la vista en virtud del cual el cliente tiene la potestad de depositar sumas de dinero y cheques, y de disponer de los fondos allí depositados, sin embargo, a diferencia del depósito en cuenta corriente, el depósito en cuenta de ahorros no da lugar al uso de una chequera para el libramiento de cheques. (Artículo 1396 del Código de Comercio).

Existe para este tipo de contrato el denominado tope de inembargabilidad en el sentido que cuando el titular de la cuenta sea una persona natural, hasta cierto monto esta no se puede embargar; Este tope de inembargabilidad es fijado por la Superintendencia Financiera y no aplica a las deudas por alimentos.

Con todo, al igual a como ocurre con los depósitos en cuenta corriente, cuando fallece el titular de una cuenta de ahorros, es potestad del banco entregar hasta cierto monto fijado por la Superintendencia Financiera las sumas depositadas en la misma sin necesidad de acudir a un proceso de sucesión. (Artículo 119 de la Ley 1395 de 2010).

Depósito a término: Se trata de aquellos depósitos en los cuales se ha estipulado a favor del banco un término o preaviso para poder proceder a su retiro. Resaltando en todo caso que, si se omitiese indicar el vencimiento del depósito, el mismo no podrá ser inferior a 30 días. (Artículo 1393 del Código de Comercio) se trata entonces de un depósito irregular por cuanto el banco se hace dueño de los dineros depositados, pero que a diferencia del depósito en cuenta de ahorros o cuenta corriente no es a la vista.

De este contrato puede surgir a solicitud del interesado un título valor denominado Certificado de Deposito a Termino (C.D.T) el cual goza de las características de ser según el derecho incorporado de contenido crediticio, y nominativo según su ley de circulación. Cuando fallece el titular del C.D.T, es potestad del banco entregar hasta cierto monto fijado por la Superintendencia Financiera las sumas depositadas sin necesidad de acudir a un proceso de sucesión. (Artículo 119 de la Ley 1395 de 2010).

El contrato de depósito a término es por naturaleza remunerado en la medida en que genera intereses a favor del cliente depositante. (Artículo 1395 del Código de Comercio). Por otro lado, tenemos las denominadas operaciones bancarias activas en virtud de las cuales el banco pone a disposición o coloca recursos entre el público, con lo cual la institución financiera adquiere una posición de acreedor. Dentro de este tipo de operaciones bancarias activas tenemos:

Contrato de Apertura de Crédito: en virtud del cual una parte que es el banco se obliga a poner a disposición de su cliente (acreditado) sumas de dinero dentro del límite acordado y por un término fijo o indeterminado, que de no indicarse expresamente se entenderá a término indeterminado. (Artículo 1400 del Código de Comercio).

El contrato de apertura de crédito se constituye en una excepción a la consensualidad en materia mercantil dado que se perfecciona por escrito (contrato solemne). Artículo 1402 del Código de Comercio; y genera intereses a favor del banco. (contrato conmutativo y oneroso).

Esta operación activa de intermediación en el crédito admite dos modalidades: la modalidad simple en virtud de la cual a medida que se utiliza el cupo este va disminuyendo; y la modalidad rotativa en virtud de la cual el crédito otorgado se va utilizando, pero a medida que se va cancelando el culpo, este vuelve y se reactiva, modalidad esta última que permite el uso de tarjetas de crédito. (Artículo 1401 del Código de Comercio). Si nada se indica se entiende que la modalidad que opera es la simple. (Artículo 1402 del Código de Comercio).

El crédito concedido a través de este contrato puede ser utilizado por medio de la cuenta corriente bancaria del cliente. (Artículo 1403 del Código de Comercio). Finalmente, en cuanto a la terminación de este contrato, cuando es a término indefinido este puede ser dado por terminado por cualquiera de las partes con el correspondiente preaviso previo pactado o en su defecto con uno de 15 días, y, cuando es a término fijo el banco deberá respetar el termino pactado, salvo que otra cosa se hubiese estipulado. (Artículo 1406 del Código de Comercio).

Contrato de Carta de Crédito: Este es un contrato que se encuentra regulado a partir del articulo 1408 y siguientes del Código de Comercio. La función económica del mismo consiste en tratar de aminorar los riesgos que tanto el comprador[7] como el vendedor[8] poseen en una compraventa particularmente de orden internacional.

Así entonces a través de este contrato el comprador (ordenante) hace un acuerdo con su banco de confianza (banco emisor) para que este de conformidad con las instrucciones dadas por el comprador emita una carta de crédito cuyo beneficiario es el vendedor, de tal forma que el banco se

---

7 Entre los que se encuentran el que efectivamente le despachen la mercancía, que la misma sea despachada a tiempo y en condiciones óptimas de embalaje.

8 Que le cancelen el precio de forma completa y oportuna.

compromete a cancelar directamente o por intermedio de un banco corresponsal[9] el precio al vendedor contra presentación de los documentos acordados[10]. (Carta de crédito de pago)

Ahora bien, puede ocurrir que entre el comprador y el vendedor exista un plazo extenso con lo cual el banco emisor se compromete a aceptar la letra de cambio que el comprador gire previa la presentación por el vendedor de los documentos estipulados. (Carta de crédito de aceptación). El artículo 1409 del Código de Comercio consagra cual es el contenido que debe tener la carta de crédito.

Adicionalmente, es de indicar que la Cámara de Comercio Internacional (CCI) ha recopilado las practicas observadas en el comercio internacional en materia de carta de crédito, y su versión actual son las reglas UCP 600. Reglas que en virtud de la autonomía de la voluntad los bancos incorporan en las cartas de crédito que emiten. (*Soft law*).

Finalmente, también existen las denominadas cartas de crédito *stand by* las cuales emite un banco por orden del vendedor y a favor del comprador de una mercancía (beneficiario) las cuales se hacen efectivas con la presentación por parte de este de un documento que certifique el incumplimiento del vendedor en la entrega de las mercancías. Se trata entonces de cartas de crédito con función de garantía en caso de incumplimiento del contrato por parte del vendedor. La CCI también ha recopilado las practicas derivadas de las cartas de crédito *stand by* en sus reglas ISP 98.

Leasing financiero: se trata de una operación activa en virtud de la cual una parte denominada la sociedad leasing (bancos, compañías de financiamiento) le entrega un bien a título de leasing —bien que previamente a adquirido de un proveedor conforme a las instrucciones dadas por el cliente— a otra parte denominada locatario para que esta última lo use y lo goce a cambio de un canon, canon que comprende no solo este uso y goce del bien, sino también una amortización al precio del mismo, con lo cual al final del contrato el locatario puede ejercer una opción de compra del bien dado en leasing por el precio residual que no se alcanzó a amortizar.

---

9 Dentro de una operación de carta de crédito internacional pueden participar bancos corresponsables con diferentes roles tales como: banco notificador, Banco confirmador, banco de reembolso, etc.

10 Dentro de los documentos que se pueden acordar para que el banco pueda cancelar el precio contenido en la carta de crédito se encuentran: conocimiento de embarque, factura comercial, certificados de sanidad y origen, etc.

> De optar por el ejercicio de ella, previa cancelación del valor correspondiente, la Compañía de Financiamiento o el Banco deberán trasladar la propiedad al arrendatario financiero, cumpliendo con las formalidades que establece la ley en caso de ser bienes sujetos a algún registro público (inmuebles, vehículos, naves o aeronaves). La transferencia que se realiza es a título de ejercicio de opción de compra en contrato de arrendamiento financiero leasing, como lo ha recogido la superintendencia de Notariado y Registro de Instrumentos Públicos, para los eventos del registro de la transferencia de la propiedad al finalizar los contratos de leasing por ejercicio de la opción de compra. (Villegas, 2012, p. 102).

El reporto: mediante este contrato una parte (reportado) transfiere unos títulos o valores al banco (reportador) a un precio inicial, quedando con la obligación a su vez el reportador de enajenárselos en la misma fecha o en una fecha posterior los mismos títulos o unos de idénticas características al reportado a un precio final. El artículo 2.36.3.1.1 del Decreto 2555 de 2010 define la operación de reporto como:

Aquellas en las que un parte (el "enajenante"), transfiere la propiedad a la otra (el "adquirente") sobre valores a cambio del pago de una suma de dinero (el "monto inicial") y en las que el adquirente al mismo tiempo se compromete a transferir al enajenante valores de la misma especie y características a cambio del pago de una suma de dinero ("monto final") en la misma fecha o en una fecha posterior previamente acordada.

Es claro entonces como el banco reportador otorga financiación al reportado mediante la compra inicial de los valores y posteriormente transfiere estos mismos u otras de idéntica naturaleza al reportado a un precio aumentado como ganancia de la operación y por ende como contraprestación a la financiación concedida.

El contrato de *factoring*: mediante este contrato una empresa que tenga a su favor títulos valores con vencimientos posteriores (ejemplo típico facturas) y que requiera liquides inmediata puede acudir ante un banco (factor) y celebrar un contrato de *factoring* en virtud del cual este adquiere estos títulos a una tasa de descuento, asumiendo por ende el riesgo financiero de su cobro al momento de su vencimiento.

El factor asume como obligación principal la de pagar el precio de las facturas no vencidas en el momento en que sean presentadas, cobrando como contraprestación una tasa establecida. También asume el riesgo financiero, renunciando a los recursos que pudiese tener contra su cliente; si se trata de títulos valores se endosarían sin responsabilidad. A su vez, el cliente se obliga a consultar, con el factor, la totalidad de los pedidos; a enviar la totalidad de las facturas al factor; a garantizar la existencia del crédito; a notificar a los deudores y a remunerar al factor (Berdugo y Builes, 2013, p. 261).

Análogamente. como ejemplos adicionales de operaciones bancarias activas de intermediación en el crédito están los mutuos o prestamos de dinero bancarios y las aceptaciones bancarias las cuales se constituyen en letras de cambio giradas por un comprador a cargo de un banco cuyo beneficiario es el vendedor para a través de esta figura pagar el precio de una compraventa. Enajenación que ha sido financiada por el banco al aceptar el título cambiario.

Existen igualmente las denominadas operaciones bancarias neutras en las cuales los bancos no efectúan su función principal de intermediación captando y colocando dinero entre el público, sino que a través de estas los bancos cumplen funciones de depositarios, custodios o prestatarios de servicios[11].

Como ejemplo claro de operación bancaria neutra se encuentra el contrato de cajilla de seguridad en virtud del cual el banco pone a disposición de su cliente una cajilla para que este deposite allí lo que considere de valor, obligándose por tanto el banco a custodiar los bienes allí depositados y el cliente a pagar la contraprestación por el servicio de la cajilla y a conservar la llave de acceso a la misma. (Artículos 1416 y siguientes del Código de Comercio).

- Operaciones de Bolsa: se trata de aquellas negociaciones de emisión, compra y venta de valores que se realizan o bien al interior de las bolsas de valores o en un mercado extrabursátil (OTC). Las bolsas de valores son

> [...] establecimientos mercantiles cuyos miembros se dedican a la negociación de toda clase de valores y demás bienes susceptibles de este género de comercio [...], uno de cuyos principales cometidos fijador por la ley consiste en "mantener el funcionamiento de un mercado bursátil debidamente organizado, que ofrezca a los inversionistas y negociantes en títulos o valores y al público en general, condiciones suficientes de seguridad, honorabilidad y corrección.

El mercado mostrador u OTC (Over the Counter) es un mercado alternativo al de las bolsas de valores para negociar valores. Los OTC se denominan comúnmente denominados mercados de valores por fuera de las bolsas de valores. El Decreto 2555 de 2010 define el "mercado mostrador" como "aquel que se desarrolla fuera de los sistemas de negociación de valores".

---

11 Como podría ser el caso de recaudo de servicios públicos, ventas de seguros, etc.

En este mercado pueden participar los intermediarios de valores, ya sea por cuenta propia o con recursos de terceros (Remolina, 2013, p. 396-397).

Ahora bien, los valores se entienden como todo derecho de naturaleza negociable que es fruto de una emisión y que tiene por objeto la captación de recursos del público de forma masiva. Artículo 2 de la Ley 964 de 2005. Dentro de los valores tenemos a: las acciones, los bonos, los papeles comerciales, los certificados de depósito, los títulos provenientes de procesos de titularización, los títulos representativos de capital de riesgo, los C.D.T, las aceptaciones bancarias, las cedulas hipotecarias y cualquier título de deuda pública. Afirma Alfredo Sánchez Belalcázar que:

> Las principales bolsas que operan en el mercado son:
> La Bolsa de valores de Colombia. Administra tres sistemas, cada uno de ellos con su propio reglamento y condiciones de acceso: renta variable (compra y venta de acciones); renta fija (compra y venta de otros valores como bonos y CDT), y derivados. [...]
> De otra parte tenemos las operaciones de las bolsas de productos y dentro de ellas, la de la Bolsa Mercantil de Colombia, la cual se dedica a la compra y venta de bienes y productos agropecuarios, agroindustriales o de otros *commodities* sin la presencia física de estos, así como de servicios sobre documentos de tradición o representativos de mercancías, títulos valores, derechos, derivados y contratos que tengan como subyacente *commodities* (2016, p. 264).

Como actores principales que actúan en el mercado público de valores tenemos a los comisionistas de bolsa quienes en virtud del contrato de comisión se encargan de negociar valores al interior de la bolsa de valores. Es preciso señalar que el contrato de comisión se constituye en una forma de mandato no representativo en virtud del cual el comisionista que es un profesional del mercado, en este caso del mercado de valores, actúa en nombre propio, pero por cuenta de su comitente. (Artículo 1287 del Código de Comercio).

Ciertamente el mercado de valores puede ser de carácter primario cuando se trata de valores que se negocian directamente de la sociedad emisora o puede ser mercado de carácter secundario cuando los valores ya se encuentran efectivamente en circulación en poder de inversionistas que los transan. Como operaciones relacionadas con el ámbito bursátil encontramos a la titularización y al *underwriting*:

- Titularización: Mediante esta operación financiera activos eventualmente ilíquidos se pueden llevar a un fideicomiso con miras a expedir a su cargo valores para ser colocados en el mercado bursátil y así otorgarles liquides.

El proceso de titularización se lleva a cabo a través de un contrato de fiducia mercantil articulo 1226 y siguientes del Código de Comercio, en virtud del cual una persona denominada fideicomitente (originador) transfiere unos bienes a una sociedad fiduciaria o agente de manejo (sociedad sometida a la inspección de la Superintendencia Financiera) para que esta constituya con estos un patrimonio autónomo o fideicomiso y expida a su cargo valores para ser colocados y negociados en la bolsa de valores, con lo cual las sumas recaudadas en la inversión de estos valores van dirigidas a un fideicomisario o beneficiario que puede ser el mismo fideicomitente.

Ahora bien, los títulos o valores que se pueden expedir y que tienen como respaldo a los bienes fideicomitidos pueden ser de contenido crediticio los cuales incorporan el derecho a intereses y a devolución de capital invertido (renta fija), corporativos o de participación los cuales otorgan participación en la propiedad de los bienes fideicomitidos obteniendo derecho en las ganancias que obtenga su explotación (renta variable), o pueden ser mixtos, es decir, de contenido crediticio y corporativos o de participación.

> La titularización es un proceso de carácter financiero mediante el cual los activos como la cartera, bienes inmuebles, rentas, flujos futuros de fondos, entre otros, son movilizados para la constitución de un patrimonio autónomo, con cargo del cual se emiten títulos, es decir, que es el proceso estructurado a través del cual créditos y otros activos son empaquetados de manera homogénea y estandarizable. A partir de esto se emite un título valor negociable en el mercado público de valores y con alta liquidez, que es respaldado en los flujos de caja que se espera que vayan a generar estos activos. (Ustariz, 2016, p. 45).

- *Underwriting*: Se trata de un contrato atípico desarrollado por las entidades comisionistas de bolsa consistente en la colocación en el mercado bursátil de valores emitidos por una sociedad emisora. Para Jaime Alberto Arrubla Paucar el contrato de *underwriting*:

> ...es el celebrado entre una entidad financiera con una sociedad comercial, por medio del cual la primera se obliga a prefinanciar, en firme o no títulos valores emitidos por la segunda, para su posterior colocación entre el público; admitiendo también la modalidad en la cual no asume el prefinanciamiento, sino que, pone su mejor esfuerzo para lograr colocar los valores. (2003, p. 209 y 210).

Existen diferentes tipos de *underwriting* así, por ejemplo:

Underwriting de mayor esfuerzo: mediante esta modalidad la comisionista se compromete a observar su mayor diligencia, conocimientos y profesionalismo en la colocación entre los inversionistas de los valores de la sociedad emisora en un periodo de tiempo determinado.

Underwriting en garantía: en virtud de esta modalidad el comisionista se compromete a colocar entre los inversionistas los valores emitidos por la sociedad emisora en un periodo de tiempo determinado, pero si a la finalización de este plazo no se han colocados todos los valores, el comisionista adquiere los títulos no colocados.

Underwriting en firme: en esta modalidad de *underwriting* el comisionista adquiere la totalidad de los títulos de la sociedad emisora, asumiendo, por ende, el riesgo de su colocación entre el público inversionista.

Underwriting todo o nada: el comisionista se compromete a colocar la totalidad de los títulos emitidos por la sociedad emisora entre el público inversionista en un periodo de tiempo determinado, con lo cual, si vencido este plazo no se lograron colocar todos los títulos emitidos, se resuelven las adquisiciones hechas por los inversionistas retornándoles su inversión y estos devolviendo los títulos a la sociedad emisora.

- Operaciones de martillo: mediante esta operación se le encarga a una entidad financiera supervisada por la Superintendencia Financiera un bien mueble o inmueble para que esta lo enajene a través de publica subasta (martillo) adjudicándole el bien al mejor postor.

7. El corretaje, las agencias de negocios, y la representación de firmas nacionales o extranjeras.

Se trata de actos de comercio objetivos con relación al sujeto por cuanto en todos ellos se exige la presencia de un auxiliar del comercio, es decir, de un sujeto calificado, así tenemos al corredor en el corretaje, al agente comercial en la agencia mercantil y al representante tratándose de las firmas nacionales o extranjeras.

- Corretaje: se trata de un contrato nominado y típico que se encuentra regulado a partir del articulo 1340 y siguientes del Código de Comercio, y en el cual se da la presencia de un auxiliar del comercio denominado corredor, quien es un profesional y un conocedor del mercado en el que actúa, y cuya labor consiste en poner en contacto a dos o más personas para que entre estas se celebre un acto o negocio jurídico comercial.

Es de anotar que el corredor actúa en nombre propio y por cuenta propia, por cuanto no se encuentra ligado a ninguna de las partes ni por relación de colaboración (no es socio, consorciado, coadventure, miembro de unión temporal, etc. de ninguna de las partes), tampoco se encuentra ligado por una relación de dependencia (no es un subordinado o trabajador de ninguna de las partes) ni por relación de mandato o representación (no actúa en nombre propio y por cuenta ajena o en nombre y representación de ninguna de las partes involucradas dentro del negocio).

El corredor conforme a lo establecido por el artículo 1341 del Código de Comercio tendrá derecho a su remuneración siempre y cuando efectivamente se celebre el negocio jurídico en el cual actuó como agente intermediario; su remuneración ascenderá al monto que se hubiera pactado y en su defecto a lo que indique la costumbre (*costumbre secundum legem*)[12] y en ausencia de pacto o de costumbre esta ascenderá a lo que se fijare por peritos.

No obstante, lo anterior, y salvo pacto en contrario el corredor tendrá derecho a que se le cancelen los gastos en los que tuvo que incurrir con ocasión del cumplimiento de su gestión. (Artículo 1342 del Código de Comercio).

El artículo 1344 del Código de Comercio, consagra expresamente un deber secundario de conducta derivado del deber de buena fe en cabeza del corredor, consistente en su deber de informar todo aquello que sea relevante para la celebración del negocio; y así mismo, el artículo 1346 del mismo estatuto indica que la vulneración de la observancia del principio de la buena fe y sus deberes secundarios de conducta, puede hacer incurrir al corredor en inhabilidad para ejercer su actividad hasta por el termino de cinco años.

Por último, es de señalar que quien ejerce la actividad de corretaje de manera habitual y permanente tendrá la calidad de comerciante y como tal no solamente estará obligado a cumplir con las obligaciones que todo comerciante debe observar, sino que adicionalmente el artículo 1345 del Código de Comercio le impone una serie de obligaciones adicionales, tales como: conservar las muestras de las mercancías vendidas sobre muestras y a llevar libros con una relación pormenorizada y precisa de cada uno de los negocios en que participa como corredor.

---

12 Así, por ejemplo, la Cámara de Comercio de Bogotá tiene la siguiente costumbre comercial certificada: "En Bogotá D.C. existe costumbre mercantil en el contrato de corretaje para el arriendo de locales comerciales, que el propietario o arrendador del bien inmueble pague por una vez al corredor una remuneración equivalente a (1) canon de arrendamiento mensual, cuando por la intermediación del corredor se ha logrado dar el inmueble en arriendo y este no es entregado en administrador al corredor".

- Agencia Comercial: Mediante el contrato de agencia comercial un empresario (agenciado) encarga a un comerciante denominado agente la promoción y explotación de los negocios de aquel, en una zona prefijada del territorio nacional, en otras palabras, mediante este tipo contractual un comerciante se encarga de conquistarle y mantenerle —de forma independiente y estable— un mercado a otro comerciante en una zona determinada del territorio nacional y en una rama de negocios especifica. Dentro de los rasgos más descollantes de este contrato tenemos las siguientes:

Es un contrato típico y nominado: se encuentra regulado en el Código de Comercio a partir del articulo 1317 y siguientes. Es un contrato de colaboración propiamente dicho por cuanto los intereses de las partes (agenciado-agente) se encuentran alineados a la obtención de un fin común, esto es, la conquista y mantenimiento de un mercado para el agenciado en una zona predeterminada del territorio nacional.

Es un contrato que, desde el punto de vista de su perfeccionamiento continua con la regla general de perfeccionamiento de los contratos en materia comercial, esto es, de carácter consensual, no obstante, esto, para efectos de oponibilidad frente a terceros se debe de inscribir en el registro mercantil. (Artículo 1320 del Código de Comercio). Es un contrato que dada la función económica y la finalidad que cumple (conquista y mantenimiento de un mercado para el empresario o agenciado) tiene vocación de permanencia en el tiempo.

El agente es un comerciante independiente, en otras palabras, el agente posee su propia empresa, patrimonio, sus propios establecimientos de comercio y trabajadores, por lo que no tiene vínculo de subordinación y dependencia propia de una relación de carácter laboral con el agenciado. Una última característica de este contrato consiste en que el agente actúa en interés de su agenciado en el entendido que los beneficios de su actividad se van a radicar es en cabeza del agenciado pues el mercado se va a conquistar a favor de este.

De esta última característica se van a desprender dos criterios o concepciones para determinar cuando estamos en presencia de una agencia comercial, en primer lugar, una concepción material o económica, según la cual, habrá agencia mercantil cuando el contrato que se celebra tiene por objeto la promoción o explotación de negocios en una zona determinada del territorio nacional (conquista y mantenimiento de un mercado), sin importar la modalidad que utilice el agente para conquistar este mercado, dado que este fin lo puede lograr actuando bien como publicista, como mandatario con o sin representación, como distribuidor (compra para la reventa), y aún como fabricante.

Este criterio material o económico se sustenta en la definición que de agencia comercial consagra el artículo 1317 del Código de Comercio, y según esta concepción la agencia comercial sería un contrato totalmente autónomo y no una subespecie de mandato.

Ahora bien, existe otro criterio para determinar cuando estamos en presencia de un contrato de agencia comercial, y es el criterio formal o jurídico, según el cual, solo habría agencia comercial cuando el agente conquiste el mercado para el agenciado actuando como mandatario con o sin representación del agenciado, esto es, actuando por cuenta y sin representación o por cuenta y representación del agenciado.

Esta concepción encuentra apoyo en que el legislador mercantil ubico el contrato de agencia dentro del Código de Comercio como una subespecie de mandato dentro del título XIII que se refiere al mandato, y adicionalmente, encuentra sustento en que los vacíos del contrato de agencia se llenan por remisión expresa del artículo 1330 del Código de Comercio a las normas del mandato.

Ahora bien, según la jurisprudencia el criterio predominante es el formal, así tenemos que la Corte Suprema de Justicia en Sentencia SC2407-2020 del 21 de julio de 2020 manifiesta que: La actuación por "cuenta ajena", que suele considerarse como el elemento diferencial de la agencia mercantil con relación a otros contratos con los que comparte rasgos definitorios (contrato de distribución), consiste fundamentalmente en que las principales utilidades, riesgos, y costos de la operación radican en cabeza del empresario, lo cual explica que la clientela le pertenezca, una vez finalizado el agenciamiento.

Por su parte la doctrina refiriéndose al criterio acogido por la justicia arbitral para establecer cuando estamos en presencia de un contrato de agencia comercial ha manifestado que:

> En sede de tribunales de arbitramento las opiniones sobre el tema son más variables. Esto es así pues se trata de una "jurisdicción" desconcentrada y conformada por múltiples particulares con criterios diversos —y sin una estructura jerarquizada—, En ellos pueden encontrarse desde laudos que adhieren a una visión estricta de la exclusión absoluta de la agencia comercial en contratos que comprenden un esquema de compra para la reventa, así como los que reconocen la posibilidad de concurrencia entre ambas modalidades y, en algunas ocasiones, incluso han insinuado su compatibilidad plena en el mismo contrato. (Giraldo y Duran, 2021, p. 127).

Es importante destacar que el régimen jurídico comercial consagra para el contrato de agencia comercial dos prestaciones muy onerosas a favor del agente, y a cargo del agenciado, así tenemos como el inciso 1 del artículo 1324 del Código de Comercio consagra lo que la doctrina denomina la "cesantía comercial" consistente que, a la finalización del contrato de agencia, —por cualquier causa— el agente tiene derecho a que se le pague una remuneración cuya norma establece la forma de calcularla.

Y el inciso segundo de este mismo artículo 1324 consagra la denominada también por la doctrina como la "indemnización en equidad", indemnización a la cual tiene derecho el agente cuando el empresario revoca sin justa causa el contrato o cuando el contrato termina por causas atribuibles al agenciado, como contraprestación a los esfuerzos que hizo para acreditar la marca, la línea de producto, o los servicios prestados, señala la norma que para establecer el monto de esta indemnización —la cual comprende el lucro cesante que va a dejar de percibir el agente—, se debe tener en cuenta la extensión, importancia y volumen de negocios que se desarrollaron por el agente.

De las dos prestaciones anteriores resulta necesario indicar que la jurisprudencia[13] de la Corte Suprema de Justicia no es uniforme y ha variado su posición frente a si la cesantía comercial es de carácter dispositivo o no, esto es, si las partes pueden renunciar a ella al momento de la celebración del contrato y no una vez se haya causado; y frente a la indemnización en equidad es claro que esta es de carácter irrenunciable al momento de la celebración del contrato porque si así fuese sería una condonación del dolo futuro, situación proscrita por nuestro ordenamiento de derecho privado.

Finalmente, frente a la agencia comercial es de señalar que el artículo 1331 del Código de Comercio plantea la posibilidad de que se presente una agencia comercial de hecho, entendiendo por tal, cuando las partes celebran un contrato diferente al de agencia mercantil, pero que posee los elementos esenciales propios de un contrato de agencia, caso en el cual debe primar la realidad sobre las formas y la convención entonces debe regirse entonces por las reglas propias de la agencia comercial.

- Representación de firmas nacionales o extranjeras: el representante de las sociedades comerciales sea nacionales o extranjeras es un

13 Al respecto revisar la Sentencia del 19 de octubre de 2011 radicado 2001-00847 con Magistrado Ponente William Namén y la Sentencia del 9 de noviembre de 2017 radicado SC18392 con Magistrado Ponente Luis Armando Tolosa

auxiliar del comercio a través del cual estos entes pueden adquirir derechos y contraer obligaciones, es decir, por medio de este representante, la sociedad concretiza no solamente su capacidad de goce, sino también su capacidad de ejercicio.

Las sociedades, y en general todas las personas jurídicas, tienen una limitación obvia, y es que no pueden obrar por sí mismas en el mundo jurídico, requiriendo necesariamente del concurso de una o más personas naturales. (Velásquez, 2004, p. 46). Luego, tenemos que una sociedad es extranjera cuando su domicilio principal es en el extranjero y se constituye conforme a la ley de otro país. (Artículo 469 del Código de Comercio).

Ordenan los artículos 471 y 472 del Código de Comercio, que estas sociedades extranjeras para poder iniciar negocios permanentes en Colombia deben de abrir en Colombia una sucursal, en otros términos, deben de abrir un establecimiento de comercio cuyo administrador posee facultades de representación de la sociedad.

8. La explotación o prestación de servicios de puertos muelles, puentes, vías y campos de aterrizaje.

Se trata de un acto de comercio objetivo que toca con todo lo que tiene que ver con el desarrollo y explotación de la infraestructura relacionada con la actividad transportadora tanto marítima, como aérea y terrestre.

Por otro lado, los numerales 10 al 18 son todos actos de comercio objetivos con relación a la empresa, por cuanto lo que determina que sean mercantiles no es la onerosidad o intención que recaiga sobre ellos, sino el que se efectúen a través de una organización empresarial en los términos del artículo 25 del Código de Comercio y lo señalado *supra* frente al criterio de empresa, así entre otros, estos numerales plantean como actos de comercio a las empresas de seguros, de transporte, de producción y circulación de bienes, de depósito de mercaderías, de publicidad, de construcción, las de explotación de recursos naturales, etc.

9. Los demás actos y contratos regulados por la ley mercantil.

Este numeral entonces es claro en afirmar que los actos de comercio no se agotan en los mencionados en los distintos numerales del articulo 20 (lista no taxativa como lo corrobora el artículo 24 del Código de Comercio), sino que adicionalmente existen otra serie de actos de comercio regulados a lo largo de toda la legislación comercial como por ejemplo el contrato de suministro artículo 968 del Código de Comercio, de cuenta corriente comercial artículo 1245 del Código de Comercio, el de consignación o estimatorio artículo 1377 del Código de Comercio, etc.; e inclusive se puede advertir también la existencia de actos de comercio de carácter atípico como sería el caso de contratos como la franquicia, la maquila, el *outsourcing*, el *joint venture*, el *leasing*, el *crowdfunding*[14], la distribución comercial, la concesión, el *co-branding* y todos aquellos negocios jurídicos estructurados bajo el concepto de economías colaborativas[15], etc.

---

14 Señala Erick Rincón Cárdenas que: "El *crowdfunding* obedece a un modelo de economía colaborativa, el cual, tiene como finalidad alcanzar una mejor distribución de recursos mediante el intercambio impulsado por la tecnología. De esta manera, haciendo uso de las plataformas digitales se ha propendido por un intercambio democratizado que ha constituido una nueva modalidad de financiamiento alternativo, lo cual, ha enfrentado a la desigualdad y la limitación de acceso que tiene gran parte de la población al sistema financiero, así como ha generado una mayor disponibilidad de recursos en el país." (2023, p. 90).

15 Para Camilo Ernesto Ossa Bocanegra las economías colaborativas son: "...aquellas nuevas formas de asociación de individuos conectados entre sí, que crean, distribuyen consumen bienes y servicios sin necesidad de intermediarios. Esta realidad es algo que golpea directamente la concepción tradicional de producción de bienes y la prestación de servicios, lo cual, a su vez, en aquellos mercados sujetos a regulación, hace necesario cambiar la forma como vemos la regulación, porque estas economías colaborativas no encuadran en los esquemas tradicionales, lo que hace que siempre las veamos como transgresiones a la ley". (2017, p. 4).

3. Sujetos del derecho comercial

Cuando hablamos de los sujetos del derecho comercial nos referimos a los sujetos destinatarios de aplicación de estas normas especiales, con lo cual tenemos que tanto los comerciantes como los no comerciantes pueden ser objeto de aplicación de esta rama del derecho.

En este orden de ideas, tenemos que un no comerciante puede ser eventualmente sujeto del derecho comercial cuando de forma esporádica realiza un acto de comercio, así ,por ejemplo: un no comerciante que libre un cheque o cree un título valor, o un no comerciante que participe en la constitución de una sociedad por acciones simplificada, o que compre un bien con la intención a su vez de enajenarlo a título oneroso, va quedar sometido a las normas del derecho comercial frente al acto mercantil efectuado. (Artículo 11 del Código de Comercio).

Con todo, es diáfano que el sujeto por excelencia del derecho comercial es el comerciante, entendiendo por tal a la persona natural o jurídica que de manera habitual y permanente (esto es de forma profesional), se ocupe de la celebración y ejecución de actos comerciales. Inciso 1 del artículo 10 del Código de Comercio, razón por la cual nuestro sistema jurídico comercial es claramente objetivo a la hora de establecer como se adquiere la calidad de comerciante por cuanto esta no la otorga ningún tipo de registro público o solemnidad alguna, sino un hecho, consistente en la realización reiterada y profesional de actos de comercio.

Ahora bien, de conformidad con el artículo 100 del Código de Comercio tratándose de personas jurídicas sociedades estas tendrán la consideración de comerciales cuando dentro de su objeto social contemplen la realización de actos de comercio o tengan un objeto social mixto, es decir, que se ocupe tanto de actos comerciales como de actos civiles, y en todo caso, resaltando que las sociedades por acciones simplificadas siempre tendrán la calidad de comerciales independientemente del objeto social al que se dediquen. (Artículo 3 de la Ley 1258 de 2008).

Por otro lado, es de subrayar que una cosa es tener la calidad de comerciante y otra muy distinta es que el comercio se tenga que ejercer directamente por el comerciante, dado que conforme con el inciso 2 del artículo 10 del Código de Comercio, la actividad mercantil la puede llevar a cabo el comerciante bien sea directamente, pero también lo puede hacer a través de un representante, caso en el cual quien gozara de la calidad de comerciante será el representado y el representante será el encargado de realizar directamente los actos de comercio.

Es bajo estas consideraciones que podemos afirmar que esta representación para ejercer el comercio a nombre de otra persona puede surgir bien de una representación de tipo convencional, pero también puede surgir en virtud de una representación de orden legal, con lo cual un incapaz eventualmente puede tener la calidad de comerciante, pero los actos los tendrá que ejercer no directamente, sino a través o por intermedio de su representante legal.

3.1. PRESUNCIONES DE EJERCICIO DEL COMERCIO

El artículo 13 del Código de Comercio consagra tres presunciones de carácter taxativo de que alguien ejerce el comercio y por tanto es comerciante. Es de anotar que al tratarse de presunciones legales todas admiten prueba en contrario. Son estas:

Cuando la persona se halle inscrita en el registro mercantil como comerciante: esta es una prueba fehaciente de que lo que otorga la calidad de comerciante en Colombia es un hecho, consistente en realizar de manera habitual y permanente actos de comercio, pues la matricula mercantil lo que otorga es una presunción de que se es comerciante, presunción que es posible desvirtuar demostrando que a pesar de aparecer matriculado en la Cámara de Comercio, ya se cesó de realizar de forma profesional y permanente actos de comercio.

- Cuando tenga un establecimiento de comercio abierto: tener un establecimiento de comercio abierto al público hace presumir la calidad de comerciante, sin embargo, esta presunción es posible de desvirtuar, por ejemplo, demostrando que a pesar de que se tiene la titularidad sobre un establecimiento de comercio abierto al público, este se encuentra arrendado, o dado en usufructo.
- Cuando la persona se anuncie al público como comerciante por cualquier medio: caso en el cual se podría desvirtuar la presunción demostrando que a pesar de hacerse publicidad como comerciante, ejemplo, en redes sociales, realmente no se está ejerciendo el comercio.

Es importante anotar aquí que quien ostenta la calidad de comerciante está sometido a una serie de obligaciones de naturaleza comercial artículo 19 del Código de Comercio, pero también tiene una serie de prerrogativas tales como: la de poderse acoger al régimen de derecho concursal consagrado en la Ley 1116 de 2006 (que tratándose de personas naturales solamente aplica para quienes lo son en calidad de comerciantes) y además, los libros y papeles del comerciante gozan de una eficacia probatoria de carácter especial. Artículo 264 del Código General del Proceso.

3.2. INCAPACIDAD E INHABILIDAD PARA EJERCER EL COMERCIO

El artículo 12 del Código de Comercio consagra lo que se considera en nuestro sistema de fuentes mercantil a una ley civil expresamente invocada por nuestro legislador comercial, por cuanto en términos generales indica que quienes son capaces conforme a las normas civiles[1], son igualmente capaces para ejercer directamente el comercio, y a *contrario sensu*, quienes conforme a las leyes civiles son incapaces de ejercicio son igualmente incapaces para ejercer el comercio directamente.

En este mismo orden de ideas, manifiesta el artículo 18 del Código de Comercio, que la sanción que recae sobre los actos de comercio que realice un incapaz para ejercer el comercio, será la nulidad absoluta o relativa dependiendo de si se trata de un acto realizado por un incapaz absoluto o un incapaz relativo, o será la sanción de nulidad relativa cuando se trataré de una persona mayor de edad que requiera actuar a través de apoyo, todas estas sanciones bajo los términos y condiciones establecidas en las normas civiles.

Por otro lado, tratándose de la inhabilidad para ejercer el comercio, esta se puede presentar bajo dos modalidades, bien como una sanción o prohibición, como cuando una autoridad judicial o administrativa le impone la sanción a un comerciante de abstenerse de continuar ejerciendo el comercio por haber cometido un delito o una conducta que transgrede las buenas prácticas mercantiles, o bien como una incompatibilidad, es decir, cuando es incompatible la realización del comercio con el ejercicio de algún cargo público. Artículos 14, 15 y 16 del Código de Comercio.

Es así como tenemos los siguientes ejemplos de inhabilidad mercantil como sanción o prohibición al caso de las sociedades mercantiles viciadas de nulidad absoluta proveniente de objeto o causa ilícitas, pues en tales eventos los asociados y los administradores, entre otras consecuencias, quedaran inhabilitados para ejercer el comercio por el término de diez años contados desde la declaratoria de la sanción de nulidad. Artículo 105 del Código de Comercio, y así mismo, en el caso de los comerciantes que no

---

1 Código Civil, Ley 1306 de 2009 y Ley 1996 de 2019.

observen las normas de protección al consumidor pueden verse abocados a la prohibición para ejercer el comercio hasta por el termino de cinco años, sanción impuesta por la Superintendencia de Industria y Comercio en ejercicio de funciones administrativas. Numeral 6 del artículo 61 de la Ley 1480 de 2011, de igual forma, el artículo 83 de la Ley 1116 de 2006 consagra una inhabilidad comercial como sanción, hasta por el termino de diez años, para los socios y administradores de una sociedad deudora sometida a régimen de insolvencia empresarial por las conductas fraudulentas que lleven a cabo para reducir el patrimonio del deudor en perjuicio de sus acreedores.

Y como ejemplo de inhabilidad por incompatibilidad tenemos el caso de los jueces y magistrados de la rama jurisdiccional quienes tienen prohibido el ejercicio del comercio directamente o a través de interpuesta persona mientras permanezcan en el ejercicio de sus cargos. Visto el concepto de incapacidad y de inhabilidad comercial encontramos como diferencias totales entre estas dos instituciones a las siguientes:

- La incapacidad comercial se constituye en una medida de protección que el legislador establece en beneficio de ciertas personas que por razón de su edad e inmadurez psicológica no están en condiciones de celebrar actos jurídicos ni de disponer de su patrimonio de manera directa sin el concurso de un representante legal; mientras que la inhabilidad mercantil se mira, o bien como una sanción impuesta por un actuar contrario a las sanas costumbres comerciales y al ejercicio honrado y probo del comercio, o bien, como una incompatibilidad para conservar la independencia e imparcialidad de ciertos cargos públicos.

- La persona incapaz puede ejercer el comercio a través de interpuesta persona (representante legal) evento en el cual podría ostentar la calidad de comerciante. Inciso 2 artículo 10 del Código de Comercio; mientras que la persona inhábil no puede ejercer el comercio ni directamente ni a través de interpuesta persona. (Inciso 1 del artículo 14 del Código de Comercio).

- Los actos de comercio realizados directamente por un incapaz van a estar viciados de nulidad absoluta o relativa, dependiendo del tipo de incapaz, en otros términos, la incapacidad se constituye en un requisito de validez del negocio jurídico y, por ende, su ausencia afecta es al acto como tal y no a la persona del incapaz; mientras que, por el contrario, los actos de comercio realizados por un inhábil son plenamente validos al ostentar este plena capacidad de ejercicio, por lo que la sanción correspondiente recaerá es sobre la persona del inhábil mediante la imposición de multas. Artículo 58 del Código de Comercio modificado por el artículo 27 de la Ley 2195 de 2022, o mediante la eventual perdida del cargo tratándose de una inhabilidad por incompatibilidad. Inciso final artículo 15 del Código de Comercio, todo ello sin perjuicio de las sanciones que puedan consagrar normas de carácter especial.

3.3. PÉRDIDA DE LA CALIDAD DE COMERCIANTE

Señala el artículo 17 del Código de Comercio que la calidad de comerciante se pierde por incapacidad y por inhabilidad sobrevinientes, así, por ejemplo, en el evento en que a una persona que ejerce el comercio lo nombren en un cargo público que lo inhabilite para continuar ejerciendo el comercio, o le sea impuesta una prohibición judicial o administrativa para continuar ejerciendo el comercio, pues esta persona perderá la calidad de comerciante por inhabilidad sobreviniente.

Con todo, hoy en día, si a una persona mayor de edad le sobreviene una discapacidad, esta situación no lo hace incapaz, solo que para poder ejercer plenamente su capacidad tendría que hacerlo a través de apoyo en los términos de la Ley 1996 de 2019, con lo cual, si continuara ejerciendo el comercio sin este, los actos jurídicos mercantiles que efectuará estarían viciados de nulidad relativa.

Por otra parte, es de indicar, que las causales contempladas en el artículo 17 del Código de Comercio no son taxativas en la medida en que la calidad de comerciante también se puede perder por abandono voluntario de la actividad, por muerte, o tratándose de personas jurídicas societarias por disolución y liquidación de las mismas, bien sea liquidación voluntaria del Código de Comercio, liquidación judicial de la Ley 1116 de 2006, o por liquidación procesal del Código General del Proceso, e inclusive estas personas jurídica también pueden perder su calidad de comerciantes a través de operaciones de fusión o de escisión total cuando estas actúan en calidad de absorbidas o escindidas, según el caso, en los términos del Código de Comercio y de la Ley 222 de 1995.

4. Registro mercantil y Cámara de Comercio

4.1. REGISTRO MERCANTIL:

El registro mercantil es un registro de carácter público —cualquier persona tiene acceso a lo que se encuentra en el registrado— que llevan las cámaras de comercio y el cual tiene por objeto llevar la matrícula de los comerciantes (tanto personas naturales como jurídicas) y de los establecimientos de comercio y la de llevar la inscripción de todos aquellos actos, libros y documentos que la ley exige que se deben de inscribir en él (Artículo 26 del Código de Comercio).

En consecuencia, el registro mercantil se constituye en un mecanismo importante para dotar de publicidad y conocer no solo a quienes ejercen la actividad mercantil y a como tienen organizados sus negocios, sino también para dotar de publicidad a todos aquellos actos jurídicos, libros y documentos que son relevantes para el adecuando desarrollo de la actividad comercial. Información que resulta de interés tanto para los demás comerciantes como para los consumidores, clientes, proveedores, distribuidores, el Estado y la comunidad en general. El registro mercantil cumple varias funciones entres las cuales están:

Función de publicidad o declarativa: esta se constituye en la función que por regla general cumple el registro mercantil, la cual consiste en que los actos, y documentos que la ley exige que se inscriban en él, una vez inscritos van a hacer oponibles frente a terceros, con lo cual, si un acto está sujeto a inscripción en el registro mercantil mientras esta no se realice el acto no se va a hacer valer frente a terceros y estaría por tanto viciado de inoponibilidad (Numeral 4 articulo 29, articulo 30 y artículo 901 del Código de Comercio).

Como ejemplos tenemos: la enajenación de establecimientos de comercio numeral 6 del artículo 28 del Código de Comercio, las restricciones a los representantes legales de una sociedad artículo 196 del Código de Comercio, las limitaciones a las facultades del factor en el contrato de preposición artículo 1335 del Código de Comercio.

Función Constitutiva: esta es una función que cumple el registro mercantil de forma excepcional y consiste en que el acto jurídico no se perfecciona, no nace a la vida jurídica hasta tanto no se inscriba en él. Como ejemplos de la función constitutiva tenemos: la designación de representantes legales de una sociedad artículos 164 del Código de Comercio, el nombramiento de liquidadores inciso 2 del artículo 228 del Código de Comercio, el surgimiento de la persona jurídica de las sociedades por acciones simplificadas artículo 2 de la Ley 1258 de 2008.

Función de Saneamiento: esta función hace referencia a que la escritura de constitución de una sociedad una vez se inscribe en el registro mercantil, se sanea por vicios de forma y, por lo tanto, solamente se va a poder atacar el acto de constitución de la compañía por vicios de fondo, es decir, por ausencia de requisitos de validez (capacidad, consentimiento exento de vicios, causa y objetos lícitos) (Artículo 115 del Código de Comercio).

Función probatoria: en el evento de extravió o de destrucción de un documento previamente inscrito en el registro mercantil, este podrá suplirse por el certificado que expida la cámara de comercio donde había sido inscrito, este documento sustituto tendrá el mismo valor probatorio que el original (Artículo 44 del Código de Comercio).

Función preventiva de competencia desleal: de conformidad con el artículo 35 del Código de Comercio, las cámaras de comercio deben de abstenerse de matricular en el registro mercantil a un comerciante o establecimiento de comercio con el mismo nombre de otro ya anteriormente matriculado; y en los casos de homonimia de personas naturales se podrá hacer la matricula utilizando algún distintivo.

Lo que se pretende entonces con esta disposición comercial es evitar, entre otras, la configuración de actos constitutivos de competencia desleal, particularmente los de confusión y de aprovechamiento de la reputación ajena (Numerales 10 y 15 de la Ley 256 de 1996).

Función de autenticidad: cuando un documento no ha sido previamente autenticado o no se presume la autenticidad del mismo, si se presenta de manera personal para su inscripción en el registro mercantil ante la cámara de comercio correspondiente, este se considerará como autentico (Artículo 40 del Código de Comercio).

Función de control de legalidad: las cámaras de comercio deben de abstenerse de inscribir en el registro mercantil los actos viciados de ineficacia y de inexistencia, así como todos aquellos actos que omitan los requisitos que la ley expresamente exige para proceder a su inscripción.

La razón por la cual las cámaras de comercio pueden negarse a inscribir los actos viciado de ineficacia o de inexistencia radica en el hecho de que estas son sanciones a los actos o negocios jurídicos que operan de pleno derecho y, por lo tanto, no requieren de su declaración judicial previa. Artículos 897 y 898 del Código de Comercio. Por último, es de señalar que la entidad encargada de llevar el registro mercantil son las cámaras de comercio (artículo 27 del Código de Comercio).

4.2. CÁMARA DE COMERCIO

Conforme al artículo 78 del Código de Comercio estas entidades son instituciones de orden legal dotadas de personalidad jurídica, creadas por el gobierno nacional de oficio o a petición de los comerciantes del sector donde vaya a operar. La naturaleza jurídica de estas instituciones es la de tratarse de entes corporativos (sin ánimo de lucro), gremial (aglutinan a los comerciantes de su jurisdicción) y de carácter privado (se encuentran constituidas con capital privado). Al respecto indica la jurisprudencia de la Corte Constitucional en Sentencia C-144 de 1993 manifiesta que:

> Las Cámaras de Comercio a las cuales se ha encargado el ejercicio de llevar el registro mercantil y certificar sobre los actos y documentos en él inscritos, no son entidades públicas, pues no se avienen con ninguna de las especies de esta naturaleza contempladas y reguladas en la Constitución y la Ley. Si bien nominalmente se consideran "instituciones de orden legal", creadas por el Gobierno, lo cierto es que ellas se integran por los comerciantes inscritos en su respectivo registro mercantil. La técnica autorizatoria y la participación que ella reserva a la autoridad pública habida consideración de las funciones que cumplen las cámaras de comercio, no permite concluir por sí solas su naturaleza pública. No se puede dudar sobre su naturaleza corporativa, gremial y privada.

Dentro de su estructura orgánica se encuentra la junta directiva la cual es la encargada de gestionar su debido funcionamiento, y en la cual el gobierno nacional debe de tener representación hasta en una tercera parte de la misma. (Artículo 80 del Código de Comercio). Adicionalmente la junta directiva es la encargada de elegir al representante legal de la entidad, órgano a través del cual la cámara de comercio puede adquirir derechos y contraer obligaciones frente a terceros (Artículo 83 del Código de Comercio).

Ahora bien, con relación a las funciones que cumplen las cámaras de comercio, el artículo 86 del Código de Comercio trae una lista no taxativa de las mismas[1], entre las que se resaltan: las de recopilar y certificar las cos-

---

[1] El Decreto 898 del 2002 también consagra una serie de funciones a cargo de las cámaras de comercio.

tumbres mercantiles del lugar de su jurisdicción, la de servir como tribunal de arbitramento, conciliación y amigable composición en las controversias que se susciten entre los comerciantes, la de adelantar investigaciones de tipo económico para con fundamento en estas brindarle recomendaciones al gobierno nacional, etc.

Con todo, una de sus funciones torales es la de llevar el registro mercantil, con lo cual frente a esta función las cámaras de comercio cumplen una labor de tipo público y de orden administrativo. Numeral 3 del artículo 86 del Código de Comercio. situación claramente admitida por nuestro régimen constitucional al señalar que los particulares pueden eventualmente cumplir funciones administrativas (Artículos 123 y 210 de la Constitución Política).

Por otro lado, es importante hacer una distinción entre lo que es la calidad de matriculado en la Cámara de Comercio como comerciante, y lo que es tener la calidad de afiliado a esta entidad, dado que la matricula es una obligación que posee todo comerciante, mientras que los afiliados son aquellos comerciantes matriculados que deciden afiliarse, colaborando con el sostenimiento y gobierno de la cámara de comercio y por lo mismo ostentando una serie de prerrogativas y beneficios a su favor.

En ese orden de ideas, para poder ser afiliado a una cámara de comercio el artículo 92 de la Código de Comercio modificado por la Ley 1727 de 2014, exige una serie de requisitos consistentes en: haber presentar la solicitud, tener como mínimo de dos años consecutivos de matriculado en una cámara de comercio, haber ejercido durante ese periodo la actividad mercantil y, haber cumplido con todas sus obligaciones mercantiles.

Con relación a la vigilancia del debido cumplimiento de las funciones por parte de las cámaras de comercio, estas se encuentran sometidas desde el primero de enero del año 2022 a la supervisión administrativa de la Superintendencia de Sociedades en virtud de lo establecido en el artículo 70 de la Ley 2069 de 2020. Con todo, en lo que tiene que ver con el manejo de los recursos obtenidos en virtud de su función pública de llevar el registro mercantil, las cámaras de comercio también se encuentran y solamente en lo que se refiere a esta función, sometidas a un control fiscal por parte de la Contraloría General de la Nación (Artículo 88 del Código de Comercio).

Por último, es de señalar que las cámaras de comercio se pueden confederar para, entre otros efectos, establecer directrices y una hoja de ruta común entre todas ellas, con lo cual desde el año 1969 existe en Colombia la confederación de cámaras de comercio, Confecámaras (Artículo 96 del Código de Comercio).

5. Obligaciones comerciales

Si bien el comerciante tiene que cumplir con obligaciones de variada naturaleza como puede ser la observancia de obligaciones constitucionales, tributarias, laborales, frente al consumidor, de orden cambiario, ambiental, etc., nuestro Código de Comercio en su artículo 19 consagra las que podríamos denominar obligaciones comerciales y que se traducen en las siguientes.

5.1. MATRICULARSE EN EL REGISTRO MERCANTIL

Esta obligación consiste en que el comerciante debe matricularse en el registro mercantil que lleva la Cámara de Comercio con jurisdicción en el lugar de su domicilio, con el fin de dotar de publicidad su carácter de comerciante. Numeral 2 del artículo 29 del Código de Comercio. De conformidad con el artículo 26, el numeral 1 del artículo 28 y el artículo 31 del Código de Comercio, están obligados a matricularse:

Los comerciantes personas naturales quienes la deben de solicitar dentro del mes siguiente a la fecha en que comenzó a ejercer el comercio.

Los comerciantes personas jurídicas (sociedades comerciales) quienes la deben solicitar a través de su representante legal dentro del mes siguiente a la fecha de su documento de constitución.

Los auxiliares del comercio, tales como, los comisionistas, corredores, agentes comerciales, y representantes de firmas nacionales o extranjeras.

Los establecimientos de comercio —incluyendo dentro de esta categoría a las sucursales y las agencias— cuyo propietario debe solicitar su matrícula dentro del mes siguiente a su apertura. (Numeral 6 del artículo 28 del Código de Comercio). Las sociedades de hecho y las comunidades o copropiedades, las cuales, al no constituir una persona jurídica, el legislador comercial exige la matrícula de todos y cada uno de los socios o de los comuneros o copropietarios dentro del mes siguiente a la fecha de la iniciación de actividades.

De otra parte, el artículo 32 del Código de Comercio, señala los datos que se deben de aportar en el formulario de solicitud de matrícula, los cuales tienen que ver con la debida identificación y la actividad económica que pretende desarrollar el comerciante y el establecimiento de comercio sujeto a esta obligación. Conviene destacar las diversas funciones que cumple la matricula mercantil, entre las que tenemos:

Función de publicidad: mediante la matricula se dota de publicidad a quienes ostentan la calidad de comerciantes y a como tienen organizadas sus empresas a través de sus establecimientos de comercio. Información que resulta de vital importancia para los demás comerciantes, el Estado, los consumidores, y los demás grupos de interés involucrados en la actividad mercantil.

Presunción de la calidad de comerciante: es de resaltar que la matricula mercantil no otorga la calidad de comerciante, sino que lo que confiere es la presunción que se ejerce al comercio y que consecuentemente se es comerciante, presunción que como planteábamos más arriba es de orden legal por lo que admite prueba en contrario. (Numeral 1 del artículo 13 del Código de Comercio).

Minimiza los riesgos de configuración de actos constitutivos de competencia desleal: dado que las cámaras de comercio tienen la obligación de abstenerse de matricular a un comerciante con el mismo nombre de otro que ya se encuentre matriculado, y en los casos de homonimia de persona natural, solo admitirá la matricula si se utiliza algún distintivo. Con esto se persigue evitar la configuración de actos de confusión o de aprovechamiento de la reputación ajena como actos de competencia desleal. (Artículo 35 del Código de Comercio).

Permite adquirir la calidad de afiliado: conforme al artículo 92 del Código de Comercio, solo tendrán la calidad de afiliados aquellos comerciantes que estén cumpliendo en debida forma con todas las obligaciones comerciales, entre las que claramente se encuentra la de encontrarse matriculado en el registro mercantil y la renovación de la misma.

De suma importancia resulta el hecho de que la matricula mercantil tanto de los comerciantes como de los establecimientos de comercio, tiene un carácter periódico dado que esta se debe de renovar anualmente dentro de los tres primeros meses del año. Artículo 33 del Código de Comercio. No obstante, tratándose de sociedades disueltas y en estado de liquidación, estas no están obligadas a renovar su matrícula mercantil. (Artículo 31 de la Ley 1429 de 2010). Las consecuencias jurídicas que acarrea la falta de matrícula o su renovación son las siguientes:

Sanción de tipo pecuniario: La Superintendencia de Sociedades quien es la entidad que actualmente en virtud del artículo 70 de la Ley 2069 de 2020 ejerce la supervisión de las Cámaras de Comercio impondrá multas a los comerciantes que no se matriculen o que no renueven su matrícula mercantil. (Artículo 37 del Código de Comercio).

Ausencia de publicidad de la calidad de comerciante: la falta de matrícula en el registro mercantil al ser este de carácter público, implicará la ausencia de publicidad sobre la calidad de comerciante que se tiene y de cómo se tiene organizada la actividad económica. No operará la presunción de la calidad de comerciante. (Numeral 1 del artículo 13 del Código de Comercio).

No se podrá adquirir la calidad de afiliado a la Cámara de Comercio: pues como planteábamos supra uno de los presupuestos para poder tener la calidad de afiliado a una cámara de comercio es la de estar cumpliendo con todas las obligaciones comerciales. Artículo 92 del Código de Comercio modificado por el artículo 12 de la Ley 1727 de 2014.

Puede dar lugar a la Depuración del Registro Mercantil: conforme al artículo 31 de la Ley 1727 de 2014 las sociedades comerciales que incumplan su obligación de renovar la matricula mercantil en un término de cinco años quedarán disueltas y en estado de disolución; y las personas naturales comerciantes, y los establecimientos de comercio (incluyendo sucursales y agencias) que en los últimos cinco años hayan incumplido su obligación de renovar la matricula mercantil tendrán como consecuencia la cancelación de su matrícula mercantil.

Puede dar lugar a que opere la presunción de sociedad no operativa: conforme con el artículo 144 de la Ley 1955 de 2019, las sociedades comerciantes que omitan renovar su matrícula mercantil por un término de tres años o que en este mismo termino no envíen la información solicitada por la Superintendencia de Sociedades, se presumirán como sociedades no operativas, con lo cual podrán ser declaradas disueltas por parte de esta superintendencia.

5.2. INSCRIBIR EN EL REGISTRO MERCANTIL TODOS LOS ACTOS, LIBROS Y DOCUMENTOS RESPECTO DE LOS CUALES LA LEY EXIJA ESA SOLEMNIDAD

La obligación de inscripción, a diferencia de la matricula mercantil, recae ya no sobre los sujetos o los establecimientos de comercio, sino sobre todos aquellos actos jurídicos, libros y documentos que de alguna forma inciden en el adecuado desarrollo de la actividad comercial y que, por tanto, la ley expresamente ordeno que se les concediera publicidad frente a terceros.

Frente a esta obligación de inscripción vale la pena resaltar dos cosas: la primera es que los actos, libros y documentos sujetos a inscripción son de carácter taxativo, pues únicamente se efectúa frente a aquellos que la ley expresamente así lo exija; y la segunda tiene que ver con el hecho que los actos sujetos a inscripción no necesariamente son todos de carácter comercial, pues la ley también la exige de determinados actos de naturaleza no comercial o inclusive de naturaleza procesal.

En este orden de ideas, encontramos que el Código de Comercio aglutina en su artículo 28 una serie de actos, libros y documentos sujetos a inscripción dentro de los cuales tenemos:

Numeral 1: Este numeral realmente no corresponde al cumplimiento de la obligación de inscripción, sino de matrícula, al indicar que deben "inscribirse" los comerciantes, y los auxiliares del comercio.

Numeral 2: las capitulaciones matrimoniales, las liquidaciones de sociedades conyugales, cuando el marido o la mujer o ambos poseen la calidad de comerciantes, con lo cual, la escritura pública de capitulación, así como la escritura o sentencia de liquidación de sociedad conyugal, según el caso, está sujeta a inscripción en el registro mercantil.

Numeral 3: La inhabilidad sobreviniente que recaiga sobre un comerciante, con lo cual copia de la sentencia judicial que le prohíbe ejercer el comercio, o copia del acta del nombramiento del cargo que lo inhabilita para ejercer el comercio por incompatibilidad se debe de registrar en el registro mercantil.

Ahora bien, cuando se trata de un discapacitado mayor de edad comerciante a quien se le ha designado el mecanismo de apoyo para ejercer su capacidad, copia del acuerdo de apoyo o de la sentencia dictada en proceso judicial de concesión de apoyo está sujeta inscripción en el registro mercantil. (Artículo 9 de la Ley 1996 de 2019).

Numeral 4: las autorizaciones que se les otorguen a los menores adultos u adolescentes para ejercer el comercio y la revocación de estas.

Cabe recordar que conforme al inciso final del artículo 12 del Código de Comercio, los menores adultos pueden ejercer el comercio en nombre o por cuenta ajena, y mediando autorización de sus representantes legales.

Numeral 5: los actos en virtud de los cuales se les confiera modifiquen, o revoque la administración de bienes o negocios del comerciante.

Numeral 6: los actos que afecten la propiedad de los establecimientos de comercio o su administración, con lo cual todos los actos de enajenación que recaen sobre un establecimiento de comercio, tales como, su venta, permuta, donación, o aporte a sociedad, se encuentran sujetos a inscripción, y así mismo, actos jurídicos que afecten su propiedad como el usufructo, se encuentran sujetos a inscripción, o aquellos que afecten su administración como la preposición, el arrendamiento o la anticresis de los mismos.

Numeral 7: este numeral fue modificado por el Decreto 19 de 2012, en el sentido que los únicos libros de comercio que actualmente se inscriben en el registro mercantil, son el libro de actas de asamblea general de accionistas o junta de socios y el libro de registro de accionistas o de socios. Es de mencionar que la inscripción de estos libros de comercio no es para efectos de publicidad de su contenido por cuanto este es de carácter reservado, sino para efectos de dotarlos de autenticidad formal.

Numeral 8: Los embargos y demandas civiles relacionadas con derechos cuya mutación esté sujeta a registro mercantil, así, por ejemplo: el oficio de embargo de cuotas sociales de los socios de una sociedad de responsabilidad limitada o del constituyente de una empresa unipersonal, o de las partes de interés de un socio gestor en una sociedad en comandita o colectiva, o el embargo que recaiga sobre un establecimiento de comercio son todos actos sometidos a inscripción en el registro mercantil.

Numeral 9: en materia societaria se encuentran sometidas a inscripción en el registro mercantil, las reformas estatutarias, las actas de designación y remoción de representantes legales y liquidadores, así como, el acta de disolución y de liquidación de una sociedad.

Numeral 10: los demás actos y documentos cuyo registro mercantil ordene la ley.

Ahora bien, es de resaltar que los actos y documentos que menciona el artículo 28 del Estatuto Comercial como sujetos a inscripción, no son los únicos, pues a lo largo del Código de Comercio se mencionan otra serie de actos y documentos que también se encuentran sujetas a la exigencia de inscripción en el registro mercantil, así, por ejemplo, encontramos a:

Artículo 1320 del Código de Comercio: Inscripción del contrato de agencia comercial
Artículo 1333 del Código de Comercio: Inscripción del contrato de preposición.
Artículo 163 del Código de Comercio: La designación o revocación de revisores fiscales

Artículo 196 del Código de Comercio: las limitaciones a las facultades de los representantes legales
Artículo 263 del Código de Comercio: las facultades de los administradores de sucursales.

Es más, existen diversas normas mercantiles diversas al Código de Comercio que también consagran la inscripción mercantil, verbigracia:

Numeral 2 del artículo 19 de la Ley 1116 de 2006: que ordena la inscripción del auto de apertura del proceso de reorganización empresarial en materia de derecho concursal.

Parágrafo del artículo 32 de la Ley 1258 de 2008: que ordena la inscripción en el registro mercantil de la enajenación global de activos en materia de sociedades por acciones simplificadas.

Artículo 30 de la Ley 222 de 1995: que ordena la inscripción en el registro mercantil de la configuración de un grupo de subordinación.

Artículo 29 de la Ley 1429 de 2010: el acta que decide la reactivación societaria debe de inscribirse en el registro mercantil.

Ahora bien, los actos, libros y documentos sujetos a inscripción deben de inscribirse en el registro mercantil que lleva la cámara de comercio con jurisdicción en el lugar donde fueron celebrados y si tuviesen que ejecutarse por fuera de dicho domicilio, también deberán inscribirse en el registro mercantil que lleva la cámara de comercio del lugar de su cumplimiento. (Numeral 1 del artículo 29 del Código de Comercio).

La consecuencia jurídica de omitir la inscripción es la inoponibilidad del acto frente a terceros por no cumplir con un requisito de publicidad exigido. Numeral 4 del artículo 29 del Código de Comercio y artículo 901 del mismo estatuto. Con relación a la oponibilidad registral señal Jorge Hernán Gil Echeverry que:

> En términos generales, la publicidad registral tiene dos caras: una positiva y otra negativa. La oponibilidad por su lado positivo, consiste en la expansión de los efectos jurídicos de un acto o contrato o de una providencia judicial o administrativa, frente a todo el mundo, por haberse cumplido con la formalidad de la inscripción del respectivo documento, en un registro público. En su aspecto negativo, el acto o contrato no inscrito no produce efectos frente a terceros, institución jurídica que corresponde a lo que el legislador denomina la inoponibilidad. (2020, p. 5).

Finalmente es de indicar que mientras la ley no exija un término[1] para proceder a la inscripción del acto o contrato, esta se puede realizar en cualquier tiempo y, a diferencia de la matricula mercantil, esta obligación no requiere de renovación. (Numeral 4 del artículo 29 del Código de Comercio).

5.3. LLEVAR CONTABILIDAD REGULAR DE SUS NEGOCIOS CONFORME A LAS PRESCRIPCIONES LEGALES

El comerciante debe de llevar contabilidad regular de sus negocios conforme a las prescripciones legales, obligación que le interesa directamente a él para conocer no solo cual es el estado patrimonial actual de sus negocios en cuanto a sus activos y pasivos, sino también para determinar si su actividad realmente le está generando ingresos.

Ahora bien, que el comerciante lleve contabilidad también le va a interesar a sus acreedores para conocer cuál es el alcance de su garantía para la debida satisfacción de sus créditos y es una obligación que le interesa al Estado para efectos del cobro de sus tributos. En este orden de ideas manifiesta José Ignacio Narváez García que por contabilidad se entiende:

> En sentido amplio la contabilidad es la técnica de elaborar e interpretar las constancias escritas que se utilizan en toda unidad económica organizada para producir, intercambiar o distribuir bienes o para la prestación de servicios. En sentido restringido es el sistema que se adopte para registrar, clasificar y resumir todos los hechos y actos que se traducen en cifras monetarias. Y aunque el sistema contable adoptado no abarque todos los aspectos de la empresa, es indudable que facilita visualizar los movimientos de los bienes a ella destinados por el empresario y apreciar los resultados de la respectiva explotación económica, asi como efectuar análisis de su situación actual y proyectar su desenvolvimiento ulterior. (2008, p. 247)

Con todo, nuestra legislación comercial permite la utilización de cualquier procedimiento de reconocido valor técnico contable que permita el conocimiento y la prueba de una historia clara, completa y fidedigna del estado patrimonial y general de los negocios del comerciante. (Artículo 48 del Código de Comercio).

---

1 Como podría ser el caso de la oposición de los acreedores a la enajenación de un establecimiento de comercio, la cual conforme a los artículos 528 y 530 del Código de Comercio, debe de inscribirse en el registro mercantil dentro de los 2 meses siguientes a la fecha del registro de la enajenación en el registro mercantil.

El marco normativo de la contabilidad en Colombia la encontramos entre otras, en el Código de Comercio, el Decreto 2649 de 1993, la Ley 1314 de 2009, el Decreto 2784 de 2012 y las NIIF (normas internacionales de información financiera). Así las cosas, tenemos que dentro del Código de Comercio se establecen una serie de directrices para el debido cumplimiento de la obligación contable, entre las cuales encontramos:

- La contabilidad debe llevarse en idioma castellano, por el sistema de partida doble y en libros de comercio (algunos obligatoriamente sujetos a inscripción en el registro mercantil como el libro de actas de asamblea de accionistas o junta de socios y el libro de registro de accionistas o de socios. Numeral 7 artículo 28 del Código de Comercio) de manera que se suministre una historia clara, completa y fidedigna de los negocios del comerciante. (Artículo 50 del Código de Comercio).
- Hacen parte de la contabilidad los libros de comercio, los comprobantes contables, y la correspondencia relacionada con los negocios del comerciante. Artículo 51 del Código de Comercio.
- Se entiende por comprobante el documento que debe de elaborarse previamente al registro de cualquier operación en los asientos contables y en el cual se hace una descripción pormenorizada de la operación llevada a cabo, a esta comprobante se le deben de anexar los documentos que lo respaldan. Inciso 2 del artículo 53 del Código de Comercio.
- Al iniciar sus actividades el comerciante y por lo menos una vez al año, este debe de elaborar un inventario y un balance general que refleje la situación de su patrimonio. (Artículo 52 del Código de Comercio).
- En los libros de comercio se asientan en orden cronológico las operaciones mercantiles y todas aquellas operaciones que puedan incidir en el estado patrimonial del comerciante; estos libros se pueden llevar en hojas removibles o en archivos electrónicos. (Artículos 53 y 56 del Código de Comercio).

Queda prohibido en los libros de comercio realizar alteraciones, dejar espacios que faciliten intercalaciones, hacer raspaduras o correcciones en los asientos, borrar sus asientos, arrancar sus hojas, mutilarlos o alterar sus archivos electrónicos. (Artículo 57 del Código de Comercio).

Es de anotar que el Código de Comercio no establece expresamente cuales son los libros de comercio, sino que simplemente menciona que se entenderán por tales los que determine la ley como obligatorios y los auxiliares para su correcto entendimiento. Artículo 49 del Código de Comercio; con lo cual, la doctrina y la jurisprudencia han catalogado como tales a: los libros de contabilidad (mayor, inventarios y balances, y el diario), los libros de actas de asamblea de accionistas o junta de socios, el libro de actas de junta directiva, y el libro de registro de accionistas o de socios.

- Entre los asientos de los libros y los comprobantes debe de existir una debida correspondencia, so pena de que carezcan de eficacia probatoria a favor del comerciante.
- El comerciante deberá mantener archivo de la correspondencia relacionada con sus negocios y de sus comprobantes contables. (Artículos 54 y 55 del Código de Comercio).

5.4. RESERVA DE LOS LIBROS DE COMERCIO

Los libros de comercio gozan de reserva para acceder al contenido de los mismos por mandato no solamente de orden constitucional (artículo 15 de la Constitución Política), sino también de orden legal (artículo 61 del Código de Comercio). Con todo, esta reserva no aplica tratándose del acceso que tienen a ellos sus propietarios, el contador, el revisor fiscal, y los socios en virtud de su derecho de inspección[2]

Con relación al respeto de esta reserva legal de los libros de comercio por parte de los administradores de sociedades señala la Circular 100-000008 del 12 de julio de 2022 de la Superintendencia de Sociedades que:

> Los administradores deberán dar cumplimiento al artículo 61 del Código de Comercio, el cual establece que los libros y papeles del comerciante no podrán examinarse por personas distintas de sus propietarios o personas autorizadas para ello, sino para los fines indicados en la Constitución Política y mediante orden de autoridad competente. Esto incluye el ejercicio del derecho de inspección, con sus limitaciones (ver el título III del capítulo III de la Circular Básica Jurídica), el derecho de los revisores fiscales y demás funcionarios de la sociedad a acceder a la información necesaria para el cumplimiento de sus funciones y deberes, y el de las autoridades de supervisión como la Superintendencia de Sociedades, cuando requiera información específica en ejercicio de sus funciones legales.

---

2 El derecho de inspección en materia societaria corresponde a la facultad que poseen los socios para ir y mirar los libros y papeles de la compañía, derecho que en algunas sociedades es de carácter permanente dado que lo pueden ejercer en cualquier momento, y en otras sociedades, como en las sociedades de capital, es de carácter restringido en la medida en que solo se puede ejercer en determinados momentos consagrados en la ley.

Sin embargo, la reserva anterior se puede levantar por orden de las autoridades judiciales o administrativas para efectos de tasación de impuestos, el ejercicio de su facultad de supervisión a entidades financieras, sociedades comerciales y entidades sin ánimo de lucro, la investigación de delitos penales y para efectos probatorios en procesos de carácter civil. (Artículo 63 del Código de Comercio).

Ahora bien, tratándose del levantamiento de la reserva de los libros de comercio en procesos judiciales civiles, existen dos posibilidades de exhibición:

Exhibición general: la cual recae sobre la totalidad del contenido de los libros de comercio, este tipo de exhibición se puede solicitar de oficio o a petición de parte y solamente es procedente en los casos de liquidación judicial (Ley 1116 de 2006) y en la liquidación de sucesiones, comunidades y sociedades.

Exhibición parcial: la cual se circunscribe a la parte de los libros de comercio que pueda tener relación con la controversia objeto de debate; este tipo de exhibición también procede de oficio o a petición de parte.

Conforme a lo establecido en el artículo 268 del Código General del Proceso, la diligencia de exhibición se realizara ante el juez del lugar en que los libros deben ser llevados y la consecuencia jurídica que acarrea su no presentación, pese haberse ordenado su exhibición, es que el comerciante quedará sujeto a los libros de su contraparte que se encuentren debidamente llevados conforme a las prescripciones legales, sin que al comerciante que no los presento se le admita prueba en contrario que desvirtúe lo consagrado en los libros de su contraparte. Eficacia probatoria especial de los libros de comercio (Articulo 264 Ley 1464 de 2012):

Como un reflejo de la época de la vigencia subjetiva del derecho mercantil, nuestro sistema jurídico consagra una eficacia probatoria especial de los libros de los comerciantes, para lo cual hay que tener en cuenta los siguientes criterios:

- Que se trate de una controversia mercantil entre comerciantes: evento en el cual hay que distinguir si:

Los libros de ambas partes se llevan conforme a las prescripciones legales y concuerdan entre sí, se decide conforme al contenido de sus asientes, dado que constituyen plena prueba.

Los libros de ambas partes se ajustan a las prescripciones legales, pero no concuerdan entre sí, los libros y papeles de comercio tendrán el valor probatorio de una confesión.

Los libros de una de las partes no se llevan conforme a las prescripciones legales, se decide conforme a los de su contraparte, siempre y cuando no se presente por aquella una prueba que desvirtúe lo consagrado en los libros.

Los libros de ambas partes no se llevan conforme a las prescripciones legales, se prescinde de ellos y únicamente se tendrán en cuenta las demás pruebas adjuntadas al proceso.

Si una de las partes no lleva libros, los oculta o no los presenta, se decidirá conforme a los libros de su contraparte, sin admitir prueba en contrario.

Que se trate de un asunto mercantil entre un comerciante y un no comerciante:

En estos eventos los libros de comercio y papeles del comerciante constituyen un principio de prueba a su favor que deberá ser complementado con otras pruebas legales.

- Que se trate de un asunto no mercantil aún entre comerciantes:

En este evento los libros y papeles del comerciante harán fe en su contra. Frente a la eficacia probatoria de los libros de comercio, es de señalar igualmente, que la fe debida a los libros es de carácter indivisible, con lo cual, si un comerciante se adhiere a lo contenido en los libros de su contraparte, lo hace tanto frente a lo que le favorezca como a lo que lo perjudique.

Finalmente, si un comerciante lleva doble contabilidad, esto es cuando lleva dos o más libros idénticos para registrar en forma distinta las mismas operaciones o cuando tenga distintos comprobantes sobre los mismos actos, sus libros y papeles de comercio solo tendrán eficacia probatoria en su contra. Las consecuencias jurídicas desfavorables que acarrea que un comerciante no cumpla con su obligación de llevar contabilidad regular de sus negocios son:

- Sanciones pecuniarias por parte de las autoridades tributarias.
- Sanciones pecuniarias en los términos del artículo 58 del Código de Comercio por parte de la Superintendencia de Sociedades.
- La pérdida de la eficacia probatoria especial de sus libros y papeles de comercio.
- La imposibilidad de llegar a ser afiliado de una cámara de comercio. artículo 92 del Código de Comercio.

- No podrá acogerse a proceso concursal de reorganización empresarial. Numeral 2 del artículo 10 de la Ley 1116 de 2006.
- No podrá solicitar ni continuar con el trámite concursal de liquidación judicial y el juez del concurso ordenará que se agote el trámite de disolución y liquidación voluntaria del Código de Comercio, sin perjuicio de la responsabilidad subsidiaria de los administradores, socios y controlantes por las deudas de la sociedad deudora. Artículo 49 de la Ley 1116 de 2006.

5.5. CONSERVAR, CON ARREGLO A LA LEY, LA CORRESPONDENCIA Y DEMÁS DOCUMENTOS RELACIONADOS CON SUS NEGOCIOS O ACTIVIDADES:

Al comerciante para efectos probatorios se le obliga a conservar los documentos y la correspondencia relacionada con sus actividades empresariales, así, dentro de los documentos que este debe de conservar se encuentran los libros de contabilidad, los libros de actas, los libros de registro de accionistas o socios, los comprobantes y soportes contables, y su correspondencia comercial. (Numeral 4 del artículo 19 del Código de Comercio).

En este orden de ideas, señala el artículo 28 de la Ley 962 derogatorio del artículo 60 del Código de Comercio que:

> Los libros y papeles del comerciante deberán ser conservados por un periodo de diez (10) años contados a partir de la fecha del último asiento, documento o comprobante, pudiendo utilizar para el efecto, a elección del comerciante, su conservación en papel o en cualquier medio técnico magnético o electrónico que garantice su reproducción exacta.

Con relación al artículo 28 en mención afirmo la Corte Constitucional en Sentencia C-832 de 2006 que:

> Con el fin de racionalizar los trámites para el ejercicio de actividades privadas, el articulo 28 estudiado unifica y disminuye el termino de conservación de los libros y papeles del comerciante. Al respecto debe anotarse que uno de los efectos de la norma estudiada es que la administración o los particulares que como las cámaras de comercio cumplen funciones públicas frente a los comerciantes, pierden la facultad de exigir la exhibición de tales documentos una vez vencido el nuevo plazo establecido. En segundo lugar, la posibilidad que se confiere al comerciante o a quien ejerza actividades comerciales de conservar, a su elección, en cualquier medio, papel o en otro medio técnico, magnético o electrónico que garantice su reproducción exacta—, los papeles o documentos en que se soporte la practica comercial, también cumple el objetivo de "racionalizar" las exigencias de la administración frente a las

> actividades comerciales. En este sentido, la norma mencionada flexibiliza y facilita el cumplimiento de una obligación de los particulares, exigible por la administración o por las cámaras de comercio.

Así las cosas y conforme a este articulo 28 de la Ley 962 y al artículo 12 de la Ley 527 de 1999 no es necesario que durante los diez años que se deben de conservar los documentos necesariamente deba de ser en formato físico, dado que se permite su conservación en cualquier otro medio electrónico que garantice su origen, su reproducción exacta y su intangibilidad; vencido el termino de los diez años, el comerciante podrá proceder a destruir los documentos sin necesidad de cumplir un trámite especial ante las autoridades.

Cabe finalmente agregar que el literal e) del artículo 50 de la Ley 1480 de 2011 en materia de protección al consumidor, les impone a los proveedores ubicados en Colombia, que distribuyen bienes y servicios vía comercio electrónico, a que conserven la prueba de la relación comercial efectuada con el consumidor, por el mismo termino que se deben de conservar los documentos y la correspondencia mercantil.

5.6. DENUNCIAR ANTE EL JUEZ COMPETENTE LA CESACIÓN EN EL PAGO CORRIENTE DE SUS OBLIGACIONES MERCANTILES (NUMERAL 5 ARTÍCULO 19 DEL CÓDIGO DE COMERCIO)

Al sistema jurídico mercantil siempre le ha interesado la búsqueda del salvamento de las empresas que se encuentran en dificultades o crisis económica, dado el gran impacto social que estas poseen para el desarrollo económico, la generación de empleo, la protección del crédito y la tributación a favor del Estado; de ahí que se haya establecido todo un régimen normativo que pretende precisamente ayudar a que las empresas que aun estando en crisis económica, pero que tienen viabilidad financiera logren llegar a un acuerdo con sus acreedores para poder salir adelante o que por el contrario se puedan liquidar de la manera más rápida y ordenada posible. Al respecto afirman Álvaro Isaza Upegui y Álvaro Londoño Restrepo:

> Cada día observamos un mayor interés del Estado por solucionar las situaciones de crisis de las empresas, ya que, por razón de las dimensiones que estas pueden alcanzar, no solo se afecta el capital de los asociados, sino que se presentan hondas implicaciones en el manejo del crédito, en la política del empleo y hasta en la seguridad social de los trabajadores, una de las condiciones importantes para la estabilidad política y económica de un país. El interés del Estado no resulta, pues, en estos casos, abiertamente contrapuesto

> al del deudor y al de los acreedores, en cuanto a la conservación de las empresas se refiere. Podríamos afirmar que los intereses de todos son concurrentes. (2008, p. 11).

Este sistema normativo de salvamento empresarial o de liquidación ordenada se ha ido especializando cada vez más al punto de considerarse como una subrama del derecho mercantil denominada como el derecho concursal.

Dentro del derecho concursal entonces se habla de dos tipos de concursos, un llamado concurso recuperatorio que como su nombre lo indica está diseñado para que las empresas en dificultades económicas se puedan salvar; y otro denominado concurso liquidatorio que pretende la liquidación del comerciante de manera célere y respetando el orden de prelación de créditos de sus acreedores.

A lo largo del tiempo en Colombia han existido diversos regímenes de derecho concursal, así, por ejemplo, el Código de Comercio consagraba el concurso recuperatorio de concordato preventivo y el concordato liquidatorio de quiebra: la Ley 222 de 1995 consagró el concurso recuperatorio llamado concordato y el liquidatario denominado de liquidación obligatoria; Y la Ley 550 de 1999 que consagro únicamente un concurso recuperatorio que perseguía el llamado acuerdo de reestructuración empresarial con los acreedores del deudor.

Hoy en día nuestro régimen concursal vigente se encuentra consagrado en la Ley 1116 de 2006 llamada ley de insolvencia empresarial, la cual persigue una triple finalidad, esto es, la salvaguarda del crédito, de la empresa y del empleo. Esta ley consagra tres tipos de concursos:

1. Concurso recuperatorio: denominado proceso de reorganización empresarial, a través del cual lo que se persigue es preservar la empresa, siempre y cuando tenga viabilidad económica y financiera, permitiendo llegar a un acuerdo de reorganización con sus acreedores para normalizar sus relaciones comerciales y crediticias (Inciso 2 artículo 1 de la Ley 1116 de 2006).

2. Concurso liquidatorio: denominado de liquidación judicial mediante el cual se pretende la liquidación ordenada y célere del patrimonio del deudor observando en todo caso el régimen de prelación de créditos (Inciso 3 artículo 1 de la Ley 116 de 2006).

3. Concurso transnacional: llamado de insolvencia transfronteriza el cual pretende facilitar el que los acreedores extranjeros se puedan hacer parte en un proceso de insolvencia celebrado en Colombia y

viceversa; es decir, se trata de un tema de cooperación internacional. Vale la pena anotar que el régimen de la Ley 1116 sobre insolvencia transfronteriza fue tomado de la ley modelo de la CNUDMI o UNCITRAL que este organismo expidió sobre este asunto.

Ahora bien, de conformidad con el artículo 2 de la Ley 1116 de 2006, los sujetos que se pueden acoger a este régimen concursal son:

a) Personas naturales comerciantes

b) Las personas jurídicas comerciantes que no se encuentren expresamente excluidas por estar sometidas a un régimen especial de salvamento o de liquidación forzosa administrativa como sería el caso de las entidades del sector financiero, entidades del mercado de valores, las empresas de servicios públicos domiciliarios, las ips, las eps, las entidades públicas, etc. (Artículo 3 de la Ley 116 de 2006).

c) Las sucursales de sociedades extranjeras

d) Los patrimonios autónomos destinados a la realización de actividades empresariales, como sería el caso de fideicomisos mercantiles fruto de la celebración de contratos de fiducia mercantil; inclusive la Superintendencia de Sociedades se ha pronunciado en el sentido de que una sucesión puede hacer parte de un proceso de reorganización empresarial.

Al respecto en Oficio 220-146766 del 12 de septiembre de 2014, esta entidad manifestó que:

> La actividad empresarial del comerciante, mantiene su dinámica aún después de su fallecimiento, de manera que el patrimonio autónomo sucesión ilíquida del comerciante adquiere la condición de un patrimonio autónomo afecto a la realización de actividad empresarial y, como tal, es sujeto del proceso de reorganización de pleno derecho.

Corresponde a la Superintendencia de sociedades en ejercicio de funciones jurisdiccionales conocer de manera privativa, de cualquiera de los tipos de concurso consagrados en la Ley 1116 de 2006, cuando el sujeto del mismo sea una sociedad, una empresa unipersonal o una sucursal de sociedad extranjera; mientras que esta entidad tendrá competencia a prevención con el juez civil del circuito del domicilio del deudor cuando el sujeto del concurso sea una persona natural comerciante (Artículo 6 de la Ley 1116 de 2006).

Con todo, dentro de los procesos de reorganización empresarial se puede dar la figura de un promotor como órgano encargado de administrar este concurso recuperatorio (Artículo 35 de la Ley 1429 de 2010); y en cambio en el concurso liquidatorio de liquidación judicial, siempre se requiere de la existencia de un liquidador como órgano de administración de este tipo de concurso. Dentro de los presupuestos para acceder al proceso de reorganización empresarial (concurso recuperatorio) se encuentran:

a) Cesación de pagos: esto es cuando el deudor incumpla el pago por más de noventa días de dos o más obligaciones, fruto de su actividad empresarial a favor de dos o más acreedores, o tenga por lo menos dos demandas de ejecución presentadas por dos o más acreedores; lo anterior siempre y cuando las obligaciones incumplidas representen por lo menos el 10 % del pasivo total a cargo del deudor (Numeral 1 artículo 9 de la Ley 1116 de 2006).

b) Incapacidad de pago inminente: esta causal no opera tratándose de deudor persona natural y hace alusión a que el deudor acredite la existencia de circunstancias en el mercado o al interior de su empresa que afecten, o razonablemente puedan afectar en forma grave, el cumplimiento normal de sus obligaciones con un vencimiento igual o inferior a un año (numeral 2 artículo 9 de la Ley 1116 de 2006).

Vale la pena señalar aquí, que el presupuesto de incapacidad de pago inminente había sido suspendido por un periodo de 24 meses debido al artículo 15 del Decreto 560 de 2020, norma que adoptó medidas transitorias especiales en materia de insolvencia con ocasión de la pandemia del covid-19. Dentro de los efectos que genera la admisión a un proceso concursal de reorganización empresarial, tenemos:

a) No podrán admitirse ni continuarse demandas de ejecución contra el deudor, por lo que los procesos que se hubiesen iniciado antes de la admisión del deudor al proceso de reorganización tendrán que ser remitidos al trámite concursal, lo anterior por el principio de universalidad (Numeral 1 artículo 4 y artículo 20 de la Ley 1116 de 2006).

b) No podrá dársele por terminado al deudor ningún contrato ni declararse la caducidad administrativa (Artículo 21 de la Ley 1116 de 2006).

c) No podrán iniciarse ni continuarse procesos de restitución de tenencia sobre bienes muebles o inmuebles con los que el deudor desarrolle su objeto social (Artículo 22 de la Ley 1116 de 2006).

A través de este proceso de reorganización, a los acreedores del deudor concursado se les asignan derechos de voto y se incluyen en alguna de las categorías que consagra la ley, para que, con fundamento en esto, puedan votar válidamente un acuerdo de reorganización que permita la normalización crediticia y el salvamento del deudor; acuerdo que se debe de efectuar en un término de cuatro meses (Artículos 24 y siguientes de la Ley 1116 de 2006).

Con todo, si no se logra llegar a un acuerdo de reorganización, se procede a buscar un acuerdo de adjudicación de los bienes del deudor, el cual, sino se logra hacer la adjudicación, la procederá a realizar el juez del concurso (Artículo 37 de la Ley 1116 de 2006).

Ahora bien, con ocasión de la pandemia del covid-19, el Gobierno Nacional expidió el Decreto 560 de 2020, con el fin de hacerle frente a las empresas que por esta situación se encuentran en dificultades económicas, norma que, en términos generales, consagra por un periodo de dos años desde su entrada en vigor, aspectos como:

a) La morigeración de los requisitos para acceder al concurso recuperatorio de la Ley 1116 de 2006: en estos términos, señala el artículo 2 del Decreto 560, que el juez del concurso no realizará auditoria sobre la exactitud de los documentos aportados ni sobre la información financiera o cumplimiento de las políticas contables.

b) La flexibilización en el pago de pequeños acreedores: en estos términos el deudor concursado podrá pagar anticipadamente, sin autorización del juez del concurso, a los acreedores laborales no vinculados y a los proveedores no vinculados, que sean titulares de acreencias que en su totalidad no superen el 5 % del total del pasivo externo del deudor, para lo cual se le permite al deudor, sin necesidad de autorización del juez del concurso, enajenar activos no afectos al giro ordinario del negocio (Artículo 3 del Decreto 560 de 2020).

c) Para facilitar la celebración de los acuerdos de reorganización se admiten mecanismos tales como: capitalización de créditos, descarga de pasivos, y pactos de deuda sostenible (Artículo 4 del Decreto 560 de 2020).

d) El establecimiento de preferencias para su pago y garantías para los créditos que obtenga el deudor concursado entre el inicio del proceso de reorganización y la confirmación del acuerdo (Artículo 5 del Decreto 560 de 2020).

e) La creación de mecanismos para evitar la liquidación judicial inminente del deudor, mediante el aporte de nuevo capital por parte de sus acreedores que cubra como mínimo, el valor de la totalidad de los créditos de la primera clase, las indemnizaciones laborales por terminación anticipada sin justa causa, la normalización de los pasivos pensionales, los gastos de administración de la reorganización, los créditos a favor de los acreedores garantizados y los demás créditos con vocación de pago. Una vez realizado este aporte, el juez del concurso ordenará, por consiguiente, la capitalización a valor nominal de las acreencias pagadas y la correspondiente emisión de nuevas acciones a favor de él o de los adquirentes (Artículo 6 Decreto 560 de 2020).

f) La creación de mecanismo extrajudiciales de negociación tales como:

- La negociación de emergencia de acuerdos de reorganización (artículo 8 del Decreto 560 de 2020): mediante este mecanismo, el deudor y sus acreedores pueden negociar y llegar a un acuerdo de reorganización de manera extrajudicial, para lo cual el deudor deberá informar al juez del concurso, el inicio de la negociación cumpliendo con alguno de los supuestos del artículo 9 de la Ley 1116 de 2006; así mismo, el acuerdo celebrado deberá presentarse al juez del concurso para su correspondiente confirmación. La negociación tendrá una duración máxima de tres meses.

Cabe igualmente destacar que, en este mecanismo de negociación de emergencia, el deudor puede negociar acuerdos de reorganización con una o varias de las categorías de acreedores contempladas en el artículo 31 de la Ley 1116 de 2006, con lo cual los efectos del acuerdo confirmado solamente obligan a la categoría de acreedores respectiva.

Durante el trámite de la negociación se suspenderán los procesos de ejecución, cobro coactivo, restitución de tenencia y ejecución de garantías en contra del deudor; así como se brinda la posibilidad al deudor de aplazar los pagos de las obligaciones por concepto de gastos de administración que, a su juicio, considere necesario aplazar, salvo el pago de salarios, aportes parafiscales, u obligaciones con el sistema de seguridad social.

- Procedimiento de Recuperación Empresarial en las Cámaras de Comercio (Artículo 9 del Decreto 560 de 2020): el deudor —tanto aquel que llene los requisitos para acogerse a la Ley 1116 de 2006, como aquellos excluidos de dicha ley cuando no estén sujetos a un régimen especial de forma obligatoria o carezcan de un régimen de salvamento— puede acudir a la Cámara de Comercio de su domicilio para que, con la ayuda de un mediador, se logre llegar a un acuerdo de reorganización con sus acreedores, acuerdo que deberá, en todo caso, ser validado por el juez del concurso, o ante los jueces civiles del circuito en el caso de los sujetos del artículo 3 de la Ley 1116 de 2006.

Este mecanismo extrajudicial tiene una duración máxima de tres meses contados desde la comunicación de su inicio. A partir del comienzo de este procedimiento de recuperación, se suspenden los procesos de ejecución, cobro coactivo, restitución de tenencia y ejecución de garantías, respecto de todos los acreedores.

Cuando fracase la celebración de un acuerdo de reorganización mediante el trámite de cualquiera de estos mecanismos extrajudiciales, el deudor no podrá, dentro del año siguiente a su terminación, volverlos a intentar, no obstante, podrá solicitar su admisión al régimen concursal de la Ley 1116 de 2006 (Artículo 10 del Decreto 560 de 2020).

Es de anotar que ambos mecanismos extrajudiciales fueron reglamentados por el Decreto 842 de 2020.

g) Suspensión por un término de 24 meses del supuesto de admisibilidad al régimen de reorganización empresarial de incapacidad de pago inminente consagrado en el numeral 2 del artículo 9 de la Ley 1116 de 2006. No obstante, dicha suspensión no opera para los mecanismos extrajudiciales de negociación de emergencia o de recuperación empresarial (Numeral 1 del artículo 15 del Decreto 560 de 2020).

Igualmente se suspende por un término de dos años, contados desde la vigencia del Decreto 560 de 2020, el trámite de procesos de liquidación por adjudicación consagrado en los artículos 37 y 38 de la Ley 116 de 2006; suspensión que no aplica a los que se encuentren en curso (Numeral 2 del artículo 14 del Decreto 560 de 2020).

Por otro lado, la Ley 1116 de 2006, consagra un concurso de carácter liquidatorio denominado liquidación judicial, el cual, como mencionábamos supra, tiene por finalidad la liquidación rápida y ordenada del patrimonio del deudor mediante la observancia de la prelación de créditos de sus acreedores.

Este trámite concursal puede iniciarse, o bien directamente por las causales de liquidación inmediata consignadas en el artículo 49 de la Ley 1116 de 2006, o bien por incumplimiento del acuerdo de reorganización, fracaso o incumplimiento de un concordato en los términos de la Ley 222 de 1995, o por fracaso o incumplimiento de un acuerdo de reestructuración de la Ley 550 de 1999 (Artículo 47 de la Ley 1116 de 2006).

La providencia de apertura de un proceso de liquidación judicial contiene lo consignado en el artículo 48 de la Ley 1116 de 2006, y está sujeta a inscripción en el registro mercantil (Numeral 9 del artículo 28 del Código de Comercio). En este trámite concursal de liquidación judicial, se da la presencia de un liquidador como órgano de administración del concurso (Numeral 1 del artículo 48 de la Ley 1116 de 2006).

Dentro de los efectos de la apertura de un proceso de liquidación judicial, tenemos (Artículo 50 de la Ley 1116 de 2006):

> a) Disolución de la persona jurídica, por lo que para todos los efectos legales se deberá anunciar con la expresión "en liquidación".
> b) La cesación de funciones de los órganos sociales y de fiscalización de la persona jurídica.
> c) La separación de todos los administradores de la sociedad.
> d) La terminación de los contratos de tracto sucesivo, de cumplimiento diferido, o de ejecución instantánea; no necesarios para la preservación de los activos, así como los de fiducia mercantil y encargos fiduciarios constituidos por el deudor para respaldar obligaciones propias o ajenas.
> e) La terminación de los contratos de trabajo con el pago de la correspondiente indemnización a que tengan derecho los trabajadores.
> f) La exigibilidad de todas las obligaciones a plazo del deudor; teniendo en todo caso en cuenta que, la apertura de un concurso de liquidación judicial de un deudor solidario, no conlleva la exigibilidad de las obligaciones solidarias respecto de los demás codeudores.
> g) La remisión al juez del concurso de todos los procesos de ejecución que estén siguiéndose en contra del deudor concursado.
> h) La interrupción del término de prescripción, y la inoperancia de la caducidad de las acciones contra el deudor o contra sus codeudores, avalistas, fiadores, aseguradores, etc.
> i) La prevención a los deudores del concursado de que solo pueden pagar al liquidador, so pena de ineficacia.
> j) La prohibición para administradores, asociados y controlantes de disponer de cualquier bien que forme parte del patrimonio liquidable del deudor o de realizar pagos o arreglos sobre obligaciones anteriores al inicio del proceso de liquidación judicial a partir de la providencia que lo decrete, so pena de ineficacia.

Por último, es de anotar que este trámite concursal de liquidación judicial finaliza cuando quede ejecutoriada la providencia de adjudicación, o por la celebración de un acuerdo de reorganización (Artículo 63 de la Ley 1116 de 2006). Cabe subrayar que el Decreto 1749 de 2011, regula el tema de la insolvencia en grupos empresariales.

En definitiva, señala la Superintendencia de Sociedades en Oficio 220-020094 del 2 de marzo de 2021, como características del proceso de liquidación voluntaria por oposición al proceso de liquidación judicial, que:

- En el proceso de liquidación voluntaria no es un trámite jurisdiccional.
- En el proceso de liquidación voluntaria no existe un fuero de atracción de los procesos ejecutivos, mientras que en el proceso de liquidación judicial sí existe.

- En el proceso de liquidación voluntaria no se suspenden los procesos ejecutivos, mientras que en el proceso de liquidación judicial sí.
- El liquidador en el proceso de liquidación voluntaria no tiene la connotación de auxiliar de la justicia, mientras en el de liquidación judicial sí.
- En el proceso de liquidación voluntaria no existe un régimen de insolvencia transfronterizo, mientras en el de liquidación judicial sí existe.
- En el proceso de liquidación voluntaria no existe un término para hacerse parte dentro del mismo, mientras en el de liquidación judicial sí existe.
- Tanto en el proceso de liquidación voluntaria y de liquidación judicial, existe la posibilidad de reactivación como de celebración de un acuerdo de reorganización de la sociedad.

Adicional a todo lo anterior, el Gobierno Nacional para hacerle frente a la incidencia del covid-19 en el sector empresarial, mediante el Decreto 772 de 2020 creo dos tipos de regímenes concursales para las pequeñas empresas esto es aquellas cuyos activos sean iguales o inferiores a los 5 000 Salario Mínimos Legales Mensuales Vigentes, denominados el proceso de reorganización abreviado y el proceso de liquidación judicial simplificado.

5.7. ABSTENERSE DE EJECUTAR ACTOS DE COMPETENCIA DESLEAL (NUMERAL 6 ARTÍCULO 19 DEL CÓDIGO DE COMERCIO)

Nuestra Constitución Política de 1991, en su artículo 333, consagra el principio de la libertad económica, el cual debe orientar todo nuestro sistema jurídico-económico de libre mercado; dicho principio se desdobla a su vez en la libre iniciativa privada, la libertad de empresa, y la libre y leal competencia.

La libre iniciativa privada y la libertad económica hacen referencia a la posibilidad que tienen los asociados de iniciar la actividad económica que a bien tengan, siempre y cuando esta se encuentre dentro de los márgenes de la legalidad y la licitud, y no contraríen normas imperativas o al orden público económico.

Por su parte, la libre y leal competencia, tiene que ver con que al iniciar una actividad económica no se restringa injustificadamente, y se garantice la posibilidad de poder ingresar al mercado a competir con los demás empresarios en la búsqueda de la clientela en situación de igualdad y transparencia, por lo que adicionalmente dicha competencia se debe de realizar de buena fe y con lealtad. Refiriéndose a la libertad económica manifiesta Velilla (2013):

> La liberta económica tiene un doble contenido: en primer lugar, la libertad de empresa, o fundamento de la actividad particular y de los derechos inherentes a ella, que pueden hacerse valer frente a la intervención del Estado cuando este pretenda reglamentarla; y en segundo lugar, la libertad de competencia, o sea, el derecho a competir con otro sin ser discriminado, lo que naturalmente conduce a limitar las condiciones en las cuales las personas públicas pueden participar en la actividad económica sin desnaturalizar la competencia. (p. 119).

Ahora bien, dadas estás garantías de orden constitucional y los múltiples beneficios que la competencia genera dentro de un mercado[3], es que el sistema jurídico proscribe todas aquellas prácticas y actos, que de manera artificiosa limitan o inhiben la competencia dentro del mismo, y todas aquellas conductas que atentan contra las sanas costumbres mercantiles, los usos honestos y la buena fe mercantil que deben de ser observadas por todos aquellos que participan dentro del mercado. La OCDE en la ficha informativa sobre los efectos macroeconómicos de la política de competencia del 2014, advierte que:

> Resulta claro que los sectores con mayor competencia experimentan crecimientos de la productividad, una tesis confirmada por numerosos estudios empíricos en diferentes sectores y empresas. (...) Parece que esto se explica principalmente por qué la competencia conlleva una mejora en la eficiencia de asignación al permitir que las empresas más eficientes entren en el mercado y ganen cuota, a expensas de las menos eficientes (el llamado efecto entre empresas). Por ende, la regulación o los comportamientos contrarios a la libre competencia y a la expansión pueden ser particularmente perjudiciales para el crecimiento económico.

Es en este sentido, que el derecho de la competencia a estructurado todo un régimen de protección prohibitivo de las prácticas restrictivas a la libre competencia y de las prácticas constitutivas de competencia desleal. Frente al derecho de la competencia, Castro (2016) afirma que:

> El derecho de la competencia se ha convertido en una verdadera disciplina autónoma en el moderno derecho económico (...). Este ordenamiento congrega un conjunto de normas enderezadas a garantizar el funcionamiento transparente del mercado, involucrando principalmente los siguientes capítulos, diferenciables pero complementarios entre sí: normas de competencia

---

[3] Dentro de los beneficios que la competencia apareja podemos señalar: la posibilidad de elección que tiene el consumidor, la variedad de precios y condiciones de venta y posventa, el aumento de la calidad de los bienes y servicios, así como el incentivo a la innovación y el desarrollo, etc.

> desleal (ley 256 de 1996) (...). Derecho antimonopolístico, para el control de las prácticas restrictivas de la competencia (ley 155 de 1959, decr. 2153 de 1992 y ley 1340 de 2009, con sus normas reglamentarias). (p. 308).

En este orden de ideas, por competencia desleal en los términos del inciso segundo del artículo 7 de la Ley 256 de 1996, se entiende que:

> ...Se considera que constituye competencia desleal, todo acto o hecho que se realice en el mercado con fines concurrenciales, cuando resulte contrario a las sanas costumbres mercantiles, al principio de la buena fe comercial, a los usos honestos en materia industrial o comercial, o bien cuando este encaminado a afectar o afecte la libertad de decisión del comprador o consumidor, o el funcionamiento concurrencial del mercado.

Y por su lado, frente a lo que se entiende por prácticas restrictivas a la libre competencia, Rubio (2007) manifiesta que:

> Básicamente es todo comportamiento que tenga la capacidad o el efecto de inhibir o disminuir artificialmente las fuentes de competencia en un mercado y de eliminar sus beneficios. (...) las normas de prácticas comerciales restrictivas buscan garantizar libertad de acceso, eficiencia en el aparato productivo, variedad de precios y calidades y libre escogencia del consumidor. (p. 31).

En este contexto, podemos afirmar entonces, que tanto el régimen de competencia desleal como el de prácticas restrictivas a la libre competencia, cumplen una función complementaria en aras del efectivo desarrollo de los principios constitucionales de libertad económica, libertad de empresa, y libre y leal competencia; en beneficio, no solamente del funcionamiento competitivo del mercado, sino también del consumidor y su posibilidad real de elección de bienes y servicios dentro del mismo. Al respecto, afirma la Corte Constitucional en Sentencia C-616 de 2001, que:

> La libre competencia económica es un derecho individual y también colectivo (artículo 88 de la Constitución), que tiene por objeto el logro de un estado de competencia real, libre y no falseada, que permita la obtención del lucro individual para el empresario, a la vez que genera beneficios para el consumidor con bienes y servicios de mejor calidad, con mayores garantías y a un precio real y justo.

Ahora bien, dentro de las catalogadas como prácticas restrictivas a la libre competencia tenemos:

1. El Cártel:

Consiste *el cártel* en un acuerdo, convenio o concertación entre empresas independientes, y por regla general, competidoras entre sí, por medio del cual se tiene por objeto, o como efecto, limitar la libre competencia dentro del mercado.

Este tipo de acuerdos se pueden llegar a presentar en forma de contratos o acuerdos expresos, o también mediante conductas conscientemente paralelas entre las empresas involucradas en la práctica anticompetitiva. Numeral 1 artículo 45 del Decreto 2153 de 1992.

Así mismo, este tipo de acuerdos restrictivos pueden tener operancia, no solo entre empresas competidoras entre sí, por pertenecer a la misma etapa en la cadena de producción y/o distribución (acuerdos horizontales), sino que también, pueden ocurrir entre empresas pertenecientes a distintas etapas en la cadena de producción y suministro de bienes (acuerdos verticales). Refiriéndose a esta figura manifiestan Berdugo y Palacio (2011):

> Son acuerdos que, aunque no sean auténticos contratos, implican una cooperación práctica entre quienes lo celebran, a fin de evadir los riesgos normales de la competencia y de quedar en condiciones de competitividad más favorables que las normales en el mercado de bienes y de servicios. (...). Como práctica empresarial, atenta contra la libertad de competencia, en cuanto busca la reducción de la producción o la distribución de bienes, mediante la demarcación de territorios, la fijación de precios, estableciendo políticas frente a los proveedores. (p. 87).

Ahora bien, *el cártel* como práctica anticompetitiva, puede asumir diversas modalidades, articulo 47 Decreto 2153 de 1992, tales como:

- De fijación directa o indirecta de precios.
- Que discriminan las condiciones de venta o comercialización de los bienes frente a terceros.
- *Cárteles* que tienen por objeto o como efecto la repartición de mercados entre productores o distribuidores.
- Los que tienen por objeto o como efecto la asignación de cuotas de producción o de suministro.
- Los que persiguen la asignación, repartición o limitación de fuentes de abastecimiento de insumos productivos.
- *Cárteles* de limitación de desarrollos tecnológicos.
- *Cárteles* de ventas atadas o subordinadas.
- Acuerdos que tienen por objeto o como efecto abstenerse de producir un bien o servicio o afectar sus niveles de producción.
- *Cárteles* colusorios en materia de licitaciones o concursos.

- *Cárteles* para impedir el acceso a los mercados o a los canales de distribución por parte de terceros.

Con todo, para establecer la configuración de cualquiera de estos acuerdos anticompetitivos, basta con que la conducta tenga la potencialidad de causar una restricción a la competencia, aunque efectivamente no la realice; y adicionalmente, es indiferente el aspecto subjetivo de las empresas involucradas, en otras palabras, basta con que la conducta tenga como efecto la restricción de la competencia en el mercado, independientemente de la intención dolosa o culposa de sus participantes. En este sentido, se pronuncia Jiménez (2019):

> En este sentido, para que se incurra en el ilícito concurrencial, basta con que se realice la concertación y que esta pueda llegar a afectar el sistema competitivo, incluso en aquellos casos en los cuales no se ha producido aún el efecto restrictivo de la competencia.
> Igualmente, se configura el ilícito concurrencial con independencia de la intención o motivación de los implicados. Es decir, se prohíben las restricciones a la competencia en el mercado de carácter objetivo, en la medida en que se afecte o pueda afectar el nivel competitivo existente en el mercado. (p. 24).

En estos mismos términos, se pronuncia la Superintendencia de Industria y Comercio, autoridad designada en Colombia para conocer en funciones administrativas de las prácticas restrictivas a la libre competencia según la Ley 1340 de 2009, cuando afirma en su guía sobre preguntas frecuentes frente al régimen de protección de la competencia que:

> La normatividad vigente considera que un acuerdo puede ser anticompetitivo por su objeto o por su efecto. Son anticompetitivos por su objeto aquellos acuerdos cuyo fin, sin importar que hayan sido efectivamente ejecutados o no en el mercado, los califica como tal. Un acuerdo es anticompetitivo por su efecto cuando el resultado del mismo, sin importar el fin de las partes, tiene efectos anticompetitivos en el mercado.

Ahora bien, con el actual auge de las nuevas tecnologías y las nuevas formas de interacción en el tráfico mercantil, dichos acuerdos anticompetitivos se pueden llevar a cabo a través de formas mucho más sofisticadas; así, por ejemplo, cobra especial relevancia el tema de los facilitadores de *carteles*, que como su nombre lo indica, se trata de empresas que, sin pertenecer al acuerdo anticompetitivo, colaboran con su infraestructura y gestión en la organización del mismo. Al respecto, Calderón (2019) manifiesta que:

> Los facilitadores de cárteles han cobrado creciente importancia en el derecho de la competencia a nivel internacional. La persecución de las empresas o personas que sin ser pare directamente interesada de un esquema colusorio horizontal, colaboran en la organización, gestión o monitoreo de un cártel y

> sus reglas, ha empezado a discutirse con mayor fuerza en los últimos años, a raíz de la proliferación de este tipo de arreglos comerciales (p. 32).

De tal suerte, que estos facilitadores del *cártel* ponen a disposición del mismo toda su logística, sus bases de datos, el manejo de información, sus conocimientos empresariales, etc., para que el acuerdo anticompetitivo se pueda llevar a cabo de la forma más imperceptible posible para las autoridades de la competencia; dificultando sobremanera su detección, investigación y sanción.

La legislación colombiana expresamente consagra la figura del facilitador en el artículo 2.2.2.29.1.2 del Decreto 1523 de 2015, el cual define a facilitador como: "3 Facilitador: Cualquier persona que colabore, facilite, autorice o tolere conductas constitutivas de prácticas comerciales restrictivas, en los términos establecidos en el artículo 2 de la Ley 1340 de 2009, y las normas que lo complementen o modifiquen".

Por su parte el numeral 16 del artículo 4 de la Ley 1340 de 2009, faculta a la Superintendencia de Industria y Comercio, para imponer multas a dichos colaboradores, al respecto dice este articulo:

> Artículo 4: Funciones del Superintendente de Industria y Comercio.
> Al Superintendente de Industria y Comercio, como jefe del organismo, le corresponde el ejercicio de las siguientes funciones:
> (...)
> 16. Imponer a cualquier persona que colabore, facilite, autorice, ejecute o tolere conductas violatorias de las normas sobre protección de la competencia a que se refiere la Ley 155 de 1959, el Decreto 2153 de 1922 y normas que la complementen o modifiquen, multas hasta por el equivalente de dos mil (2000) salarios mínimos mensuales legales (...)

Dentro de las diversas instituciones que pueden actuar como colaboradores en la configuración y mantenimiento de un cártel, pueden estar oficinas consultoras jurídicas, suministradores de servicios, funcionarios públicos, órganos de administración de sociedades, asociaciones gremiales y profesionales, etc. La Superintendencia de Industria y Comercio en Resolución 26129 del 25 de mayo del 2015, afirma que:

> ...es claro para esta Delegatura que son responsables (...) todos aquellos sujetos de derecho que hayan colaborado, facilitado, autorizado, ejecutado o tolerado las conductas anticompetitivas, con independencia de si se trata o no de aquellos que son descritos como administradores en el artículo 22 de la Ley 222 de 1995, o si se trata de funcionarios o exfuncionarios, o empleados o exempleados, o si su vinculación con el agente del mercado obedece a otro tipo de relación jurídica o comercial.

Con relación a las asociaciones gremiales y profesionales como facilitadores de acuerdos anticompetitivos, Tobar (2016) aduce que:

> Por ello, los empresarios deben ser muy cuidadosos en las reuniones y discusiones que se suscitan en el seno de tales asociaciones o gremios, pues en dichas reuniones se ofrecen oportunidades para que competidores directos se encuentren repetidamente, lo que puede llegar a facilitar actividades ilegales o anticompetitivas, favoreciendo la colusión. (...).
> Las asociaciones deben evitar constituirse en modos de intercambio de información que permitan y faciliten la coordinación o la colusión entre sus miembros o que pongan en desventaja a miembros del mismo mercado no agremiados o agremiados que puedan verse afectados con tal investigación. (p. 357)

Y en similares términos, Cortázar (2011) manifiesta que:

> En la historia de los acuerdos de cartel colombianos varios gremios ocupan un papel protagónico, según lo atestigua los casos por ejemplo de la Lonja de Bogotá, Andevip, Asoleche, Asocaña, etcétera, razón por la cual últimamente la SIC ha venido pronunciándose al respecto indicando que si bien la labor gremial merece todo su respeto y apoyo de todas formas las gremios deben tener en cuenta que existen límites y que ciertas actividades deben ser conducidas con especial cuidado para evitar el riesgo de incurrir en conductas anticompetitivas." (p. 77)

Y la Superintendencia de Industria y Comercio señala en la cartilla sobre la aplicación de las normas de competencia, frente a las asociaciones de empresas y asociaciones o colegios de profesionales, que:

> Las asociaciones de empresas o gremios y las asociaciones de profesionales están obligadas a desarrollar sus actividades dentro del marco del régimen de protección de la competencia el cual prohíbe, entre otros, los acuerdos y actos contrarios a la libre competencia. Por lo tanto, una vez integrada la asociación por un numero plural de sujetos, la misma adquiere los mismos deberes que cualquier otro particular en relación al régimen legal de protección de la competencia. (página 6 cartilla sobre aplicación de las normas de competencia frente a las asociaciones de empresas y asociaciones o colegios de profesionales.

En este orden de ideas, los facilitadores de la cartelización se convierten en instrumentos eficaces para el intercambio de información estratégica entre las empresas involucradas en las prácticas anticompetitivas, disminuyendo los riesgos de su detección por parte de las autoridades de control de dichas conductas, lo que se agrava aún más con los nuevos avances tecnológicos, de softwares, inteligencia artificial y algoritmos, etc., que invisibilizan aún más su estructuración y mantenimiento.

De ahí que para hacerle frente a los retos que plantean todo este tipo de conductas y sus eventuales daños, se deba de estructurar todo un régimen de responsabilidad especial, más acorde con dichas situaciones, y que no se encuentre, como sucede actualmente, atado al régimen de responsabilidad decimonónico de la legislación civil.

2. Abuso de posición dominante:

De conformidad con el numeral 5 del artículo 45 del Decreto 2153 de 1992, por posición dominante se entiende: "La posibilidad de determinar, directa o indirectamente, las condiciones de un mercado". De tal suerte que podemos entender que una empresa posee posición dominante en un mercado cuando puede actuar e imponer las condiciones de negociación dentro del mismo, con independencia de la reacción de los demás competidores, proveedores, distribuidores, consumidores y clientes. "Resumiendo, se puede decir que el elemento fundamental que estructura la posición dominante consiste en la potestad de realizar negocios jurídicos con independencia real frente a sus competidores y a sus clientes en los negocios específicos que se realicen" (Pineda, 2013, p. 93).

La posición de dominio de una empresa se mira con relación a un determinado mercado; es decir, a un mercado relevante, para lo cual se debe de tener en cuenta un elemento territorial y un elemento objetivo o del producto, de manera que entre más amplio territorialmente hablando sea un mercado, más competidores habrán y más reducidas serán las posibilidades que exista posición dominante dentro del mismo; y por otro lado, el elemento objetivo tiene que ver con el grado de fungibilidad que tiene el producto que se ofrece, pues si existen empresas que pueden producir bienes sustitutos del mismo, se reduce la posibilidad de ostentar posición de dominio dentro del mercado. En este sentido, afirma Rengifo (2004):

> ...para saber si una empresa se encuentra en una posición dominante es presupuesto necesario la determinación del mercado en donde se ejerce esa posición. La doctrina ha elaborado tres criterios para la delimitación del mercado relevante: criterio geográfico, criterio temporal y criterio objetivo. De acuerdo con el primero y el segundo se debe delimitar espacial y temporalmente el mercado, es decir, en qué lugar se ejerce la posición de dominio y en qué o durante cuánto tiempo; (...). El criterio objetivo hace relación al producto o servicio que se ofrece en el mercado; pero la delimitación objetiva no mira tanto a la identidad física o técnica de los productos o servicios, sino su igualdad económica, es decir, que en el evento de faltar uno, el consumidor lo pueda sustituir por otro en la medida en que ambos satisfacen la misma necesidad. (p. 412 y 413).

Con todo, tener posición de dominio dentro de un mercado, no es ilegal, pues un empresario pudo llegar a gozar de esta en virtud de conductas irreprochables, como la calidad de sus productos, sus precios, las condiciones favorables de venta y posventa, campañas de publicidad agresivas, niveles elevados de tecnología e innovación etc.; por el contrario, lo que el sistema jurídico proscribe es el abuso que se realice de esta posición dominante. En estos términos, se pronuncia la Superintendencia de Industria y Comercio en la Resolución 3694 del 5 de febrero de 2013:

> En este punto cabe aclarar que el hecho de tener una ventaja competitiva en el mercado que sirva para aumentar la participación, detener o retrasar su perdida, no es en sí mismo reprochable por el derecho de la competencia, sino que será necesario que dicha ventaja haya sido adquirida de forma injustificada y artificial, de tal forma que no se explique por consideraciones de eficiencia de la empresa, sino por determinaciones que no tienen explicación económica suficiente. (resolución 3694 del 5 de febrero de 2013 SIC.

En idéntico sentido, se pronuncia la Jurisprudencia de la Corte Constitucional en la Sentencia T-375 de 1997:

> Las normas sobre competencia se enderezan a evitar concentraciones en los mercados y, desde este punto de vista, pueden proponerse evitar que se den posiciones dominantes. Sin embargo, cuando estas se presentan o cuando la ley las tolera, lo que puede obedecer a razones de eficiencia, lo que en modo alguno se puede permitir es que, además de este factor de pérdida de competitividad, las personas o empresas en esa situación hagan un uso abusivo de su posición dominante o restrinjan y debiliten aún más el nivel de competencia existente.

Cabe anotar que la Constitución Política de 1991, en su inciso 4 del artículo 333, consagra la posibilidad de intervención del estado para impedir el abuso que personas o empresas puedan realizar de su posición dominante en el mercado. Frente a este intervencionismo estatal, manifiesta la Corte Constitucional en Sentencia C-815 de 2001:

> La protección a la libre competencia económica tiene también como objeto, la competencia en si misma considerada, es decir, más allá de salvaguardar la relación o tensión entre competidores, debe impulsara o promover la existencia de una pluralidad de oferentes que hagan efectivo el derecho a la libre elección de los consumidores, le permita al Estado evitar la conformación de monopolios, las prácticas restrictivas de la competencia o eventuales abusos de posiciones dominantes que produzcan distorsiones en el sistema económico competitivo.

En este orden de ideas, el artículo 50 del Decreto 2153 de 1992, establece una serie de conductas que se consideran abusivas de la posición dominante, entre las cuales tenemos:

- La disminución de precios por debajo de los costos con el objeto de eliminar a los competidores o prevenir su ingreso al mercado.
- La aplicación de condiciones discriminatorias para operaciones equivalentes.
- Ventas atadas.
- Vender o prestar servicios en alguna parte del territorio colombiano a un precio diferente a aquel que se ofrece en otra parte del territorio colombiano, cuando el precio no corresponde a la estructura de costos de la transacción, con la intención o el efecto de disminuir o eliminar la competencia.
- Obstruir o impedir a terceros, el acceso a los mercados o a los canales de comercialización.

Al igual a lo que ocurre tratándose de acuerdos contrarios a la libre competencia, para que se configure el abuso y sea sancionado administrativamente el agente económico que ostenta posición de dominio, no se requiere que este haya actuado con dolo o con culpa. En palabras de Jiménez (2019):

> Otro importante criterio que se ha utilizado en la aplicación de la doctrina del abuso de la posición de dominio hace referencia a la objetividad del comportamiento. Este criterio para la configuración de la conducta como abusiva, indica que no se requiere contar con la intencionalidad del autor, basta con que el comportamiento resulte objetivamente abusivo, a la luz de los criterios que hemos mencionado, sin que las autoridades de competencia deban necesariamente probar la intencionalidad para perjudicar a terceros, a los consumidores o al sistema de competencia. (p. 52)

Ahora bien, con los avances tecnológicos y las nuevas modalidades existentes para el desarrollo de las operaciones mercantiles, es que las empresas que ostentan posición de dominio en los mercados pueden verse tentadas a abusar de esta, a través del uso de diversos instrumentos cada vez más complejos y refinados. En relación con esto, Cóbar (2019) indica:

> Los mercados digitales, representan grandes oportunidades de mejorar la calidad de vida de las personas, generando una mayor gama de productos y servicios, creación de alternativas novedosas, y un sinnúmero de oportunidades. No obstante, ello, también representa un verdadero desafío para las políticas y autoridades de competencia, pues la forma en que se producen las prácticas restrictivas de la competencia es mucho más sofisticada que antes. (p. 85)

De acuerdo con lo anterior, los agentes económicos con posición de dominio pueden hacer uso de las nuevas tecnologías, y a través del uso del *Big*

Data, adquirir y recopilar información sobre, por ejemplo, las preferencias de los consumidores, creando un perfil de los mismos, y así poder captar su atención sobre los productos de su interés, y consecuentemente, acudir al uso de precios predatorios para limitar o eliminar su competencia en estos nichos de mercado.

En este mismo orden, los agentes económicos que hayan adquirido posición de dominio en un mercado, por el desarrollo de softwares que hayan comprobado ser un éxito en cuanto a su eficiencia y beneficios técnicos para el mercado relevante —convirtiéndose en un bien de difícil reemplazo dentro del mismo—, pueden ser usados por dichas empresas dominantes como un mecanismo de discriminación contractual de consumidores, compradores y proveedores, obstruyendo el acceso al mercado o disminuyendo y eliminando la competencia.

> El éxito de un software, sobre todo si éste es un sistema operativo, puede ser tal que se convierta en un estándar para el mercado, ora porque su eficiencia técnica es inigualable, ora porque la capacitación de usuarios en productos sustitutos es económicamente ineficiente. El problema de la estandarización del software consiste en que la firma innovadora estará en posición de controlar para su beneficio una barrera de entrada para nuevos oferentes (Pacheco, 2020, p. 51 y 52).

Otras situaciones de abuso de posición de dominio en los mercados, que se pueden presentar en el ámbito de los nuevos desarrollos tecnológicos, tiene que ver con el uso del denominado *troll* de patentes, en virtud del cual el agente de mercado con poder monopólico, se dedica a adquirir o a desarrollar patentes, no con la intención de explotarlas, sino de amenazar con demandar en forma abusiva a sus competidores como posibles infractores de las mismas, intimidándolos para conseguir acuerdos económicos extrajudiciales.

Según León y Varela (2010): "Esta figura trol de patentes es utilizada para describir a las empresas que demandan a uno o más infractores de forma oportunista y, a menudo, sin la intención de fabricar o comercializar la invención patentada" (p. 365). De igual forma, Rengifo (2004) plantea como hipótesis de abuso de posición dominante vinculada al uso de la propiedad intelectual a las siguientes:

> Las cláusulas conforme a las cuales la empresa vendedora de tecnología o concedente del uso de una marca se reserve el derecho de fijar los precios de venta o reventa de los productos que se elaboren con base en la tecnología respectiva; las cláusulas que obliguen al comprador de la tecnología a transferir al proveedor los inventos o mejoras que se obtengan en virtud del uso de dicha tecnología; las cláusulas que obliguen a pagar regalías a los titulares de patentes o de las marcas por patentes o marcas no utilizadas o vencidas. (p. 439 y 440).

También como modalidad sofisticada de abuso de posición dominante en el mercado, tenemos a la denominada innovación depredadora, en donde, es más la afectación negativa al sistema concurrencial del mercado, que los beneficios que concede al sistema competitivo dicha innovación efectuada:

> Definida como la alteración de uno o varios de los elementos técnicos de un producto con el objetivo de limitar o eliminar la competencia (Thiabault Shrepel, 2017), la innovación depredadora es una de esas situaciones que, aunque difícil de detectar, afecta cada vez más las dinámicas de la libre competencia. (Ibarra, 2019, p. 178).

Finalmente, es de advertir entonces que, todas estas nuevas modalidades de abuso a través del uso de nuevas tecnologías y de propiedad intelectual, que se pueden presentar por los empresarios que ostentan posición dominante, pueden afectar no únicamente un mercado especifico, sino toda una serie de mercados que se entrelazan dentro del ámbito tecnológico, lo que consecuencialmente puede acarrear una potencialidad de daño muchos más amplia a diversos participantes dentro de múltiples mercados. De ahí la importancia de plantear un régimen de responsabilidad especial en materia de daños ocasionados por prácticas restrictivas a la libre competencia.

En este sentido, Alfonso Miranda Londoño plantea en columna del periódico El Tiempo del 10 de junio de 2019, que:

> Adicionalmente, en los mercados de TICs, se ha vuelto común encontrar que más que un mercado, existe un ecosistema, en el que diferentes mercados se entrelazan y es difícil afectar un mercado (subir el precio hipotéticamente), sin afectar a otro, lo que puede llevar a conclusiones erradas y en consecuencia, lo que debemos preguntarnos es si más que definir un mercado, debería definirse el ecosistema.

3. El Trust:

El trust consiste en la concentración de empresas bajo cualquiera de sus modalidades, y que, como consecuencia de esta, conlleva a una limitación o eliminación indebida de la competencia dentro de un mercado especifico.

El *trust* en cuanto sea aprovechado para dominar el mercado o para consolidar el control de industrias en forma monopolística o en general para distorsionar la competencia, es violatorio del principio de la libre competencia económica, consagrado en el artículo 333 de nuestra Constitución y que, además, está protegido por la ley que sanciona las conductas restrictivas de la competencia. (Berdugo y Palacio, 2011, p. 84).

Ahora bien, la concentración de empresas no es una conducta prohibida per se, solamente tendrá una connotación reprochable y antijuridica, cuando con la operación se restrinja indebidamente la competencia dentro del mercado (Artículo 1 de la Ley 155 de 1959 y artículo 46 del Decreto 2153 de 1992).

Para evitar la configuración de un *trust* como una práctica restrictiva, nuestra legislación consagra un control previo, en virtud del cual, las empresas que reúnan ciertos requisitos y se propongan llevar a efecto una operación de concentración empresarial, deberán informarle, en algunos casos, o informarle y obtener autorización en otros, a la Superintendencia de Industria y Comercio para poder llevarla a cabo (Artículo 9 de la Ley 1340 de 2009).

Al respecto manifiesta la Superintendencia de Industria y Comercio en Resolución 29937 de 2010, lo siguiente:

> El objeto del control de las integraciones ex ante no consiste en prohibir o en desincentivar las operaciones de concentración entre empresas, muchas de las cuales aparecen necesarias para el refuerzo de las estructuras industriales, sino en impedir aquellas cuyos inconvenientes sobre la libre competencia derivados de la modificación de la estructura del mercado y la reducción del número de operadores independientes, excederían las ventajas económicas y sociales.

Se trata entonces, este control previo, de una intervención legítima del Estado en la libertad económica y empresarial, como garantía de protección y mantenimiento de un sistema competitivo de libre mercado. Como bien señala la Corte Constitucional en Sentencia C-228 de 2010:

> El grado de intervención estatal en la economía bien puede mostrarse desde una perspectiva sancionatoria de las prácticas contrarias de la libre competencia económica, como también de la prevención de actuaciones que por su naturaleza y potencial grado de influencia en la facultad de concurrencia de los agentes que concurren al mercado, puedan afectar dicha libertad.

Dentro de las modalidades de concentraciones empresariales que eventualmente se pueden configurar como prácticas restrictivas a la libre competencia, tenemos:

- La fusión: dentro de los diversos tipos de fusión tenemos a la fusión por creación, en virtud de la cual dos o más sociedades se disuelven sin liquidarse para crear una nueva sociedad; la fusión por absorción, en virtud de la cual una o más sociedades se disuelven sin liquidarse para ser absorbidas por una sociedad que ya existe (artículo 172 del Código de Comercio); la fusión abreviada, que ocurre cuando una sociedad detenta más del 90 % de una sociedad por acciones simplificada, aquella podrá absorberla, caso en el cual la reforma se podrá autorizar por los órganos administrativos de las sociedades intervinientes y no por sus máximos órganos sociales (artículo 33 de la Ley 1258 de 2008).

Todos estos tipos de fusión se constituyen en reformas estatutarias, en las cuales se debe de tener en cuenta que, cuando las sociedades intervinientes llenen los presupuestos en cuanto a ingresos o activos y porcentaje del mercado, exigidos por la Ley 1340 de 2009 y la Superintendencia de Industria y Comercio[4], tendrán que ponerla en conocimiento o solicitar el permiso correspondiente a dicha entidad para poder llevarla a efecto. A la escritura pública de fusión se le deberá insertar el permiso de la SIC correspondiente. (Numeral 1 del artículo 177 del Código de Comercio).

La función económica de las fusiones en palabras de Hincapié (2020), consiste en que "a través de la fusión se da la transferencia en bloque de activos de una sociedad o de varias, a la sociedad absorbente o a la nueva que resulte de la fusión" (p. 378).

- Escisión: es otro tipo de operación que admite diversos tipos; por ejemplo, existe la escisión total por creación y por absorción, en virtud de la cual una sociedad se disuelve sin liquidarse para la creación de dos o más sociedades, o para transferir en bloque su patrimonio a dos o más sociedades que ya existen; y la escisión parcial por creación o por absorción, en virtud de la cual una sociedad transfiere parte de su patrimonio para crear una o más sociedades o a ser absorbido por una o más sociedades que ya existen. (Artículo 3 de la Ley 222 de 1995).

Con todo, tratándose de control previo de concentraciones empresariales, este ocurre cuando se trata de escisiones totales o parciales por absorción, en cuanto que es en estas modalidades de escisión donde se puede llegar a presentar una concentración restrictiva de la libre competencia.

---

4 Cuando en conjunto o individualmente considerados, las empresas que se dediquen a la misma actividad económica o participen en la misma cadena de valor, hayan tenido durante el año fiscal anterior a la operación ingresos operacionales o activos totales superiores a los 60.000 salarios mínimos legales mensuales vigentes, y cuenten con el 20 % o más del mercado relevante, tendrán que solicitar autorización a la Superintendencia de Industria y Comercio. Artículo 9 de la Ley 1340 de 2009.

En similares términos afirma Ortega (2005): "Debe entenderse, y así lo ha señalado la SIC, que en la escisión por creación no hay necesidad de solicitarle autorización (concepto de no objeción), puesto que evidentemente el fenómeno jurídico que acontece es el contrario a la integración" (p. 67).

El artículo 227 de la Ley 222 de 1995, señala con respecto a la escisión: "En los casos de escisión de sociedades y en todos aquellos que impliquen consolidación, o integración de empresas o patrimonios, deberá darse cumplimiento a las normas sobre promoción de la competencia y prácticas comerciales restrictivas".

Es así, como al igual a como ocurre con la fusión, en la escritura pública de escisión se debe también de insertar el permiso de la Superintendencia de Industria y Comercio, autorizando la operación, cuando se requiera este en virtud de activos o pasivos y porcentaje del mercado de las sociedades intervinientes en la escisión (Numeral 1 artículo 8 de la Ley 222 de 1995).

- Adquisición de control: de conformidad con el numeral 4 del artículo 45 del Decreto 2153 de 1992, por control se entiende:

  > La posibilidad de influenciar directa o indirectamente la política empresarial, la iniciación o terminación de la actividad de la empresa, la variación de la actividad a la que se dedica la empresa o la disposición de los bienes o derechos esenciales para el desarrollo de la actividad de la empresa.

En estos términos, se habla de situación de control cuando estamos en presencia de grupos de subordinación; es decir, cuando el poder de decisión de una sociedad se encuentra sometido a la voluntad de otra u otras personas; de tal suerte, que las sociedades cuya voluntad se encuentra sometida se denomina subordinada (bien como filial o como subsidiaria, dependiendo de si la subordinación se ejerce de forma directa o indirecta por parte de su controlante, respectivamente), mientras que la persona que ejerce el control se denomina matriz. Artículo 260 del Código de Comercio, modificado por el artículo 26 de la Ley 222 de 1995.

El artículo 261 del Código de Comercio, modificado por el artículo 27 de la Ley 222 de 1995, consagra tres casos no taxativos donde se presume que hay grupo de subordinación, los cuales son: cuando se tiene más del 50 % en el capital de una sociedad bien sea de manera directa, o través o con el concurso de otras subordinadas de la matriz; cuando se tiene la mayoría decisoria dentro de la asamblea de accionistas o junta de socios de la subordinada, o se tiene el número de votos necesarios para elegir a la mayoría de los miembros de la junta directiva; y cuando se tiene por parte de la matriz una influencia dominante en la subordinada, en virtud de un negocio o acto jurídico celebrado con esta o con sus socios.

Es de anotar, que a los dos primeros casos de presunción de subordinación que consagra el artículo 261 del estatuto mercantil, se les considera como un control de carácter interno o jurídico, mientras que al último se le considera como un control externo o económico. Cuando además del vínculo de subordinación entre la matriz y sus subordinadas, existe unidad de propósito y dirección, estaremos en presencia de un grupo empresarial. (Artículo 28 de la Ley 222 de 1995).

Ahora bien, cuando se presenta un grupo de subordinación, o un grupo empresarial, se establece todo un régimen para su adecuado funcionamiento, entre ellos la obligación de la matriz de hacer constar esta situación de control en documento privado inscrito en el registro mercantil de cada una de las sociedades vinculadas. Lo anterior, para fines de oponibilidad frente a terceros de la existencia del grupo de subordinación o empresarial. (Artículo 30 de la Ley 222 de 1995).

Igualmente, el Decreto 667 de 2018, modificatorio del Decreto Único Reglamentario 1074 de 2015, consagra que cuando se vaya a inscribir la constitución de una sociedad por acciones simplificada con accionista único persona natural, la Cámara de Comercio correspondiente le entregara a este un formato para que proceda a inscribirse igualmente como controlante de la sociedad; en caso de rehusarse a realizar dicha inscripción, deberá manifestar el accionista único, quien posee el ejercicio del control sobre la sociedad.

Empero, no siempre que hay una adquisición de control en los términos atrás esbozados, estamos en presencia de una práctica restrictiva a la libre competencia, sino que la autoridad de competencia hace el análisis del caso concreto para entrar a determinar si se configura o no la práctica anticompetitiva con la adquisición del control dentro del mercado relevante correspondiente.

Así, por ejemplo, menciona la Superintendencia de Industria y Comercio en Resolución 31404 de 2011, que: "La adquisición de mayoría accionaria en una empresa por parte de otra, no necesariamente implica la realización de una integración empresarial, así como tampoco el adquirir, una participación accionaria inferior al 50 % significa que no hay situación de control".

En línea con lo anterior, hoy en día, se pueden presentar situaciones de control no convencionales que, adicionalmente, tengan la potencialidad de convertirse en prácticas restrictivas a la libre competencia, en detrimento de los demás intervinientes en el mercado.

En estos términos, tenemos, por ejemplo, a los contratos que implican transferencia de tecnología como la franquicia, las licencias de uso de patentes o de secretos industriales o empresariales, que pueden encajar dentro del control externo o económico de presunción de subordinación del numeral 3 del artículo 261 del Código de Comercio, o dentro de las hipótesis de posibilidad de ejercicio de control por parte de los franquiciantes o licenciantes, en los términos del numeral 4 del artículo 45 del Decreto 2153 de 1992.

En otras palabras, *el trust* como práctica anticompetitiva, se puede también presentar hoy en día, a través de figuras contractuales no tan cotidianas en la configuración de vínculos de control. De otro lado, es de anotar que las modalidades de concentración que pueden afectar la libre competencia, no se agotan en la fusión, la escisión o en las adquisiciones de control. Al respecto, afirma la Superintendencia de Industria y Comercio, en su guía de análisis de integraciones empresariales, que:

> Forma Jurídica de una Integración: Hace referencia a la modalidad o vehículo jurídico a través del cual se materializa un cambio en la situación de control de una o más empresas, líneas de negocio y/o activos. Puede ser, por ejemplo, una adquisición de acciones, compra de activos, fusión, escisión, creación de una empresa, alianzas empresariales, contratos de franquicia, entre otras.

En este orden de ideas, se pueden presentar actualmente diversas formas sofisticadas de concentración empresarial como prácticas restrictivas a la libre competencia que de contera pueden producir daños particulares a los participantes dentro del mercado. En este sentido tenemos a la enajenación global de activos, consagrada en el artículo 32 de la Ley 1258 de 2008, consistente en que una sociedad por acciones simplificada se proponga enajenar activos y pasivos que representen el 50 % o más de su patrimonio líquido al momento de la enajenación.

Dicha operación eventualmente puede afectar la libre competencia en el mercado, con el agravante que a diferencia de lo que ocurre con la fusión o escisión societarias, su procedimiento es mucho más expedito y fácil para la realización de concentraciones empresariales, entre otras, porque:

- A diferencia de la fusión no requiere para su perfeccionamiento de los cuórum y mayorías propias de una reforma estatutaria, máxime cuando en las sociedades por acciones simplificadas, no se requiere del requisito de la pluralidad para la configuración del cuórum deliberatorio.

- No se requiere de la solemnidad de la escritura pública, salvo que dentro de los activos haya bienes sujetos a registro, de ahí que cuando se trate de una enajenación global que recaiga únicamente sobre activos intangibles como bienes pertenecientes a la propiedad intelectual, esta se realice a través de documento privado.
- A diferencia de lo que ocurre con la fusión o con la escisión, al documento privado de enajenación global de activos, no se le requiere insertar el permiso de la Superintendencia de Industria y Comercio sobre prácticas restrictivas a la libre competencia, para proceder a su inscripción en el registro mercantil.
- A diferencia igualmente de lo que ocurre con la fusión o la escisión, los acreedores en la enajenación global no tienen la posibilidad de ejercer la acción de oposición judicial, que eventualmente puede suspender el proceso de fusión o de escisión.

En Oficio 220-097727 la Superintendencia de Sociedades, refiriéndose a la enajenación global de activos mencionó: (...) este esquema no contempla ningún trámite de oposición por parte de los acreedores de la compañía, no establece responsabilidades solidarias entre la sociedad enajenante y el adquirente de lo vendido, ni requiere autorización de esta Entidad.

Así mismo, frente a la figura de la enajenación global de activos, manifiestan Rueda y Varón (2020): "...consideramos que esta estructura tiene grandes virtudes como es asegurar la celeridad de las transacciones mercantiles sin exigir un exceso de formalismos que en no pocas operaciones desincentivan el uso de las estructuras tradicionales..." (p. 123).

Otra figura que facilita la posibilidad de una concentración empresarial anticompetitiva, es el *joint venture,* entendido este como un contrato de colaboración empresarial de índole asociativo, del cual no surge una persona jurídica independiente de sus celebrantes, y en virtud del cual, varias personas físicas o jurídicas hacen unos aportes de industrias, de *know how,* de experiencia, de tecnología, de dinero, de bienes, etc., con el fin de llevar a cabo una empresa en común, generalmente un proyecto específico, con miras a repartirse las utilidades que genere su explotación.

Los contratos de *joint venture* son de carácter consensual, por lo que no están sujetos a ningún tipo de formalidad para su constitución, y aunque en principio tienen una duración determinada por el proyecto específico a desarrollar, esto no obsta para que eventualmente puedan restringir la competencia dentro de un mercado. Con relación a los *joint ventures* manifiestan Barrera, Gutiérrez y Miranda (2014):

> Tales actos jurídicos podrían llegar a constituirse en una forma de concentración empresarial. En efecto, una de las zonas grises es la que tiene que ver con la distinción entre una concentración y un acuerdo de colaboración empresarial. No todo acuerdo entre competidores, como un joint venture, tiene un efecto de concentración empresarial. (p. 175).

Así mismo, contratos de fiducia mercantil o de cuentas en participación, pueden tener la potencialidad de convertirse en un *trust,* de tal suerte que, en resumen, hoy en día, son muchas las figuras complejas y sofisticadas que se pueden estructurar, en las que eventualmente se puedan configurar concentraciones anticompetitivas en perjuicio no solamente del mercado en general, sino también de los intereses particulares de sus intervinientes.

Cabe anotar, por último, que, en materia de concentraciones empresariales, el artículo 12 de la Ley 1340 de 2009, consagra la denominada excepción de eficiencia, de acuerdo con la cual la Superintendencia de Industria y Comercio, no objetará una integración empresarial, si los interesados en la operación demuestran que sus beneficios para los consumidores exceden el impacto negativo que tendrá sobre la competencia. Ahora bien, dicha excepción de eficiencia no es un impedimento para que los demás competidores que vean afectados sus intereses patrimoniales con la concentración proyectada, pueden acudir a las vías judiciales para que les sean indemnizados sus perjuicios.

4. Actos contrarios a la libre competencia:

Los actos que limitan o falsean la competencia en un mercado pueden provenir no solamente de prácticas concertadas o conscientemente paralelas, como en el caso de la cartelización, sino que también estas se pueden llevar a cabo a través de actos unilaterales de parte de uno de los agentes participantes dentro del mismo. En tal sentido, el artículo 48 del Decreto 2153 de 1992, indica que constituyen actos contrarios a la libre competencia:

- Infringir las normas sobre publicidad contenidas en el estatuto de protección al consumidor: ir entonces en contravía de las normas de protección al consumidor en materia de publicidad (Ley 1480 de 2011) no solamente es una conducta que transgrede las normas de derecho del consumo, sino que, igualmente, se constituye en una práctica que atenta contra el correcto funcionamiento del mercado y, por ende, se constituye en una práctica restrictiva a la libre competencia.

- Influenciar a una empresa para que incremente los precios de sus productos o servicios o para que desista de su intención de rebajar los precios: frente a esta hipótesis de acto unilateral restrictivo, manifiestan Ingrid Soraya Ortiz Baquero y Diego Andrés Solano Osorio que:

> A diferencia de lo que ocurre en otros ordenamientos, el legislador colombiano previó sancionar de manera singular la intromisión en la política de precios de un determinado agente, sin caracterizar de alguna forma la conducta. De allí que, para encontrarle un sentido a la prohibición, la autoridad de competencia en el estudio de este numeral haya basado su desarrollo en el entendimiento del verbo rector de la conducta, "influenciar". De esta forma, la autoridad ha establecido que la lesividad de la conducta está caracterizada por la capacidad de constreñir o coaccionar del agente activo sobre el agente pasivo. Este proceso de evaluación se ha basado en el estudio de la capacidad de influencia del agente activo en un ámbito meramente privado. En las decisiones administrativas y judiciales se han omitido elementos importantes para la medición del impacto anticompetitivo de la conducta y su trascendencia más allá de la esfera privada. Por ejemplo,
> No se ha indicado la cuota de participación de mercado del agente infractor, ni las posibilidades que tenía el agente afectado de desplazarse a otras opciones en el mercado. (2022, p. 247 y 248).

- Negarse a vender o prestar servicios a una empresa o discriminar en contra de esta cuando ello pueda entenderse como una retaliación a su política de precios: frente a esta conducta unilateral la Corte Constitucional en Sentencia T-375 de 1997 se ha pronunciado en los siguientes términos:

> En primer lugar, al lado de la libertad económica, la Constitución le asigna a la empresa, como base del desarrollo, una función social que implica obligaciones. Sin pretender sujetar a los agentes económicos a una dirección unitaria centralizada, se reconoce que su acción no solamente se justifica en términos del sujeto individual que ejercita legítimamente una determinada actividad, sino también de la economía en general. La satisfacción de necesidades de la comunidad se confía en un alto grado a las empresas, de las que depende el nivel de empleo y bienestar. De ahí que la empresa se exprese en una doble dimensión: como libertad y como función social. Por consiguiente, la legitimidad de una decisión empresarial, no puede juzgarse únicamente a través del prisma de su autonomía. A esta visión, forzosamente deberá adicionarse la consideración de sus consecuencias sociales y ecológicas. La libertad de empresa cede o debe conciliarse con los valores y principios constitucionales de rango superior. Es posible que, en un caso concreto, la negativa de una empresa a contratar, por su absoluta falta de justicia, objetividad, razonabilidad y proporcionalidad, no pueda ya ampararse en el margen amplísimo de discrecionalidad que al empresario garantiza la libertad de empresa, y ello sin duda se presenta cuando se vulneran de manera manifiesta, como se ha dicho, valores o principios constitucionales superiores a la libertad de empresa.

Como se puede apreciar, reiteramos que:

> Estas conductas, constitutivas de prohibiciones que apuntan a proteger la competencia, no requieren de un acuerdo entre empresarios, sino que son actos ilegales cometidos por quien ejerce la actividad económica, con independencia del poder de mercado y de los efectos sobre la competencia, pues distorsionan mediante publicidad engañosa o mediante la injerencia para que el tercero a quien le corresponda la fijación de un precio lo aumente o simplemente no lo disminuya, con el evidente perjuicio a los consumidores. (Tobar, 2016, p. 349)

5. Retención de Facturas:

La factura como título valor, esto es aquella que llena todos los requisitos esenciales generales y particulares para producir efectos de orden cambiario, y que surge con ocasión de la celebración de un contrato de compraventa o de prestación de un servicio, es un título que desde el punto de vista del derecho que incorpora es de contenido crediticio dado que incorpora efectivamente el valor de la compraventa o de la prestación del servicio que dio origen a su emisión, y además goza de una estructura tripartita o con base en una orden, es decir, es un título que posee tres partes: como librador o emisor se encuentra el vendedor o prestador del servicio, como girado o librado, esto es como destinatario de la orden dada por el librador, tenemos al comprador o beneficiario del servicio, y como beneficiario tenemos al mismo vendedor o prestador del servicio.

Adicional a ello, como título valor con base en una orden, es al destinatario de la misma (comprador o beneficiario del servicio) quien debe de aceptar o no el pago de la misma a favor del beneficiario, de tal suerte que, una vez es aceptada, su beneficiario o su tenedor legítimo en caso de que haya efectivamente circulado, gozará de acción cambiaria directa en contra del aceptante (comprador o beneficiario del servicio) en caso de que esta no sea pagada de forma oportuna.

En ese orden de ideas, quien debe tener en su poder la factura original debe de ser el beneficiario de la misma, para que en el evento de que esta no sea cancelada pueda ejercer con el título original, que es el que efectivamente incorpora el derecho, la acción judicial de tipo cambiario correspondiente, y también es quien debe de conservar la factura original para el supuesto en que desee ponerla a circular o negociar pueda cumplir con su ley de circulación[5].

---

[5] La factura como título valor es un título valor cuya ley de circulación es a la orden, esto es que circula mediante su endoso, y entrega; siendo además ineficaz de pleno

Es bajo estas consideraciones que la Ley 1676 de 2013 adiciono el parágrafo primero al artículo 778 del Código de Comercio señalando que toda retención de la factura o acto del comprador del bien o beneficiario del servicio que impida su libre circulación se constituye en una práctica restrictiva a la libre competencia, que será investigada y sancionada de oficio o a petición de parte por la Superintendencia de Industria y Comercio.

Con todo, es de anotar que hoy en día con la masificación del uso de la factura electrónica dada la obligatoriedad legal[6] para su utilización, se reducen enormemente las posibilidades de incurrir en esta práctica restrictiva de la competencia.

6. Dumping:

El *dumping* es una práctica ilícita que se desenvuelve en el ámbito del comercio internacional consistente en que una empresa extranjera inunda el mercado nacional con productos que comercia a precios por debajo de sus costos de producción y transporte con el fin de impactar negativamente a la industria nacional y, de esta manera, eliminar a los competidores locales.

Para hacerle frente a esta práctica existen una serie de mecanismos denominados derechos antidumping que lo que persiguen es restablecer las condiciones competitivas dentro del mercado nacional. Decreto 1794 de 2020. Finalmente, es de destacar que la entidad encargada de investigar y sancionar en ejercicio de funciones administrativas todas estas prácticas restrictivas a la competencia es la Superintendencia de Industria y Comercio. Decreto 092 de 2022.

Con todo, dado que no existe un régimen especial de responsabilidad civil en materia de prácticas restrictivas a la libre competencia, el agente del mercado que con alguna de estas prácticas sufra un daño, tendrá que acudir al régimen general de responsabilidad consagrado en el Código Civil para efectos de lograr el resarcimiento de los perjuicios padecidos con ocasión de alguna de estas conductas anticompetitivas.

Por otra parte, el otro gran régimen del cual se ocupa el derecho de la competencia es el de la competencia desleal, entendiendo por competencia desleal como todas aquellas conductas que se realizan en el mercado para mantener o aumentar la participación que se posee dentro del mis-

derecho cualquier tipo de restricción a su negociabilidad. Artículo 651 y artículo 778 del Código de Comercio, este último modificado por la Ley 1231 de 2008.

6 Resolución 42 de 2020 y Resolución 12 de 2021, expedidas por la Dian.

mo, bien sea propia o ajena, y que transgreden a las sanas costumbres mercantiles, a la buena fe comercial y a los usos honestos en materia industrial y comercial, afectando o con el riesgo efectivo de afectar la libre decisión de los compradores o consumidores de bienes y servicios y, en ultimas, el funcionamiento competitivo dentro del mercado.

Dentro de los requisitos que la ley exige para que un acto se constituya efectivamente como de competencia desleal tenemos los siguientes:

- El acto se debe de realizar en el mercado y con un fin concurrencial (requisito objetivo): para que un acto se pueda catalogar como de competencia desleal se debe de desenvolver en el escenario propio de interacción entre la demanda y la oferta de bienes y servicios, es decir, en el mercado; y adicionalmente a ello debe de tener la aptitud para mantener o aumentar la cuota de participación que se tiene dentro del mismo, bien sea la participación propia o una participación ajena. Artículo 2 de la Ley 256 de 1996. Con relación a lo que se entiende por fin concurrencial manifiesta Dionisio Manuel de la Cruz Camargo que:

> La finalidad concurrencial viene a complementar el acto que se realiza en el mercado, al darle sentido, por cuanto le exige que se dirija hacia la consecución de un fin comercial, "mantener o incrementar la participación en el mercado de quien lo realiza o de un tercero", más allá de una finalidad puramente personal (2014, p. 23).

- Requisito subjetivo: La ley 256 de 1996 es aplicable a todo aquel que participe dentro de un mercado, es decir, para que un acto sea catalogado de competencia desleal, no necesariamente debe de ser realizado exclusivamente por comerciantes, por cuanto todo aquel que participe dentro del mismo puede ser sujeto de reproche por cometer actos de competencia desleal.

Así las cosas, los comerciantes, las empresas estatales, las entidades sin ánimo de lucro, y hasta el mismo consumidor, etc., pueden llegar a ser sujetos activos de un acto constitutivo de competencia desleal. Adicionalmente, no se requiere que entre el sujeto activo y el sujeto pasivo de la conducta exista una relación efectiva de competencia para que se pueda eventualmente configurar una conducta desleal. (Artículo 3 de la Ley 256 de 1996).

- Requisito territorial: El acto para que sea constitutivo de competencia desleal y reprimido conforme a los términos de la Ley 256 de 1996 se tuvo que haber efectuado en el territorio colombiano, o si se realizó en el extranjero, que sus efectos principales tengan lugar en el mercado nacional. (Artículo 4 de la Ley 256 de 1996).

- El acto debe de ser contrario a las sanas costumbres mercantiles, a los usos honestos en materia industrial o comercial y a la buena fe mercantil: en este orden de ideas, resulta irrelevante la intención o voluntariedad para que el acto se constituya como de competencia desleal, pues basta para su configuración que este sea contrario a la debida transparencia y honradez que deben de observar los comerciantes y demás participantes dentro del mercado.
- Idoneidad del acto para causar un daño: el acto debe de ser objetivamente idóneo para generar perjuicios a los competidores dentro del mercado, esto es, tener la potencialidad, la aptitud para efectivamente causar un daño, con lo cual los actos inocuos, no pueden llegar a configurarse como de competencia desleal.

Ahora bien, a diferencia de lo que ocurre en materia de responsabilidad civil extracontractual en donde el daño es un elemento esencial para que esta se configure, tratándose de la responsabilidad derivada de los actos de competencia desleal, lo que se exige es la potencialidad del acto para causar un daño mas no que este efectivamente se haya causado para incurrir en este tipo de responsabilidad.

Pues bien, la Ley 256 establece en su artículo 7 una cláusula general de prohibición cuando afirma que: "Quedan prohibidos los actos de competencia desleal, los participantes en el mercado deben respetar en todas sus actuaciones el principio de la buena fe comercial". Pese a lo anterior, la misma Ley 256 describe toda una serie de actos —no taxativos, dada la existencia de la prohibición general— constitutivos de competencia desleal, entre los que tenemos:

- Actos de desviación de la clientela: Si bien en principio la libertad de empresa, la libre iniciativa privada y la libre competencia permiten que los empresarios compitan entre si con miras a lograr desviar la clientela de sus competidores, los mecanismos y estrategias que deben de usar en la búsqueda de este objetivo se deben de enmarcar dentro de la transparencia y las sanas costumbres comerciales, *verbi gratia*: precios bajos, alternativas de pago, amplitud de garantías, publicidad y mercado agresivo, etc.

Así las cosas, la desviación de la clientela tendrá la connotación de desleal cuando para su obtención se actúe por fuera de los causes de la buena fe mercantil y de los usos honestos en materia industrial y comercial. (Artículo 8 de la Ley 256 de 1996).

- Actos de desorganización: todas aquellas conductas que tengan por objeto o como efecto desorganizar o trastornar la actividad económica del competidor, sus productos o servicios, o sus establecimientos de comercio, serán consideradas constitutivas de competencia desleal. Artículo 9 de la Ley 256 de 1996. Al respecto señala la Corte Suprema de Justicia en Sentencia SC4174 del 13 de octubre de 2021, que:

> Así las cosas, la prohibición a que alude este precepto pretende impedir todo acto tendiente a desordenar internamente la empresa, incluso de forma parcial; de donde se puede incurrir en el acto de desorganización tanto si la conducta genera dicho desorden de forma consecuente o cuando ese fue su propósito.

Al igual que ocurre con la desviación de la clientela, puede ser un daño concurrencial legítimo, que debe soportar el actor de un mercado altamente competitivo; no obstante, que también resultan aplicables los dos últimos criterios empleados en aras de establecer si el comportamiento criticado configuró el acto de desviación de la clientela.

- Actos de confusión: se trata de todas aquellas conductas que despliega el participante dentro de un mercado con la intención o con la consecuencia de generar confusión o error entre los consumidores respecto de la actividad empresarial, las prestaciones comerciales[7] o los establecimientos ajenos. (Artículo 10 de la Ley 256 de 1996).

La confusión que se puede presentar mediante este tipo de actos puede ser directa como cuando el consumidor se confunde y no logra distinguir los bienes y servicios de un competidor frente a los de otro, o puede ser confusión indirecta, evento en el cual el consumidor si logra distinguir los bienes y servicios que se le ofrecen, pero les asigna un mismo origen empresarial que realmente no poseen. En palabras de Pablo Andrés Delgado Peña:

> Por otra parte, debemos entender el acto de confusión (y para su existencia), como un tipo que se cataloga como de peligro y no de resultado, en la medida en que permite su configuración o juicio de reproche con la sola determinación del riesgo, lo que en otras palabras puede entenderse, como la no exigencia de la verificación material de la confusión para su enjuiciamiento, en la medida en que basta la sola existencia del riesgo de confusión. (...)

---

7 El concepto de prestaciones mercantiles lo consagra el artículo 5 de la Ley 256 de 1996 cuando afirma que: "las prestaciones mercantiles pueden consistir en actos y operaciones de los participantes en el mercado, relacionados con la entrega de bienes y mercancías, la prestación de servicios o el cumplimiento de hechos positivos o negativos, susceptibles de apreciación pecuniaria, que se constituyen en la actividad concreta y efectiva para el cumplimiento de un deber jurídico".

> Respecto del acto de confusión generador de competencia desleal, se han establecido dos categorías a saber: la confusión directa y la confusión indirecta, siendo la primera la situación por medio de la cual el consumidor adquiere un producto pensando que está adquiriendo otro; por su parte, la confusión indirecta se presenta cuando el consumidor, pudiendo diferenciar los productos o servicios, les otorga un origen empresarial diferente al real (2020, p. 132).

Finalmente, es necesario indicar que los actos desleales de confusión de suyo implican para su configuración de una infracción a derechos protegidos por las normas de propiedad intelectual, como podría ser la vulneración de una marca o de cualquier otro signo distintivo.

- Actos de engaño: hacer indicaciones o aseveraciones incorrectas o falsas o la omisión de las verdaderas sobre las características, la naturaleza, modo de fabricación, la cantidad de productos, la aptitud en el empleo, etc., que hagan incurrir en error a los consumidores sobre la actividad económica, las prestaciones mercantiles, o los establecimientos de comercio ajenos, se considera una práctica contraria a la buena fe y a las sanas costumbres mercantiles. (Artículo 11 de la Ley 256 de 1996).
- Actos de descredito: conductas consistentes en hacer indicaciones o aseveraciones incorrectas o falsas o la omisión de las verdaderas, con la intención o que tengan como efecto denigrar o desprestigiar la empresa, los productos o servicios o los establecimientos de comercio de un tercero, se considera una práctica desleal. (Artículo 12 de la Ley 256 de 1996).

Conviene subrayar que se excluye la deslealtad de la practica cuando las aseveraciones o indicaciones que se efectúan sean verdaderas y pertinentes. Con relación a este acto, manifiesta Danilo Romero Raad que:

> Esta conducta sancionada comparte con el engaño, la utilización o difusión de información falsa o incompleta, pero el descredito implica, además, que dicha información tenga la capacidad de afectar negativamente la imagen o reputación de un empresario, de sus relaciones mercantiles o de su establecimiento (2013, p. 332).

- Actos de comparación: en principio la comparación pública de la empresa, las prestaciones mercantiles o los establecimientos de comercio propios o ajenos con los de un tercero, es plenamente valida siempre y cuando se utilicen afirmaciones verdaderas y se refiera a aspectos comprobables.

Sin embargo, cuando la comparación utilice indicaciones o aseveraciones incorrectas o falsas o se hagan afirmaciones parcialmente ciertas, o recaiga sobre extremos que no sean análogos o comprobables, se estará en presencia de un acto constitutivo de competencia desleal. Artículo 13 de la Ley 256 de 1996. Señala la Superintendencia de Industria y Comercio en Resolución 32749 de 2004 que:

> Así las cosas, no existen comparaciones referidas a aspectos subjetivos, como serían las opiniones personales que se tuvieran en torno a un competidor, pues al ser estas opiniones y por tanto juicios personales, no es posible establecer con base en ellas un factor real de diferenciación o semejanza entre aquello que se compara. En este sentido, si bien es posible que en una pieza de comunicación comercial se haga mención a un producto propio y a uno de un tercero y que en dicha comunicación se expongan opiniones subjetivas acerca de éstos, la simple mención del tercero no genera que ésta se torne en una comparación y por lo tanto, que la misma deba ser analizada bajo las normas propias de la comparación, pues al no existir el enfrentamiento de características objetivas, hará falta un elemento fundamental de las comparaciones.

Lo anterior no significa que las menciones o referencias subjetivas que se hagan de un tercero o de un competidor no puedan ser analizadas bajo las normas sobre competencia desleal, sino que simplemente implica que el estudio no se aborda desde la perspectiva y los parámetros de la comparación, sino respecto de las demás normas que contiene la ley, como por ejemplo las que sancionan el descredito, o las contenidas en la cláusula general o en la desviación indebida de la clientela (...)

Si bien para que exista una comparación no es necesario que la oferta enfrentada se encuentre abiertamente identificada, si se requiere que esta sea identificable por los receptores de la misma, pues de lo contrario no existirá un tercero con quien se establezcan diferencias o semejanzas que hagan que el consumidor adopte una decisión de compra atraído por las ventajas que le fueron previamente informadas y que rechace la oferta del competidor que carece de dichas ventajas, sino simplemente un anuncio de atributos que invitan a adquirir un producto sobre la base de unos factores que se pretende van a satisfacer los deseos de los potenciales consumidores o adquirentes de un bien o servicio determinado.

- Actos de imitación: De entrada, es indispensable acotar aquí que la imitación de las prestaciones mercantiles y de las iniciativas empresariales ajenas es libre, salvo que se encuentren legalmente protegidas por la exclusividad concedida por las normas de derechos de autor o de propiedad industrial.

Sin embargo, el acto de imitación será constitutivo de competencia desleal cuando la imitación de las prestaciones de un tercero se haga de forma tan exacta y minuciosa que genere un riesgo de confusión sobre el origen empresarial de la prestación o comporte un aprovechamiento indebido de la reputación ajena.

De igual forma, se considera constitutivo de competencia desleal la imitación sistemática de las prestaciones e iniciativas empresariales de un tercero con el fin de entorpecer su afirmamiento dentro del mercado. (Artículo 14 de la Ley 256 de 1996). Al respecto señala Ricardo Antequera Parilli, que:

> Ello quiere decir que la simulación de productos o servicios puede darse cuando sin calcar o imitar el signo distintivo ajeno en sí mismo se copian el conjunto de ideas, conceptos y/o elementos escritos, sonoros, visuales o audiovisuales que el consumidor medio asocia con una marca determinada o con su origen empresarial, es decir, con el trade dress o el vestido de un signo distintivo especifico, supuesto que de acuerdo con el enfoque que se le dé a la normativa nacional o comunitaria aplicable o al punto de vista de la respectiva tendencia jurisprudencial, puede considerarse un acto de imitación marcaria por generar un riesgo de confusión conceptual o como una conducta de competencia desleal por simulación de prestaciones ajenas, o ambas a la vez (2021, p, 69 y 70).

Con todo, señala el artículo 14 de la Ley 256 de 1996 que la inevitable existencia del riesgo de confusión o de aprovechamiento de la reputación ajena, excluye la deslealtad de la práctica. En este orden de ideas, manifiesta este mismo autor Antequera, que:

> Tales aclaraciones toman en cuenta el factor de la "inevitabilidad" en el acercamiento de ciertas modalidades de presentación en la oferta de algunos bienes o servicios, o en la normal imitación que se produce en virtud de las características de esas prestaciones, por ejemplo, la forma de determinados envoltorios para la misma clase de productos, la publicidad con algunas ideas en común (como la figura esbelta de damas jóvenes para promocionar bebidas de bajas calorías o la de modelos de atractiva presencia y dientes perfectos para publicitar dentífricos), o las facilidades ofrecidas por algunos establecimientos de la misma clase, como el "autoservicio" y la existencia de juegos infantiles en los restaurantes de comida rápida, etc. (2021, p. 76).

De otra parte, con relación a la diferencia entre los actos de confusión y los actos de imitación, Pablo Andrés Delgado Peña aduce que:

> Atendiendo a la doctrina española, según la cual el acto de confusión o riesgo de confusión generador de competencia desleal aplica solo cuando se ven involucradas creaciones formales, es decir, signos distintivos y no creaciones materiales (productos), ha sido recogida por la Superintendencia de Industria y Comercio de Colombia en sus decisiones de carácter jurisdiccional en la materia, teniéndose hoy ya zanjado, que el acto de confusión o riesgo de con-

> fusión constitutivo de competencia desleal está vinculado siempre con signos distintivos y formas identificativas de productos y servicios, principalmente las marcas; mientras que el acto de imitación generador de competencia desleal estará relacionado, ya no con los signos distintivos, sino con las creaciones materiales, es decir los productos, de manera que jurídicamente no se podrá invocar la existencia de un acto de confusión o riesgo de confusión, si esta situación surgió exclusivamente por la vinculación confusoria sobre un producto; así, el acto correcto a invocar sería el de imitación; por lo que, al contrario, si la situación confusoria tiene su origen exclusivo en la relación con un signo distintivo, como una marca, nombre comercial, o lema, el acto a demandar estará sustentado en la confusión y no en la imitación como actos independientes (2020, p. 131).

- Explotación de la reputación ajena: Esta es la denominada competencia parasitaria, consistente en el aprovechamiento ilegitimo de la reputación comercial, de la buena fama mercantil, del *good wiil* o aviamiento adquirido por otro en el mercado. (Artículo 15 de la Ley 256 de 1996).

La configuración de esta conducta desleal va muy unida a la infracción de la propiedad industrial de terceros a través del uso no autorizado de sus signos distintivos, tales como: marcas, nombres comerciales, enseñas, etc. Así mismo, se puede configurar esta conducta a través del uso de denominaciones de origen falsas o engañosas que generen en el consumidor la idea errónea de que determinado producto goza de una calidad especial por el supuesto lugar geográfico de donde proviene.

Se entiende por denominación de origen, en palabras de Rodolfo Lizarazu Montoya como:

> Las denominaciones de origen constituyen signos distintivos diferentes a las marcas, en virtud de que su función principal es identificar la calidad y reputación de un producto en relación con un determinado lugar. El producto puede consistir en alimentos, productos agrícolas y bebidas, entre otros. (2014, p.157).

- Violación de secretos: esta conducta desleal se puede configurar en tres circunstancias a saber: cuando se divulga o se explota un secreto industrial o empresarial al que se tuvo acceso legítimo, pero con deber de reserva; cuando se divulga o se explota un secreto industrial o comercial al que se tuvo acceso de forma ilegítima como puede ser mediante espionaje o mediante la violación de una cláusula de confidencialidad[8] contractual, etc.; y con la sola obtención o acceso a un secreto industrial o empresarial por medios ilegítimos. Artículo 16 de la Ley 256 de 2006.

Ahora bien, por secreto industrial o comercial se entiende toda aquella información no divulgada referente a cualquier actividad productiva, industrial o comercial cuyo titular ha tomado todas las medidas necesarias para mantener en secreto, que tiene un valor económico por ser secreta, y que es susceptible de transferirse a terceros. Artículo 260 de la Decisión 486 de 2000.

Es necesario resaltar que para que esa conducta sea constitutiva de competencia desleal no se requiere que se haga en el mercado y con fines concurrenciales.

- Inducción a la ruptura contractual: esta práctica desleal se puede configurar bien induciendo a los trabajadores, proveedores, distribuidores, clientes, etc., de la competencia a incumplir con sus obligaciones contractuales, o bien induciéndolos a que den por terminados sus contratos de forma regular, en este último evento valiéndose de engaños con el fin de eliminar a los competidores del mercado y, de esta manera, expandir su participación en el mismo. Artículo 17 de la Ley 256 de 1996. Señala Mauricio Velandia frente a esta conducta:

> Son tres las hipótesis contenidas dentro del texto legal: 1. Inducción al incumplimiento de contrato; 2. Inducción a la terminación regular, y 3. El aprovechamiento de la infracción contractual.
> La primera forma, es decir, la inducción a incumplimiento del contrato, se presenta cuando el tercero ajeno al negocio jurídico tiene influencia en el incumplimiento del contrato. El solo hecho de influenciar a quien lo incumple configura la conducta (...)
> La segunda forma, es decir, la inducción a la terminación regular, se presenta cuando el contrato termina por causas mismas del negocio, como son el cumplimiento de la prestación, la llegada del plazo, etc., pero como todo negocio, con la posibilidad de prorrogar o de renovar su contenido, y el tercero ajeno a esa relación interviene para que esa posibilidad no se concrete (...)

---

8 Normalmente, cuando se tiene el deseo de vincularse contractualmente con alguien es necesario analizar ciertos aspectos de la otra parte y la información que se debe compartir es considerada confidencial. Por esta razón, las partes celebran un *NDA* que les permite suministrar o revelar información confidencial entre ellas blindándose contractualmente para que en caso de que dicha información sea revelada o no se proteja de forma adecuada frente a terceros, se pueda reclamar una indemnización por los daños y perjuicios ocasionados a raíz de esa revelación (Gaviria y otros, 2022, p. 17).

> La última forma es el aprovechamiento de la infracción contractual. En este supuesto el tercero no se entromete en la relación, pero es conocedor del incumplimiento y saca provecho de él (2011, p. 395 y 396).

- Violación de normas: la obtención —de carácter significativo— de una ventaja competitiva frente a los demás competidores en el mercado, adquirida esta mediante la violación de una norma jurídica, se considera una conducta de carácter desleal. (Artículo 18 de la Ley 256 de 1996).

En todo caso, hoy día todas las actividades económicas deben ejercerse de acuerdo con la ley. Esta se encarga de establecer los cauces dentro de los cuales se debe desarrollar cualquier actividad económica en un plano de igualdad. Así, el incumplimiento de una de estas normas puede otorgar ventajas al infractor que no son el resultado de sus propias habilidades y virtudes.

La violación de una norma jurídica como acto de competencia desleal surge como consecuencia del modelo social de competencia desleal que se dirige a lograr que los competidores se distingan sobre los demás por sus propias virtudes, calidad e innovación de sus productos y no por ventajas logradas artificialmente, violando la ley (De la cruz, 2014, p. 217 y 218).

Así, por ejemplo, obtener ventajas competitivas significativas frente a los demás competidores por la violación de normas laborales, tributarias, aduaneras, de propiedad intelectual, de derecho del consumo, ambientales, inmobiliarias, de servicios públicos, o inclusive a través de la realización de prácticas restrictivas a la libre competencia, etc., puede eventualmente configurar un acto constitutivo de competencia desleal por violación de normas.

- Pactos desleales de exclusividad: Se considera una práctica desleal pactar en los contratos de suministro cláusulas de exclusividad, cuando estas tengan por objeto o como efecto restringir el acceso de los competidores al mercado, o monopolizar la distribución de productos y servicios. (Artículo 19 de la Ley 256 de 1996).

El contrato de suministro es un contrato de carácter típico y nominado que se encuentra definido en el artículo 968 del Código de Comercio en los siguientes términos: "El suministro es el contrato por el cual una parte se obliga, a cambio de una contraprestación, a cumplir a en favor de otra, en forma independiente, prestaciones periódicas o continuadas de cosas o servicios". Según Arrubla Paucar, la función económica de este contrato radica:

> Ambas partes encuentran interés practico en la nota de duración del suministro. Para quien efectúa el suministro, es decir, el proveedor, se asegura la colocación de su producción o sus productos por un tiempo determinado,

> circunstancia que le permite una mejor planeación económica de su empresa. Para el suministrado o consumidor, también le resulta de especial interés tener asegurado el abastecimiento de las materias primas o de las partes que precisa para su actividad empresarial (2003, p. 227).

Ahora bien, pese a la importancia del contrato de suministro para el tráfico mercantil, el legislador considero que el pacto de cláusulas de exclusividad, bien a favor del proveedor o bien a favor del suministrado, se constituye en un acto de competencia desleal cuando con dicho pacto se restringa el acceso de los demás competidores al mercado o se monopolice la distribución de producto y servicios en el mismo; con lo cual, es dable afirmar que este tipo de cláusulas en esta tipología contractual no son reprochables *per se*, sino únicamente cuando tengan precisamente este objeto o generen esta consecuencia restrictiva para el debido funcionamiento del del mercado. Así, Juan Pablo Cárdenas Mejía aduce que:

> En relación con este articulo lo primero que debe observarse es que el mismo no prohíbe ni restringe la cláusula de exclusividad en los contratos de suministro sino sólo en ciertos eventos, esto es, cuando ella tenga como objeto o como efecto restringir el acceso de competidores al mercado o monopolizar la distribución de productos o servicios. De esta manera, la ley cambia un criterio cuantitativo por un criterio cualitativo que toma en cuenta las circunstancias de cada caso (2021, p. 545).

Pues bien, cuando se presenta un acto de competencia desleal el afectado puede acudir en vía administrativa ante la Superintendencia de Industria y Comercio para que esta inicie la investigación administrativa correspondiente; y en vía jurisdiccional el perjudicado cuenta con dos acciones de carácter judicial, las cuales corresponden a:

Acción declarativa o de condena: cuyas pretensiones corresponden a que se declare que se realizó un acto constitutivo de competencia desleal, se le ordene al infractor remover los efectos de dicho acto y finalmente a que se le condene a indemnizar los perjuicios ocasionados con dicha conducta. (Artículo 20 de la Ley 256 de 1996).

Acción preventiva o de prohibición: esta acción se ejerce cuando el acto de competencia desleal aún no se ha perfeccionado o cuando habiéndose perfeccionado aún no ha generado perjuicio o daño alguno, con lo cual lo que se persigue con el ejercicio de esta acción es que se prohíba o se cese con la realización de la conducta. (Artículo 20 de la Ley 256 de 1996).

En este orden de ideas, se puede apreciar como el daño no es un requisito esencial para acudir al ejercicio de acciones judiciales en materia de competencia desleal, a diferencia de lo que ocurre tratándose de la responsabilidad civil extracontractual, donde el daño es un elemento indispensable para su configuración.

De otro lado, la legitimación por activa para el ejercicio de estas acciones se radica no solamente en cabeza de quienes sus intereses económicos se vean afectados con el acto de competencia desleal, sino que también se encuentran legitimados para ejercer dichas acciones por activa: las asociaciones o corporaciones profesionales y gremiales, las ligas o asociaciones de consumidores, y el procurador general de la nación cuando se afecte de forma grave el orden público económico de libre y leal competencia. (Artículo 21 de la Ley 256 de 1996).

Igualmente, la legitimación por pasiva frente a estas acciones también se amplía por cuanto estas se dirigen no solamente contra quien directamente ejecuto el acto de competencia desleal, sino también contra todo aquel que haya contribuido a la realización de la conducta y si la realizaron trabajadores por orden de su empleador o en cumplimiento de sus funciones laborales, estas se dirigirán contra este último. (Artículo 22 de la Ley 256 de 1996).

El termino de prescripción de estas acciones es de dos años contados a partir del momento en que el legitimado tuvo conocimiento de la realización de la conducta (prescripción ordinaria) o de cinco años contados desde la realización de la conducta desleal (prescripción extraordinaria). En todo caso operará la prescripción que ocurra primero. (Artículo 23 de la Ley 256 de 1996).

Finalmente, es de señalar que de estas acciones judiciales conoce a prevención o el juez civil del circuito o la Superintendencia de Industria y Comercio en ejercicio de funciones jurisdiccionales. Numeral 1 literal b del artículo 24 de la Ley 1564 de 2012. Dentro del ejercicio de estas acciones se puede pedir antes o después de la instauración de la demanda por competencia desleal, cualquier tipo de medida cautelar que asegure la realización de las pretensiones propuestas, pues y tal y como menciona Ulises Canosa Suarez:

> El Código General del Proceso del año 2012 estableció un sistema mixto de medidas cautelares. El sistema del código de procedimiento civil era taxativo, porque el legislador determinaba la procedencia de cautelas en cada proceso. Desde la vigencia del CGP el articulo 590 autoriza al juez para decretar en los procesos declarativos, incluido el monitorio, cualquier otra medida que el juez encuentre razonable para la protección del derecho objeto del litigio, impedir su infracción o evitar las consecuencias, prevenir daños, hacer cesar los que se hubieren causado o asegurar la efectividad de la pretensión, teniendo en cuenta la apariencia de buen derecho, la necesidad, efectividad y proporcionalidad (2021, p. 333).

De todo lo anterior se desprende que la obligación del comerciante de abstenerse de realizar actos de competencia desleal, es en realidad una obligación más amplia pues el empresario no solo se debe de abstener de realizar este tipo de conductas, sino que también se encuentra obligado a abstenerse de realizar prácticas restrictivas a la libre competencia, en otras palabras, el comerciante tiene la obligación de no incurrir en ninguna conducta que afecte indebidamente la transparencia y el funcionamiento concurrencial del mercado.

6. Propiedad intelectual

La propiedad intelectual abarca todo un conjunto normativo de orden nacional e internacional que propende por la protección de todas aquellas nuevas creaciones e invenciones, obras literarias, artísticas y científicas, y de todos aquellos signos distintivos que poseen aplicación comercial e industrial; todos ellos activos intangibles con valoración económica y que surgen fruto del esfuerzo del ingenio y el talento humano.

En este sentido, encontramos que las creaciones protegidas por el sistema de propiedad intelectual cuentan con un marco regulatorio ampliamente desarrollado no solo a nivel local, sino regional e internacional, con reglas mayormente claras y autoridades que obran como cabezas del sector en la materia, que para el caso colombiano son la Superintendencia de Industria y Comercio, la Dirección Nacional de Derecho de Autor y el Instituto Colombiano Agropecuario las cuales incluso cuentan con facultades jurisdiccionales para resolver conflictos sobre la materia de su competencia (Herrera, 2020, p. 67).

Así las cosas, tenemos que la protección de todos estos intangibles pertenecientes a la propiedad intelectual se manifiesta a través del otorgamiento de un monopolio de explotación concedido a su titular por un periodo determinado de tiempo y en la posibilidad que tiene este de oponerse y prohibir cualquier tipo de explotación que terceros no autorizados pretendan llevar a cabo de estos bienes incorporales. Como atinadamente menciona Ricardo Antequera Parilli:

> Las disciplinas que integran el "espacio jurídico" de la propiedad intelectual (en especial el derecho sobre las soluciones técnicas, el derecho de marcas y el derecho de autor y los derechos conexos), a pesar de las diferencias sustanciales entre sí, tienen como característica en común que atribuyen derechos subjetivos sobre un bien inmaterial, perceptible a través del intelecto. (2021, p. 47).

El fundamento constitucional de la propiedad intelectual en Colombia lo encontramos en los artículos 58 y 61 de la Constitución Política, los cuales garantizan la propiedad privada y establecen que el Estado velará por la protección de la propiedad intelectual conforme a las formalidades y por el tiempo que establezca el legislador.

Tratándose del ámbito infra constitucional es dable mencionar los artículos 670 y 671 del Código Civil los cuales indican que sobre las cosas incorporales existe una especie de propiedad y el que las producciones del talento o del ingenio son propiedad de sus autores y como tal esta especie de propiedad se regirá por leyes especiales.

En este orden de ideas, tenemos que la propiedad intelectual se considera un tipo o modalidad especial de propiedad, que al igual que en la propiedad común, su titular posee las facultades de uso, goce y disposición sobre el bien, pero que adicional a ello goza de unas particularidades o características que la hacen distanciarse del régimen común u ordinario de propiedad. En este sentido se pronuncia la Corte Constitucional en Sentencia C-334 de 1993 con magistrado ponente Alejandro Martínez Caballero cuando afirma que:

> La propiedad intelectual es pues una modalidad sui generis de propiedad, ya que guarda semejanzas y diferencias con la concepción clásica del derecho de propiedad, a saber:
> Coinciden la propiedad intelectual y la propiedad común en el hecho de que ambas reúnen los elementos esenciales de la propiedad: el usus, el fructus y el abusus, con las limitaciones que establecen la constitución y la ley.
> Pero se diferencian ambas nociones en lo siguiente (...):
> El contenido moral del derecho que tiene el autor sobre la propiedad intelectual que es inalienable, irrenunciable e imprescriptible e independiente del contenido patrimonial del mismo, contrario a lo que ocurre con el derecho de propiedad común, que solo tiene un contenido patrimonial, alienable, renunciable y prescriptible.
> La propiedad intelectual recae sobre una cosa incorporal. La propiedad común en sentido estricto solo recae sobre cosas corporales.
> La propiedad intelectual, por determinación de la ley, es temporal (art. 11 de la Ley 23 de 1982) mientras que la común es perpetua.

Dentro de las diferencias que podemos señalar entre la propiedad intelectual y la común u ordinaria tenemos que:

- A diferencia de la propiedad común, la jurisprudencia constitucional ha reconocido el carácter de fundamental de los derechos morales de autor, con lo cual estos son defendibles vía acción de tutela. Al respecto señala la Corte Constitucional en Sentencia C-148 de 2015, que:

> La doble dimensión de los derechos de autor, puede ser descrita de la siguiente manera: (i) el derecho moral, es inalienable, irrenunciable, extrapatrimonial y perpetuo. Se refiere a la posibilidad de que el autor de determinada creación, reivindique en cualquier momento la paternidad de su obra, exigiendo que se indique su nombre o seudónimo cuando esta se haga pública por cualquier medio. Comprende igualmente el derecho a oponerse a cualquier deformación, mutilación o modificación de su obra que desconozca su reputación, así como a la posibilidad de mantenerla inédita o anónima, o modificarla antes o después de hacerla pública. En esta dimensión se reconoce también el derecho de autor de suspender la circulación de su obra, así la haya auto-

rizado previamente reconociendo los respectivos perjuicios a terceros. La jurisprudencia constitucional ha reconocido, frente al derecho moral de autor, que la Decisión Andina 351 de 1993, expedida por la Comisión del Acuerdo de Cartagena, forma parte del bloque de constitucionalidad. Desde esa óptica, ha reconocido su valor como parámetro de control de constitucionalidad, en lo relativo a la protección de los derechos morales de autor. A su vez, ha sostenido que ese elemento moral de estos derechos, es de carácter fundamental bajo la idea de que se trata de derechos "que emanan de la misma condición de hombre. (ii) los derechos patrimoniales de autor, por otra parte, tienen que ver con la facultad del autor de una creación, de disponer de su obra. Ello implica la posibilidad de cederla, transferirla, renunciar a ella, etc. De acuerdo con la definición de la Organización Mundial de la Propiedad Intelectual, estos derechos implican que "el titular del derecho de autor puede hacer toda clase de utilizaciones públicas de la obra previo abono de una remuneración. En particular, los derechos patrimoniales comprenden la facultad para hacer o autorizar que se haga lo siguiente: publicar o reproducir de otro modo la obra para su transmisión (distribución) al público; comunicarla al público mediante representación o ejecución, mediante radiodifusión, o por hilo; hacer traducciones o cualquier tipo de adaptaciones de la obra y utilizarlas en público, etc. "lo anterior se traduce, (i) en el derecho de reproducción de la obra, mediante su edición, inclusión en audiovisual, fonograma o fijación en medio magnético; (ii) el derecho de comunicación pública a través de la representación o ejecución publica, la radiodifusión radial o televisiva, la transmisión de las obras por cualquier medio, y otras formas de representación de la misma. (iii) el derecho de transformación mediante la autorización del autor para la traducción, adaptación, arreglo o cualquier modificación de la obra; (iv) el derecho de distribución que comprende la posibilidad de alquilar, prestar, e importar la obra. Conforme con la jurisprudencia constitucional, si bien "los derechos patrimoniales derivados de los derechos de autor, no se consideran fundamentales, merecen también la protección del Estado.

La propiedad intelectual siempre recae sobre bienes incorporales, es decir, sobre aquellos que no son susceptibles de apreciarse por los sentidos, pero que no obstante ello, poseen un valor patrimonial al tratarse de activos intangibles.

Los activos intangibles son información de gran relevancia en los estados financieros de las compañías y los empresarios. Se trata de recursos económicos que, sin contar con una entidad física o material tienen la capacidad de generar beneficios económicos en el patrimonio de su titular. En tal sentido, los activos intangibles más conocidos son aquellos relacionados con la propiedad intelectual y la tecnología, como las marcas, las patentes y el software (Miranda, 2022, p. 1).

- Mientras que la propiedad común u ordinaria tiene una vocación de perpetuidad dado que el solo transcurso del tiempo no hace que el titular pierda su derecho real de dominio, tratándose de la propiedad intelectual esta carece de esta vocación de perpetuidad en la medida que pasado determinado de tiempo el bien intangible pasa al dominio público.

Lo anterior por cuanto se deben de conciliar en el ámbito de la propiedad intelectual dos tipos de interés contrapuestos, por un lado el de los titulares de estos derechos que han invertido tiempo, dinero y conocimiento para la realización de la nueva creación o de la obra, y que consiguientemente deben de gozar de un periodo de explotación monopólica de la creación, y de otro lado, el interés de la comunidad en general que amerita el que pasado un tiempo la creación ingrese al dominio público para el efectivo acceso a la cultura, el conocimiento y la tecnología de la sociedad en su conjunto. En palabras de Natalia Tobón Franco:

> Y es que, generalmente, se aducen tres principios para justificar la existencia de las distintas figuras de la PI: el principio de la recompensa, el de la recuperación y del conocimiento público difundido o de beneficio general.
> El primero, es decir el principio de la recompensa, sostiene que se debe incentivar económicamente a un inventor o artista por el tiempo y esfuerzo que invierte en el trabajo que realiza (...)
> El segundo, el principio de la recuperación, busca que el inventor recupere lo que invirtió en el desarrollo del invento y se sienta motivado para iniciar nuevas indagaciones (...)
> El tercer principio, el del conocimiento público difundido, es tal vez el más importante de los tres, porque le hace contrapeso a los dos anteriores. Con él se persigue que, después de recompensar al creador durante un tiempo, otorgándole la facultad de excluir a otros de la explotación de su creación, este pase al dominio público para que la sociedad en general se beneficie. Este principio se origina en el siguiente razonamiento: nada nace por generación espontánea. Todas las creaciones del espíritu son fruto del esfuerzo de un ser humano que obtiene la inspiración en el marco de una sociedad específica que, a sabiendas o sin saberlo, le da la materia prima para la creación (2022, p. 89).

Mientras que en la propiedad común u ordinaria sus titulares pueden ser tanto personas naturales como personas jurídicas, tratándose de los derechos morales de autor sus titulares únicamente pueden ser personas naturales.

Si la obra es creación del ingenio y del intelecto, las únicas personas que pueden ser autoras son las humanas, es decir, las personas jurídicas individuales o naturales. Una persona jurídica estatutaria, por ejemplo, las empresas, sociedades o las instituciones de educación, no podrán ser autoras. Sin embargo, de manera derivada podrán ser titulares de derechos patrimoniales de autor. Ahora bien, en otros sistemas jurídicos, como en el *copyright* anglosajón, es posible que las personas jurídicas estatutarias o colectivas puedan ser autoras (Granados, 2014, p. 32).

- En materia de derechos patrimoniales de autor existen las denominadas excepciones o limitaciones, en virtud de las cuales bajo determinadas circunstancias se puede hacer uso de las obras sin necesidad de solicitarle autorización ni de pagarle ningún tipo de reconocimiento económico al autor o titular de estos derechos. Lo que en el sistema jurídico anglosajón se conoce como la teoría del *fair use.*

El derecho de autor no es absoluto. En ocasiones está permitido que un tercero utilice, reproduzca o comunique una obra sin autorización del autor y sin pagar ninguna contraprestación. Se trata de los llamados "usos justos o honrados". En la Comunidad Andina, para determinar si una norma establece un uso justo o honrado, se aplica de la regla de los tres pasos, que se encuentra consagrada en los artículos 9.2 del Convenio de Berna. 13 del ADPIC y el artículo 21 de la Decisión 351 de 1993 (...)

La Corte Constitucional de Colombia, al referirse a la regla de los tres pasos, explicó lo siguiente:

> Toda información al derecho de autor debe de estar prevista en la ley
> Toda limitación al derecho de autor se aplica de manera taxativa
> Ninguna limitación puede atentar contra la normal explotación de una obra
> El perjuicio que se cause al autor con la limitación debe estar justificado (Tobón, 2016, p. 78 y 79).

Cuando se obtiene un registro de marca o la concesión de una patente se asumen una serie de cargas o de obligaciones en cabeza del titular de dicha marca o patente como lo es la de tener que explotar el signo o la patente concedida so pena de perder dichos bienes por cancelación en el caso de las marcas o por otorgamiento de licencias obligatorias por falta de uso en el caso de las patentes. (Artículos 165 y 61 de la Decisión 486 de 2000).

- Durante el trámite de la obtención de la patente ante la Superintendencia de Industria y Comercio, el solicitante se encuentra facultado para transferir o licenciar dicha solicitud, en otras palabras, aun sin ser el propietario de la patente puede hacer uso de facultades de goce o de disposición sobre el bien incorporal que se encuentra en trámite de adjudicación. (Artículos 56 y 57 de la Decisión 486 de 2000).

- A parte de las acciones tradicionales que ostenta el titular del derecho real de dominio como lo son la acción reivindicatoria y las acciones posesorias, el titular de bienes pertenecientes a la propiedad intelectual posee todo un catálogo de acciones y mecanismos de carácter penal, administrativo y judicial para la defensa de sus intangibles. Dentro de tales mecanismos encontramos:

- Acción penal por los delitos de vulneración a los derechos de autor y por vulneración a la propiedad industrial. (Artículos 270, 271, 306 y 307 de la Ley 599 de 2000).
- El derecho de oposición como mecanismo de carácter administrativo con el cual cuentan los titulares de derechos pertenecientes a la propiedad industrial para oponerse en los tramites que se adelanten ante la Superintendencia de Industria y Comercio al registro o a la concesión de patentes sobre intangibles que puedan vulnerar su propiedad intelectual.
- Las medidas de frontera como mecanismo administrativo que posee el titular de una marca para solicitarle a la autoridad aduanera que suspenda un trámite de importación o exportación sobre mercancías que presuntamente infringen su registro marcario. (Artículo 250 Decisión 486 de 2000).

En el caso colombiano, ante la importación, exportación o tránsito de productos falsificados los titulares de derechos de propiedad intelectual cuentan con medidas en frontera para impedir su ingreso al mercado. Estas, en términos generales, están diseñadas para evitar que se haga una importación o exportación de productos que infrinjan una obra protegida por derechos de autor o derechos conexos o el registro de una marca. Estas medidas permiten la suspensión de la actividad aduanera y la destrucción o el decomiso de la mercancía falsificada en fronteras, siempre que se cumpla con el procedimiento establecido en el marco de la normativa aduanera.

> El desarrollo de la legislación sobre esas medidas responde a obligaciones internacionales adquiridas directamente por Colombia. Con su incorporación a varios acuerdos multilaterales. Este desarrollo empezó en 1883 con el Convenio de Paris, el cual sirvió como base para la adopción del Acuerdo sobre los ADPIC. Seguidamente, este desarrollo fue incorporado de manera directa en Colombia con el régimen común sobre Propiedad Industrial de la Decisión Andina 486 de 2000, y se complementó finalmente con la legislación interna relativa al Régimen de Aduanas. (Rojas y Salamanca, 2022, p. 204 y 205).

- Dentro de las acciones judiciales para amparar la propiedad intelectual se tiene la denominada acción por infracción la cual ostenta el titular de un derecho de propiedad industrial para perseguir que se evite o se cese en la realización por parte de un tercero de una conducta que está vulnerando sus intangibles, así mismo, esta acción puede tener un carácter indemnizatorio dado que a través de ella se pueden solicitar los perjuicios que con la conducta lesionante de la propiedad industrial se le hayan causado a su titular. (Artículo 238 de la Decisión 486 de 2000).

> La Decisión 486 de 2000 de la Comunidad Andina de Naciones o "Régimen Común sobre Propiedad Industrial". Especialmente relevantes resultan los artículos 238, 241 y 243. El primero de ellos incorpora de manera expresa la facultad que tiene todo titular de un derecho de propiedad industrial reconocido en esta regulación para "entablar acción ante la autoridad nacional competente contra cualquier persona que infrinja su derecho" o "ejecute actos que manifiesten la inminencia de una infracción". Los dos restantes contienen un abanico de medidas a favor del afectado con la infracción del derecho de propiedad industrial, dentro de las cuales se incluyen: ordenes dirigidas a que cese la infracción (art. 241, lit.a) y medidas simbólicas a favor del afectado (art.241, lit. f). debe resaltarse, además, que la norma no establece un conjunto cerrado de medidas a favor del afectado (numerus clausus), sino que enuncia solamente unos criterios de reparación "entre otros" (art. 243) (Ramírez, 2022, p. 139).

- Otra acción de carácter judicial es la acción reivindicatoria especial la cual tiene por objeto obtener la reivindicación de un trámite de solicitud de derecho de propiedad industrial u obtener la reivindicación de un derecho de propiedad industrial concedido a una persona que no tiene derecho sobre el mismo por no ser su inventor o creador, o para que se reconozca el accionante como cosolicitante o cotitular del derecho pretendido u otorgado. (Artículo 237 de la Decisión 486 de 2000).

En palabras de Rodolfo Lizarazu Montoya, esta acción tiene por objeto:

> La acción de reivindicación para la propiedad intelectual constituye un mecanismo de defensa de gran utilidad, por cuanto va más allá de la pretensión de la acción de nulidad y, en ese sentido, no pretende extinguir un registro, sino que se le transfiera la solicitud en trámite o el derecho concedido de patentes, diseños industriales o marcas o que se le reconozca como otro de sus solicitantes o titulares. De igual forma, busca una indemnización por daños y perjuicios (2014, p. 383).

- Si bien el derecho de la competencia y la propiedad industrial son normativas cuyo ámbito de protección es diferente, pues se encuentran encaminadas a proteger intereses subjetivos y económicos distintos, muchas veces se efectúan actos contrarios a la libre competencia a través de la vulneración de la propiedad industrial, con lo cual el titular de dichos derechos intelectuales puede acudir a las acciones judiciales propias de la competencia desleal (acción preventiva o de prohibición o acción declarativa o de condena) para evitar que la conducta se siga realizando o para solicitar la indemnización de los perjuicios correspondientes. (Artículos 258 y 259 de la Decisión 486 de 2000).

Así las cosas y de acuerdo con las características tan especiales de las cuales goza la propiedad intelectual es que se puede apreciar la relevancia que esta posee, entre otras, como nueva forma de obtención de riqueza, de aliciente para el desarrollo tecnológico, y la competitividad empresarial, así como su función de instrumento propiciador del avance de la cultura, las ciencias, los conocimientos y la mejora de la calidad de vida de los ciudadanos. Nada más diciente que las palabras de Siva Vaidyanathan, cuando afirma que:

> Imaginemos un mundo sin leyes de propiedad intelectual. Podría ser una pesadilla. Las medicinas que compramos en la farmacia podrían ser solo pastillas de azúcar, hechas con la misma forma y la marca de los medicamentos que nos prescribió el médico para que parecieran iguales. Las compañías farmacéuticas se concentrarían solo en productos probados, aunque tuvieran que venderlos más baratos, en lugar de invertir en riesgosas investigaciones, pruebas, desarrollos y mercadeo de nuevos tratamientos. El próximo sorbo de Coca Cola que nos tomáramos podría envenenarnos porque alguien preparo un líquido marrón barato y lo envaso en botellas marcadas con el conocido logo rojo. Un laboratorio en Corea que inventará una célula eléctrica eficiente y capaz de reemplazar los motores de combustible de los camiones grandes optaría por mantener en secreto esta tecnología hasta que pudiera encontrar a un vendedor, con lo cual privaría a los demás del importante conocimiento básico que impulso el hallazgo tecnológico. Los principales artistas podrían dejar de grabar sus discos en formatos masivos de alta calidad y recurrir, en cambio, a grabaciones aficionadas de baja calidad de producción y redes informales de promoción, y a constantes espectáculos en vivo para justificar financieramente el trabajo que hacen. Y Holliwood dejaría de producir películas de superhéroes épicamente costosas. Millones de personas de las industrias creativas perderían sus empleos a medida que los inversionistas abandonaran los mercados que no pueden predecir y en los que no pueden confiar (2021, p. 25 y 26).

Ahora bien, la propiedad intelectual se divide en dos grandes materias; por un lado, la propiedad industrial que tiene que ver con todas aquellas nuevas creaciones y signos distintivos que tienen aplicación en la industria; y por el otro, con los derechos de autor y los derechos conexos que tienen que ver con toda aquella normativa protectora de las obras de naturaleza literaria, artística y científica, y con la protección de los artistas, intérpretes, o ejecutantes, los productores de fonogramas y los organismos de radiodifusión.

6.1. DERECHOS DE AUTOR

- El marco jurídico fundamental de protección en Colombia de la propiedad intelectual y particularmente de los derechos de autor lo encontramos en las siguientes normativas:
  - Convenio de Berna de 1886, a la cual se adhirió Colombia mediante la Ley 33 de 1987.
  - El Acuerdo sobre los Aspectos de los Derechos de Propiedad Intelectual Relacionados con el Comercio (ADPIC)
  - La Decisión 351 de 1993 de la Comunidad Andina de Naciones expedido por la Comisión del Acuerdo de Cartagena con ocasión de la ratificación efectuada por Colombia al Acuerdo de Cartagena.
  - Ley 23 de 1982.
  - Ley 44 de 1993.
  - Ley 1915 de 2018.

Los derechos de autor se constituyen en un conjunto de normas de orden internacional, regional y nacional que se encargan de proteger las obras y sus autores o titulares, con todo, para que una obra sea susceptible de protección por parte de los derechos de autor se debe de tratar de una creación intelectual original fruto del esfuerzo e ingenio humano, sobre la cual el autor plasmo su individualidad y personalidad, cuya forma de expresión es de carácter literario, artístico o científico y que es susceptible de ser divulgada o reproducida por cualquier medio conocido o por conocerse. Así las cosas, si una obra no cumple con los parámetros atrás esbozados no podrá ser protegida por vía derechos de autor.

Ahora bien, señala el artículo 2 de la Ley 23 de 1982 que los derechos de autor recaen sobre las obras científicas, literarias y artísticas, las cuales comprenden todas las creaciones del espíritu en el campo científico, literario, y artístico, cualquiera que sea el modo o forma de expresión y cualquiera que sea su destinación, tales como: los libros, folletos, y otros escritos; las conferencias, alocuciones, sermones y otras obras de la misma naturaleza; las obras dramáticas o dramático musicales; las obras coreográficas y las pantomimas; las composiciones musicales con letra o sin ella; las obras cinematográficas, a las cuales se asimilan las obras expresadas por procedimiento análogo a la cinematografía, inclusive los videogramas; las obras de dibujo, pintura, arquitectura, escultura, grabado, litografía; las obras fotográficas a las cuales se asimilan las expresadas por procedimiento análogo a la fotografía, las obras de arte aplicadas; las ilustraciones, mapas, planos, croquis y obras plásticas relativas a la geografía, a la topografía, a la arquitectura, o a las ciencias; y en fin, toda producción del dominio científico, literario o artístico que pueda reproducirse, o definirse, por cualquier forma de impresión o de reproducción, por fonografía, radiotelefonía o cualquier otro medio conocido o por conocer.

Con todo, es de resaltar que en nuestro país el software se protege vía derechos de autor pues se asimila a una obra literaria. En palabras de Eduardo J. Pacheco:

> El tratamiento de obra literaria que se ha dado al software ciertamente trajo consigo al inicio, y perdura hasta ahora, el importantísimo incentivo a la producción intelectual que proviene de la confianza en un sistema de protección jurídico cuya practica se conoce (El del Derecho de Autor), y del cual el objeto y sujeto involucrados gozarían mutatis mutandis.
> Particularmente, los creadores de *software* cuentan hoy con un marco legal que da bienvenida a producciones intelectuales sin revisión del mérito atribuido a la creación, siempre que sea original, sin necesidad de registro constitutivo de derechos, aunque haya depósitos legales con fines de oponibilidad y transmisión del conocimiento, y con una larga lista de prerrogativas (derechos morales y patrimoniales) que perduran más allá de la vida del creador (2020, p. 30 y 31).

Eso sí, las obras que están dentro del dominio público no están protegidas por el derecho de autor, con lo cual y conforme al artículo 187 de la Ley 23 de 1982 no estarían protegidas por el derecho de autor:

- Las obras cuyo periodo de protección este agotado.
- Las obras folclóricas y tradicionales de autores desconocidos.
- Las obras cuyos autores hayan renunciado a sus derechos.
- Las obras extranjeras que no gocen de protección en la república.

Como aspectos básicos para tener en cuenta en materia de derechos de autor tenemos los siguientes:

- *El derecho de autor no protege las ideas:* las ideas se podrían considerar como patrimonio de la humanidad y, por ende, en principio de libre acceso para todos, salvo que se encuentren protegidas a través de mecanismos de confidencialidad como sería el caso de un secreto industrial o empresarial, con lo cual el derecho de autor se encarga es de proteger la forma como estas ideas se encuentran expresadas o plasmadas en un soporte material y no la ideas como tal.

El bien jurídico tutelado por el derecho de autor se traduce entonces en toda clase de obra literaria, artística y científica que sea realizada por un autor, persona física, y que se encuentra protegida por el solo hecho de la creación, sin que importe en absoluto su calidad, temática, destinación o finalidad y que debe ser una concreción material y real de una idea, pues es la concreción y materialización que se lograr por medio de expresión literaria, artística o científica la que es objeto de protección de esta disciplina y no la idea general y abstracta como tal (Ley 23 de 1982, arts. 2 y 6, inc. 2; Decreto 351 del Acuerdo de Cartagena, arts. 4 y 7). (Rios, 2009, p. 58).

Aquí vale advertir que, una cosa es la obra como tal (bien incorporal e intangible) y otra el soporte material en donde se encuentra fijada la obra, de ahí que el artículo 6 de la Decisión 351 de 1993 expresa que: Los derechos reconocidos por la presente decisión son independientes de la propiedad del objeto material en el cual este incorporada la obra.

- *Para que una obra sea susceptible de protección por los derechos de autor no se requiere entrar analizar su mérito artístico, utilidad o destinación:* la protección que brindan los derechos de autor recae exclusivamente sobre la obra como tal sin entrar a hacer consideraciones sobre la calidad artística o estética de la misma, y con independencia de su funcionalidad o de si posee destinación industrial, comercial o carece de ella.
- *La protección por parte de los derechos de autor surge desde el momento de su creación:* no se requiere de ningún tipo de solemnidad o registro para que la obra entre a ser protegida por los derechos de autor, no obstante, en ello existe la posibilidad de su registro ante la Dirección Nacional de Derechos de Autor, registro que posee únicamente un carácter declarativo para facilitar en el caso de un eventual litigio, la titularidad sobre la obra, pero que bajo ningún punto de vista tiene un carácter constitutivo de derechos o de protección. En palabras de Natalia Tobón Franco y Eduardo Varela Pezzano:

> Ahora bien, una cosa es el registro de la obra literaria o artística, que no es obligatorio para obtener la protección, pero sirve de medio de prueba – el registro no es constitutivo sino declarativo de derechos—, y otra, la obligación de inscribir en el Registro Nacional del Derecho de Autor de todo acto por el cual se enajene, transfiera, cambie o limite el dominio sobre el derecho de autor, o los derechos conexos, para efectos de publicidad y oponibilidad ante terceros. También esto es diferente del depósito que debe hacer todo editor, productor de obras audiovisuales, productor fonográfico y videograbador, establecidos en Colombia, de toda obra, fonograma o videograma que haya sido divulgadas y circulen el país (2022, p. 70 y 71).

- *Obra de arte aplicada a la industria:* Nada obsta para que si una obra es protegida por los derechos de autor, pueda así mismo —si reúne los requisitos para su protección— ser igualmente amparada por las normas relativas a la propiedad industrial. En estos términos se pronuncia Ricardo Antequera Parilli, cuando afirma que:

> Si no hay impedimento para viabilizar una doble protección, cuando se cumplan los respectivos requisitos existenciales, tampoco lo puede haber para admitir la posibilidad de una triple tutela, si el mismo bien reúne las condiciones propias de un signo distintivo, de un diseño industrial y de una obra de arte aplicado.
> Así, por ejemplo, un artículo de bisutería o de joyería puede calificar como marca tridimensional en la clase 14 del Clasificador Internacional de Niza, si tiene capacidad distintiva para identificar al producto y diferenciarlo de otros de la misma clase, asociándose con un determinado origen empresarial; también como diseño industrial, por su novedad y dadas sus características que le ofrecen un particular atractivo a la vista del consumidor, y asimismo como obra de arte aplicado, por su originalidad en la forma de expresión artística (2021, p. 25 y 26).

Con todo, es de resaltar que los derechos de autor a su vez se dividen en derechos morales de autor y en derechos patrimoniales de autor, los primeros tienen que ver con la relación íntima, con el vínculo vital y espiritual entre el autor y su obra, con lo cual tienen un carácter de irrenunciables, perpetuos, inembargables, inalienables, irrenunciable; sus titulares únicamente pueden ser personas naturales; y es más, para nuestra Corte Constitucional se tratan de derechos de orden fundamental, y por ende, defendibles vía acción de tutela; en cuanto a los derechos patrimoniales de autor estos tienen que ver con la posibilidad que tiene el autor de autorizar o no la explotación económica de la obra, con lo cual, dado que solo miran el aspecto económico de la obra, estos poseen el carácter de ser renunciables, disponibles por acto entre vivos, embargables, transmisibles por causa de muerte y con la posibilidad de ser sus titulares tanto las personas naturales como las personas jurídicas.

Al respecto señala la Corte Constitucional en Sentencia C-148 de 2015, que:

> La doble dimensión de los derechos de autor, puede ser descrita de la siguiente manera: (i) el derecho moral, es inalienable, irrenunciable, extrapatrimonial y perpetuo. Se refiere a la posibilidad de que el autor de determinada creación, reivindique en cualquier momento la paternidad de su obra, exigiendo que se indique su nombre o seudónimo cuando esta se haga pública por cualquier medio. Comprende igualmente el derecho a oponerse a cualquier deformación, mutilación o modificación de su obra que desconozca su reputación, así como a la posibilidad de mantenerla inédita o anónima, o modificarla antes o después de hacerla pública. En esta dimensión se reconoce también el derecho de autor de suspender la circulación de su obra, así la haya auto-

> rizado previamente reconociendo los respectivos perjuicios a terceros. La jurisprudencia constitucional ha reconocido, frente al derecho moral de autor, que la Decisión Andina 351 de 1993, expedida por la Comisión del Acuerdo de Cartagena, forma parte del bloque de constitucionalidad. Desde esa óptica, ha reconocido su valor como parámetro de control de constitucionalidad, en lo relativo a la protección de los derechos morales de autor. A su vez, ha sostenido que ese elemento moral de estos derechos, es de carácter fundamental bajo la idea de que se trata de derechos "que emanan de la misma condición de hombre. (ii) los derechos patrimoniales de autor, por otra parte, tienen que ver con la facultad del autor de una creación, de disponer de su obra. Ello implica la posibilidad de cederla, transferirla, renunciar a ella, etc. De acuerdo con la definición de la Organización Mundial de la Propiedad Intelectual, estos derechos implican que "el titular del derecho de autor puede hacer toda clase de utilizaciones públicas de la obra previo abono de una remuneración. En particular, los derechos patrimoniales comprenden la facultad para hacer o autorizar que se haga lo siguiente: publicar o reproducir de otro modo la obra para su transmisión (distribución) al público; comunicarla al público mediante representación o ejecución, mediante radiodifusión, o por hilo; hacer traducciones o cualquier tipo de adaptaciones de la obra y utilizarlas en público, etc. "lo anterior se traduce, (i) en el derecho de reproducción de la obra, mediante su edición, inclusión en audiovisual, fonograma o fijación en medio magnético; (ii) el derecho de comunicación pública a través de la representación o ejecución publica, la radiodifusión radial o televisiva, la transmisión de las obras por cualquier medio, y otras formas de representación de la misma. (iii) el derecho de transformación mediante la autorización del autor para la traducción, adaptación, arreglo o cualquier modificación de la obra; (iv) el derecho de distribución que comprende la posibilidad de alquilar, prestar, e importar la obra. Conforme con la jurisprudencia constitucional, si bien "los derechos patrimoniales derivados de los derechos de autor, no se consideran fundamentales, merecen también la protección del Estado.

Dentro, de los derechos patrimoniales de autor que son susceptibles de disposición por parte del autor, bien sea mediante su cesión o mediante su licenciamiento tenemos, entre otros, el derecho a la reproducción, a la comunicación pública, a la transformación y a la distribución de la obra. (Artículo 12 de la Ley 23 de 1982 modificado por el artículo 3 de la Ley 1915 de 2018).

Ahora bien, con fundamento en lo anterior y en sintonía con la salvaguarda a la autonomía de la voluntad y a la libertad contractual de la cual gozan los titulares de los derechos patrimoniales de autor, es que las limitaciones o excepciones que el legislador imponga a esta categoría de derechos no deben en ninguna circunstancia afectar la normal explotación de la obra ni generarles un perjuicio injustificado a sus intereses.

Al respecto, se manifiesta la jurisprudencia constitucional cuando en Sentencia C-069 de 2019 con magistrado ponente Luis Guillermo Guerrero Pérez, aduce que:

> De esta manera, la protección que el Estado le otorga a los derechos de autor no necesariamente es uniforme, pues depende de las garantías que se adopten por el legislador, en respuesta a las características propias de la diversidad de obras que abarcan esta disciplina. No obstante, el ejercicio del ámbito de configuración del legislador tiene como limites los postulados superiores que orientan a su protección, junto con el contenido de los derechos que se interrelacionan en su desarrollo, como ocurre con la libertad de expresión y el derecho al libre desarrollo de la personalidad. Adicionalmente, en caso de establecer restricciones al disfrute de los derechos de autor, se requiere que ellas sean razonables y proporcionales.

Y esta misma corporación, en Sentencia C-155 de 1998, expresó que:

> En consecuencia, no cabe duda de que la manera de proteger los derechos de autor, así como el diseño de los mecanismos adecuados para el efecto, es una potestad que le compete al legislador, a quien la constitución habilita para establecer el tiempo y las formalidades necesarias para salvaguardar el citado derecho, para lo cual debe tener como directrices los postulados superiores que rigen la manera como se ejerce dicha atribución (CP.arts. 61, 150 y 334), los derechos que se interrelacionan con su desarrollo, la prohibición de crear condiciones irrazonables o desproporcionadas respecto de su ejercicio y los mandatos del derecho comunitario, sin perjuicio de la aplicación de otros tratados internacionales que sean vinculantes en el ámbito interno.
> *Como desarrollo de lo anterior y en lo que atañe a las limitaciones que se impongan al disfrute de los derechos de autor, la Corte ha dicho que las mismas deben ser (i) legales y taxativas; (ii) su aplicación no debe atentar contra la normal explotación de la obra; (iii) ni causarle al titular del derecho un perjuicio injustificado en sus legítimos derechos e intereses.*

Finalmente, en materia de derechos de autor también existen los denominados derechos conexos de autor que son aquellos que protegen a los intérpretes, ejecutantes, productores de fonogramas, y órganos de radiodifusión, lo anterior por cuanto a través de estos se facilita la difusión de la obra, con lo cual, si bien no son creadores de la obra (autores), merecen protección sobre sus interpretaciones, ejecuciones, producciones fonográficas y sobre sus transmisiones de emisiones radiales o televisivas en los casos de los órganos de radiodifusión.

6.2. PROPIEDAD INDUSTRIAL

Cuando hablamos de propiedad industrial nos referimos a toda una serie de normas de carácter internacional, regional y nacional que se encargan de proteger a las nuevas creaciones y a los signos distintivos utilizados en la industria y el comercio por los empresarios y comerciantes. El marco normativo del régimen de propiedad industrial lo encontramos en:

- Acuerdo sobre los aspectos de propiedad intelectual relacionados con el comercio (ADPIC).
- Convenio de parís sobre propiedad industrial aprobado mediante Ley 178 de 1994.
- Tratado de cooperación en materia de patentes (P.C.T).
- Protocolo de Madrid aprobado mediante la Ley 1455 de 2011. (sistema de Madrid en materia de marcas).
- Decisión 486 de 2000 de la Comunidad andina de naciones.
- Libro III del Código de Comercio. (la propiedad industrial se considera un bien comercial o mercantil junto con los títulos valores, y los establecimientos de comercio).

Dentro de las nuevas creaciones pertenecientes a la propiedad industrial tenemos a:

- Patentes de invención y de procedimiento: En Colombia tanto las invenciones, entendidas estas como la solución que se crea fruto del esfuerzo intelectual a un problema técnico existente, como los procedimientos, entendidos estos como el conjunto de pasos que de forma consecuencial permiten llegar a un resultado, efecto o producto determinado, son susceptibles de protección a través del otorgamiento de una patente. Ahora bien, en palabras de Rodolfo Lizarazu Montoya una patente es: "...un título o monopolio que le confiere el Estado por medio de la autoridad competente al propietario del derecho, para explotar de manera exclusiva y excluyente una creación intelectual que sea nueva, tenga inventiva y sea susceptible de aplicación industrial" (2014, p. 198).

Así las cosas, quien obtiene una patente sobre un invento o procedimiento poseen el derecho a explotar económicamente su creación de forma monopólica por un periodo determinado de tiempo (*Ius Utendi*) y a oponerse a que terceros no autorizados hagan uso de la misma. (*Ius Pro-*

hibendi). Ahora bien, para que un invento o procedimiento sea patentable debe de reunir concurrentemente tres requisitos:

Novedoso: es decir, que sea totalmente nuevo entendiendo por tal, que al momento de presentar la solicitud de patente ante la autoridad competente en nuestro caso la Superintendencia de Industria y Comercio, o de reivindicar su fecha de prioridad este no existía en ninguna parte del mundo, es decir, no estaba comprendido dentro del estado de la técnica. Artículo 16 de la Decisión 486 de 2000.

Conforme el artículo 16 de la Decisión 486 de 2000 el estado de la técnica comprende todo lo que haya sido accesible al público por una descripción escrita u oral, utilización, comercialización o cualquier otro medio antes de la fecha de presentación de la solicitud o de la prioridad reconocido, en su caso.

Nivel inventivo: significa que la nueva creación (invento o procedimiento) no sea algo obvio que se deriva del estado de la técnica para un experto o conocedor de la tecnología que se pretende patentar. Artículo 18 de la Decisión 486 de 2000. Señalan Andrés Rincón Uscategui y María Margarita Guevara, que:

> Se entiende que una solicitud de patente tiene nivel inventivo si la solución al problema técnico que plantea no es obvia para una persona del oficio normalmente versada en esa materia técnica. Este concepto de nivel inventivo, sin embargo, es puramente legal y, para efectos de determinarlo en la práctica, en el análisis de nivel inventivo el examinador debe buscar en el estado de la técnica referencias que, al combinarse, revelen todos los elementos de la reivindicación que se analiza (2017, p. 84).

Aplicación industrial: este requisito hace alusión a que el invento o el procedimiento pueda ser replicado o utilizado en cualquier tipo de industria, no solo la perteneciente al ámbito productivo, sino también aquella perteneciente al ámbito comercial o de servicios. Artículo 19 de la Decisión 486 de 2000.

Por otro lado, es de señalar que el monopolio que concede una patente de invención o procedimiento no es de carácter indefinido, puesto que su periodo de vigencia o protección es de veinte **años contados desde su solicitud ante la Superintendencia de Industria y Comercio, pasado este término la creación pasa al dominio** público y los terceros pueden explotar sin requerir ningún tipo de autorización o de contraprestación a favor del inventor. Al respecto, afirma Carlos Augusto Conde que:

> Una de las más importantes justificaciones para el otorgamiento de una patente está relacionada con los beneficios que obtienen tanto el inventor como la sociedad. El primero puede explotar de manera exclusiva en un mercado

> especifico su invención durante un periodo de tiempo; el segundo se beneficia de la producción del conocimiento, el cual posteriormente entra al dominio público. En consonancia con lo anterior, se otorga una posición privilegiada en el mercado a quien obtiene una patente, el cual, a su vez, durante un periodo de tiempo, es el único que puede suplir la demanda de un determinado producto o proceso en el mercado siendo de esta forma el titular del derecho intangible (2021, p. 321).

El trámite para la obtención de una patente consta de una petición que se hace ante la Superintendencia de Industria y Comercio la cual contiene, entre otras, una descripción pormenorizada de la invención o del procedimiento que se pretende patentar, las reivindicaciones, esto es, los elementos que se quieren proteger con la patente contienen así mismo, dibujos, planos y figuras que sirven como sustento a las reivindicaciones señaladas y un resumen de la información técnica de la invención. (Artículos 27 a 31 de la Decisión 486 de 2000).

Una vez presentada la solicitud, la Superintendencia realiza un examen formal de la misma, para posteriormente pasado un lapso de dieciocho meses publicarla en la gaceta de propiedad industrial, esto con el fin que dentro de los sesenta días siguientes a su publicación se puedan presentar oposiciones por parte de terceros que se puedan ver afectados con el trámite de la patente; dentro de los seis meses siguientes a esta publicación e independientemente de que se formulen oposiciones el solicitante debe solicitar —so pena de abandono del trámite— el examen de fondo de la Superintendencia, la cual puede ser favorable concediendo la patente, desfavorable rechazándola o favorable solo para algunas de las reivindicaciones planteadas en la solicitud.

Una vez obtenida la patente —la cual brinda una protección de carácter territorial— su titular queda con la carga u obligación de explotarla. Bien sea directamente o través de una licencia de uso, aunque también podría cederla, evento en el cual esta saldría de su patrimonio para ingresar al patrimonio de su cesionario. La licencia o la cesión de la patente está sometida al requisito de inscripción ante la Superintendencia de Industria y Comercio para efectos de oponibilidad ante terceros. (Artículos 56 y 57 de la Decisión 486 de 2000).

Es importante aclarar que la falta de explotación de la patente puede dar lugar al otorgamiento de una licencia obligatoria por no uso a favor de un tercero. (Artículo 61 de la Decisión 486 de 2000).

> Dos situaciones pueden dar origen en Colombia al otorgamiento de una licencia obligatoria por falta de explotación: que la patente no se haya explotado de forma suficiente que satisfaga la demanda del mercado luego de 3

años de ser otorgada (o cuatro contando desde la fecha de presentación de la solicitud), o que la explotación no se haya reanudado luego de una suspensión de más de un año (Castro, 2009, p. 315 y 316).

Por **último,** es de indicar que los artículos 15 y 20 de la Decisión 486 de 2000 establece que no se considera invención y que invenciones no son susceptibles de ser patentadas.

- Modelos de Utilidad: Se habla de un modelo de utilidad cuando a un objeto o artefacto se le concede por la disposición de sus elementos, su configuración o forma, una ventaja técnica que antes no poseía, ventaja técnica que se refleja en un mejor o diverso funcionamiento, utilización o fabricación del objeto. (Artículo 81 de la Decisión 486 de 2000).

De igual forma que las invenciones y los procedimientos, los modelos de utilidad se protegen mediante el otorgamiento de una patente, sin embargo, su periodo de protección es menor de diez **años contados a partir de la solicitud ante la Superintendencia de Industria y Comercio, periodo que una vez vencido da lugar a que el modelo de utilidad pase al dominio** público. (Artículo 84 de la Decisión 486 de 2000).

Al igual que para los inventos y los procedimientos, los requisitos de patentabilidad de los modelos de utilidad son: la novedad, el nivel inventivo (menor que para el caso de los inventos) y su aplicación industrial. Por otro lado, no son susceptibles de patentarse como modelos de utilidad. Artículo 82 de la Decisión 486 de 2000:

- Las obras plásticas (protegibles vía derechos de autor).
- Obras de arquitectura (igualmente protegible vía derechos de autor).
- Objetos que tengan únicamente carácter estético (dado que los modelos de utilidad otorgan una ventaja funcional al objeto que antes no tenía).
- Los procedimientos o sustancias (se protegen vía patentes de procedimiento).
- Materias excluidas de protección vía patentes de invención.
- Así las cosas, podemos plantear como diferencias entre las patentes de invención o procedimiento y las patentes de modelo de utilidad las siguientes:
- La patente de modelo de utilidad recae sobre un objeto que ya existe solo que por la nueva configuración de sus elementos ad-

quiere una ventaja técnica que antes no tenía, a diferencia de los inventos en los cuales el invento se crea desde cero, con lo cual el nivel inventivo es mucho más exigente tratándose de las invenciones que de los modelos de utilidad.

- Las patentes de modelo de utilidad solamente pueden recaer sobre un objeto con una forma específica y no sobre un procedimiento o sustancia como ocurre tratándose de las patentes de procedimiento.
- El termino de protección de las patentes de modelo de utilidad (diez **años) es menor al termino de protección de las patentes de invención o procedimiento** (veinte **años).**
- Al igual que para las patentes de invención y procedimiento el trámite para la obtención de patente de un modelo de utilidad consta de solicitud, examen de forma, publicación, y examen de fondo, no obstante, los términos se reducen a la mitad, y la publicación ocurre a los doce meses siguientes a la solicitud.
- Es menor el costo del trámite para la obtención de una patente de modelo de utilidad que el costo del trámite para la obtención de una patente de invención o de procedimiento.
- Esquema de Trazados de Circuitos Integrados: El artículo 86 de la Decisión 486 de 2000 manifiesta que un circuito integrado es: un producto, en su forma final o intermedia, cuyos elementos, de los cuales al menos uno es un elemento activo y alguna o todas las interconexiones, forman parte integrante del cuerpo o de la superficie de una pieza de material, y que esté destinado a realizar una función electrónica. Y por su parte este mismo artículo indica que un esquema de trazado es: la disposición tridimensional, expresada en cualquier forma, de los elementos, siendo al menos uno de estos activos, e interconexiones de un circuito integrado, así como esa disposición tridimensional preparada para un circuito integrado destinado a ser fabricado.

Así las cosas, tenemos entonces que estos bienes corresponden a los conocidos como microchips, o semiconductores en virtud de los cuales se disponen e interconectan unos elementos de una forma determinada, con el objetivo de que esta nueva disposición permita el cumplimiento de una función electrónica específica. Los esquemas de trazado de circuitos integrados se protegen mediante su inscripción ante la Superintendencia de Industria y Comercio, siendo un requisito fundamental para la procedencia de este registro, que el esquema sea de carácter original, esto es, en los términos del artículo 87 de la Decisión 486 de 2000 que:

> ...cuando resultará del esfuerzo intelectual propio de su creador y no fuese corriente en el sector de la industria de los circuitos integrados; o en el evento en que este constituido por uno o más elementos corrientes en el sector de la industria de los circuitos integrados, se le considerará original si la combinación de tales elementos, como conjunto, cumple con esa condición.

Señala Rodolfo Lizarazu Montoya que:

> El derecho exclusivo que confiere el registro tiene una duración de diez años contados a partir de la más antigua de las siguientes fechas:
> El último día del año en que se haya realizado la primera explotación comercial del esquema de trazado en cualquier lugar del mundo, y
> La fecha en que se haya presentado la solicitud de registro ante la oficina nacional competente del respectivo país miembro.
> No obstante, la protección caducará al vencer un plazo de quince años contados desde el **último día del año en el que se creó el esquema de trazado** (2014, p. 339).

Por otro lado, frente a la protección que concede el registro del circuito integrado plantean Natalia Delgado Virviescas y Paola Andrea Zambrano García que:

> Dicha inscripción y registro, como las demás de la propiedad industrial, tiene como facultades directas el disfrute económico de la creación si esta se posiciona en el mercado. Sin embargo, con la protección del esquema de trazado que define el mapa de conexiones de los elementos de un circuito integrado no es suficiente, teniendo en cuenta que pequeñas variaciones en las conexiones pueden dar lugar a una misma función. Estas pequeñas variaciones, según la Decisión 486, otorgan un registro diferente cada vez. Esto quiere decir que un fabricante, cuyo circuito integrado presente una función particular, puede proteger su desarrollo mediante el registro de esquema de trazado y, al mismo tiempo, otro fabricante puede solicitar la protección de un esquema de trazado con algunas variaciones-aunque la función del circuito integrado para ambos fabricantes sea la misma. (2020, p. 338).

- Diseños Industriales: Conforme al artículo 113 de la Decisión 486 de 2000 un diseño industrial se constituye en: la apariencia particular de un producto que resulte de cualquier reunión de líneas o combinación de colores, o de cualquier forma externa bidimensional o tridimensional, línea, contorno, configuración, textura o material, sin que cambie el destino o finalidad de dicho producto.

En ese orden de ideas, un diseño industrial se centra en la apariencia particular de un producto haciéndolo más llamativo a los consumidores, sin que se toque su aspecto funcional o utilitario, sino únicamente su parte estética. Ahora bien, tal y como lo indica la definición que de diseño industrial consagra la Decisión 486 de 2000, este puede ser de carácter bidimensional cuando tiene largo y ancho; o puede ser de carácter tridimensional cuando además posee profundidad.

La protección y, por tanto, la protección exclusiva y excluyente sobre el diseño industrial se obtiene mediante su registro ante la Superintendencia de Industria y Comercio, y tiene una vigencia de diez **años contados desde su solicitud, con lo cual, vencido dicho té**rmino este diseño pasa al dominio público.

Dentro de los requisitos para la obtención del registro de protección se tiene que el diseño industrial debe ser novedoso (es decir, que el público que no haya tenido acceso al mismo por ningún medio, antes de la presentación de la solicitud ante la Superintendencia de Industria y Comercio, o de la solicitud de prioridad) y debe de ser susceptible de aplicación industrial, es decir, que sea susceptible de reproducirse en masa. De todas formas, es de tener en cuenta que no se concederá el registro sobre el diseño industrial en los casos en que:

- Su explotación comercial deba impedirse por razones de orden público.
- Cuya estética este determinada por circunstancias de tipo técnico o funcional.
- Cuya estética se encuentre determinada para el logro de un montaje o ensamble a un objeto o producto.
- Presente diferencias meramente secundarias o accidentales con relación a diseños anteriores.

Secreto industrial o empresarial: Por secreto industrial o empresarial se entiende toda aquella información no divulgada referente a cualquier actividad productiva, industrial o comercial, cuyo titular ha tomado todas las medidas necesarias para mantener en secreto, que tiene un valor económico por ser secreta, y que es susceptible de transferirse a terceros. Artículo 260 de la Decisión 486 de 2000.

Dentro de lo que se puede catalogar como secreto industrial o empresarial tenemos, por ejemplo: el *know how* o saber hacer, las bases de datos, listas de clientes y proveedores, planes o modelos de negocio, campañas publicitarias, códigos fuentes, ideas que se quieran mantener bajo confidencialidad, recetas de productos, etc. Así las cosas, tenemos que el término de protección de los secretos industriales o empresariales va a ser mientras la información objeto del secreto permanezca oculta.

> A diferencia de las patentes y otras figuras de protección de la PI, los secretos empresariales se protegen sin que sea necesario acudir a una solicitud de registro, sin necesidad de formalidades de tramite alguno ante autoridades administrativas y por ello su duración puede ser ilimitada en el tiempo, pues se mantiene vigente durante el lapso que se reúnan los requisitos para que se siga manteniendo como secreto (González y Granados, 2014, p. 147).

Por otro lado, dentro de los signos distintivos pertenecientes a la propiedad industrial tenemos a:

- Marcas: Por marca se entiende el signo que distingue los productos y servicios de un empresario en el mercado de los de otro comerciante. Ahora bien, dentro de las principales funciones que cumple la marca tenemos:
- Distintiva: distingue los productos y servicios de un comerciante dentro del mercado de los de otro comerciante competidor.
- Permite identificar el origen empresarial de la marca utilizada.
- Se constituye en una de las principales herramientas para el mercadeo y la publicidad de los productos y servicios del comerciante.
- En determinadas circunstancias logra generar un vínculo importante entre el consumidor y los productos que distingue la marca, atribuyéndole aquel una calidad especial o particular al producto.

En Colombia las marcas se protegen mediante su registro ante la Superintendencia de Industria y Comercio, con lo cual una vez esta es registrada su titular puede explotarla de forma exclusiva y excluyente, en otras palabras, se adquiere un monopolio legal de explotación sobre el signo. Con todo, el termino de vigencia de la protección es de diez años contados desde el registro correspondiente, pero a diferencia de las nuevas creaciones, el registro sobre las marcas se puede seguir renovando cada diez años de manera indefinida.

Es de anotar que el titular del registro de una marca puede efectuar actos jurídicos sobre la misma, tales como: su licenciamiento para que un tercero la explote, pero conservando la titularidad sobre la misma y percibiendo como contraprestación un precio o regalía como contraprestación por otorgar este uso de su signo, pero también el titular la puede ceder, evento en el cual, la marca sale de su patrimonio e ingresa al patrimonio de otra persona.

La licencia de marca se constituye en un contrato atípico, razón por la cual, las partes en virtud de la autonomía de la voluntad son libres de determinar las condiciones que van a regir su licenciamiento, tales como: el monto de la regalía, su periodicidad, el territorio en que se concede el uso, si existe o no exclusividad, la forma de resolución de controversias, etc.

De conformidad con el artículo 5 del Decreto 729 de 2012, el registro de licencia de marca ante la Superintendencia de Industria y Comercio es opcional; lo que no ocurre con su cesión, pues esta si debe de inscribirse ante la Superintendencia de Industria y Comercio para efectos de oponibilidad frente a terceros. Artículo 161 de la Decisión 486 de 2000. En cualquier caso, para que una marca pueda ser registrada se requiere que esta cumpla con tres requisitos esenciales:

- Apreciable por los sentidos: de ahí que existan signos marcarios apreciables no solo por el sentido de la vista sino también, por ejemplo, por el sentido del tacto, del olfato e inclusive del gusto.
- Susceptible de representación gráfica: la finalidad de este requisito radica en el hecho de que debe de quedar plenamente delimitado el signo que va a ser objeto de protección.

No obstante, esto hoy en día se presenta el fenómeno de la modernización de la marca, en virtud del cual el titular de una marca registrada le realiza algunos cambios o alteraciones con el fin de ponerla a tono con las nuevas tendencias y preferencias del consumidor y con las nuevas estrategias publicitarias y de mercadeo, situación que ameritaría para efectos de seguridad un nuevo registro del signo modernizado. Al respecto señala Annabelle Angarita Mora:

> Un titular puede tomar la decisión de utilizar su marca registrada bajo una forma modificada por muchas razones. La más común obedece al interés y la necesidad de modernizarla para mantener la atención de los consumidores dentro de una sociedad que cambia tan rápidamente. Todo ello, sin afectar la función individualizadora de la marca y su distintividad (2020, p. 147).

- Ostentar un carácter distintivo: es decir, que permita individualizar y distinguir los productos y servicios de un comerciante de los productos y servicios de los de sus competidores en el mercado, lo que en otras palabras implica el hecho que los signos meramente descriptivos o genéricos no son susceptibles de registrarse como marcas por su falta de vocación de distintividad.

De cualquier manera, la protección de la marca está sometida a una serie de principios como lo son el de territorialidad, independencia y especialidad, los cuales en palabras de German Darío Flórez Acero y Julián Camilo Paca consisten en:

> a) Principio de territorialidad limitada. Este principio implica que el registro nacional de la marca es válido únicamente en el territorio donde fue concedido. (...)
> *b) Principio de independencia frente a la naturaleza del servicio producto.* En virtud de este principio, la SIC no puede analizar la naturaleza del producto o servicio, pues su examen debe versar única y exclusivamente sobre el signo a registrar y no, por ejemplo, sobre los permisos para su comercialización, su idoneidad, el cumplimiento de normas técnicas, pues dicho análisis es propio de otras entidades.
> *c) Principio de especialidad.* El monopolio otorgado por el Estado al titular de la marca se circunscribe a los productos y servicios para los cuales se confirió el registro, según la clase escogida en la clasificación de Niza. Así, de acuerdo con este principio, la marca no permite la apropiación absoluta del signo frente a todo el mercado, sino en relación con las clases registradas (2021, p. 101).

Por otro lado, las marcas admiten diversas clasificaciones, así tenemos que según la forma del signo las marcas pueden ser:

- Nominativas o Denominativas: constituidas por palabras, letras, frases números.
- Figurativas: constituidas por figuras, imágenes, símbolos, gráficos, logotipos, monogramas, retratos, etiquetas, emblemas, y escudos.
- Mixtas: aquellas conformadas por la unión o acoplamiento de un signo nominativo y uno figurativo.
- Tridimensionales: las que se estructuran ocupando las tres dimensiones (largo, ancho y profundidad).

> Sin duda la forma del envase o embalaje del producto es una de las representaciones más comunes en este tipo de marcas. Es usual observar la protección de la forma de envoltorios, envases, botellas y otras formas de exposición o portabilidad de los productos, lo cual obedece a que, en razón a su naturaleza, la representación del producto puede carecer de una forma definida por sí misma (agua, gaseosas, líquidos) por lo que requiere de un empaque o envase para su comercialización (Cortes, 2021, p. 12).

- Sonora: como su nombre lo indica se encuentra constituida por un sonido.
- Olfativa: constituida por un olor.
- Táctil: perceptible a través del sentido del tacto y a través de este el consumidor logra distinguir el producto o servicio que identifica y consecuentemente su origen empresarial.
- Gustativa: permite distinguir un producto o servicio en el mercado de un determinado empresario a través de un sabor.

- De color: un color puede constituirse en una marca siempre y cuando se encuentre delimitado por una forma determinada, o se trate de una combinación de colores.

Con relación a la marca de color constituida por combinación de colores, señalan Emilio García y Luis Ángel Madrid que:

> En pronunciamientos posteriores, el Tribunal de Justicia de la Comunidad Andina debió elucidar los requisitos del registro como marca de la combinación de colores, para lo cual partió de dos premisas: la primera, que este tipo de signos es registrable como marcas en la Comunidad Andina y, la segunda, que dicha combinación, a diferencia del color aisladamente considerado, no debe estar contenido en figura o forma específica. (2021, p. 74).

- Gestual: un gesto puede constituirse en un signo marcario si tiene la aptitud para distinguir un producto o un servicio dentro del mercado.
- De posición: frente a este tipo de marca indica Annabelle Angarita Mora, que:

> El Comité Permanente sobre el Derecho de Marcas, Diseños Industriales e Indicaciones Geográficas de la OMPI definió las marcas de posición como "la ubicación especial y distintiva de un signo en relación con un producto" y para cumplir con el requisito de representación gráfica será necesario establecer de forma precisa cuál es el objeto sobre el cual se desea protección. Es mucho más probable que el signo sea distintivo sí la posición del objeto o la persona dentro de la marca no es esperada o común. En este caso, igualmente debe existir un elemento de permanencia, pues precisamente la protección recae sobre la ubicación particular que por esa razón no debe sufrir variaciones para poder cumplir con la función diferenciadora de productos o servicios (2020, p. 162).

- De movimiento: conforme con el instructivo para el examen de registrabilidad de marcas de la Superintendencia de Industria y Comercio del año 2022 las marcas de movimiento: "consisten en aquellas marcas en las cuales su distinción se centra en un movimiento o un cambio de posición de los elementos que la componen".

Otra clasificación de las marcas tiene que ver su grado de difusión, así tenemos que según este parámetro las marcas pueden ser:

- Comunes: Son aquellas en las que opera con su máxima expresión el principio de la territorialidad y de la especialidad.
- Notorias: es aquella que tiene un conocimiento relevante por parte del sector pertinente del mercado donde se utiliza.

En este aspecto es importante tener en cuenta el elemento del sector pertinente, pues reconoce que la declaratoria de la notoriedad no implica el conocimiento por parte de la totalidad de la población de un país miembro. Respecto al sector pertinente, el artículo 230 de la misma norma incluye los siguientes criterios para tener en cuenta:

> a) Los consumidores reales o potenciales del tipo de productos o servicios a los que se aplique:
> b) Las personas que participan en los canales de distribución o comercialización del tipo de productos o servicios a los que se aplique; o
> *c) Los círculos empresariales que actúan en giros relativos al tipo de establecimiento, actividad, productos o servicios a los que se aplique.* (Londoño y Cundy, 2022, p. 234).

La protección de la marca notoria no se encuentra sujeta a los principios de territorialidad ni de especialidad, con lo cual su titular se puede oponer a un registro de una marca que pueda causar riesgo de confusión, de aprovechamiento de su reputación o de dilución de su distintividad marcaria, aun en el caso en que la marca notoria no se encuentre registrada en el lugar de su oposición y sea inclusive solicitada para una clasificación diferente a la que pertenece en la clasificación internacional de Niza.

Es de resaltar aquí, que quien pretenda proteger su marca como marca notoria deberá probar la notoriedad de la misma para lo cual deberá acreditar aspectos tales como la antigüedad de la marca, su ámbito geográfico de explotación, volúmenes de ventas, intensidad de explotación de los productos identificados con la marca, erogaciones en materia de publicidad, etc.

- Renombradas: son aquellas que son reconocidas no solamente por el sector pertinente donde operan, sino también por los participantes de los demás mercados, distintos a los de los productos y servicios que identifica la marca.

Una última clasificación de las marcas atiende al número de personas que pueden hacer uso de la marca y aquí entonces tenemos a las marcas colectivas y a las marcas de certificación, las cuales según el instructivo para el examen de registrabilidad de marcas del año 2022 corresponden a:

- *De certificación: de acuerdo con el artículo 185 de la Decisión 486 de 2000 de la Comisión de la Comunidad Andina se entenderá como marca de certificación un signo destinado a ser aplicado a productos o servicios cuya calidad u otras características han sido certificadas por el titular de la marca.*
- *Colectivas: de acuerdo con el artículo 180 de la Decisión 486 de 2000 de la Comisión de la Comunidad Andina se entenderá como marca colectiva*

todo signo que sirva para distinguir el origen o cualquier otra característica común de productos o servicios pertenecientes a empresas diferentes y que lo utilicen bajo el control de su titular.

Ahora bien, tratándose de las marcas de certificación su titular no puede hacer uso de la misma, sino únicamente autorizar y certificar su uso a quienes cumplan con los parámetros establecidos en el reglamento de uso de la marca que se ha dispuesto para su debida certificación; y tratándose de las marcas colectivas lo que ocurre es que los empresarios que van hacer uso de la misma se asociación, y forman una persona jurídica que es la que va a fungir como la titular de la marca ante la Superintendencia de Industria y Comercio.

Dicho sea de paso, que el titular de la marca registrada está obligado a usarla y explotarla efectivamente en el mercado para de esta manera evitar que un tercero pueda solicitar su cancelación por falta de uso y consecuentemente solicitar el registro de esta. Artículo 165 de la Decisión 486 de 2000.

> La obligación o carga que se le impone al titular de usar la marca registrada se consagra en la mayoría de las legislaciones modernas y la tendencia actual es hacerlo con mayor rigor. Con ello se persigue fundamentalmente que la realidad formal del registro se convierta en una realidad material, que tiene lugar cuando efectivamente el producto circula en el mercado identificado con la marca registrada y el consumidor puede establecer esa relación sicológica entre el signo y el producto, momento en el que surge el verdadero concepto de marca. Las funciones que desempeña la marca y que constituyen su razón de ser solo se cumplen en la realidad del mercado mediante su uso (Metke, 2022, p. 57).

Así las cosas, el uso efectivo de la marca se puede dar bien sea porque el titular de la misma directamente explota comercialmente el signo, o bien mediante su autorización de uso a terceros (licencia de marca) o mediante cualquier otro tipo de negocio que implique la explotación de la marca como sería el caso del denominado contrato de *co-branding*. En palabras de Andrés Eduardo Rodríguez Gómez el contrato de *co-brandind* consiste en:

> El contrato de co-branding es un contrato de colaboración y atípico, a través del cual se logra identificar plenamente a dos (2) o más marcas participantes pertenecientes a un mismo o diferentes empresarios, que a cambio de la ejecución de múltiples prestaciones, incluida el otorgamiento de una licencia cruzada de marcas, se obligan al cumplimiento de las condiciones esenciales del contrato acordado bajo su libre autonomía y consentimiento, como pueden ser el desarrollo conjunto de un nuevo producto o servicio, el cumplimiento de un plan de co-branding o una estrategia de mercadeo, la vigencia de la relación contractual, el cumplimiento de un periodo de exclusividad otorgado, en caso de ser aplicable, el régimen de responsabilidades individuales, entre otras obligaciones, logrando unir esfuerzos a fin de atender una

> necesidad latente del mercado al ofrecer a terceros interesados un nuevo producto o servicio. (2022, p. 93).

De igual manera, para facilitar la explotación en el mercado de marcas similares o idénticas por parte de titulares distintos existe la posibilidad de que entre ellos celebren contratos o acuerdos de coexistencia de marcas los cuales según Isabel Cristina Uribe:

> Es aquella en la cual las partes suscriben un acuerdo de coexistencia marcaria en el mercado, a partir de la aplicación analógica del artículo 159 de la Decisión Andina. En este tipo de contratos ambas marcas tienen su origen en el mismo país, o una de ellas, la que no cuenta con registro, proviene de otro país no miembro de la Comunidad Andina. La aspiración de las partes, a diferencia de la coexistencia de hecho, es la coexistencia pacífica en el mercado de las dos marcas a partir de un acuerdo, pero se quiere obtener el respectivo registro o de las dos marcas o de la que se comercializa dentro del territorio sin registro, con fundamento en la apreciación que haga la oficina competente del cumplimiento de los requisitos del contrato que se suscribe. (2018, p. 63).

Para terminar, hay que indicar que dentro de las obligaciones que también posee el titular de la marca se encuentra la de evitar su cancelación por vulgarización, esto es, que el signo pierda su poder distintivo adquiriendo la calidad de una expresión genérica.

- Lemas Comerciales: De conformidad con el artículo 175 de la Decisión 486 de 2000 los lemas comerciales se constituyen en toda palabra, frase o leyenda que sirve para reforzar y complementar el poder distintivo de una marca, con lo cual tiene un carácter esencialmente accesorio dado que no puede existir de forma aislada de la marca a la cual complementa. La protección de un lema comercial se lleva a cabo mediante su registro ante la Superintendencia de Industria y Comercio, y en la solicitud de dicho registro se debe de indicar la marca a la cual accede. Artículo 176 de la Decisión 486 de 2000.

El término de protección del lema comercial es por diez años contados desde su registro, pudiéndose, al igual que como ocurre tratándose de las marcas, renovar por términos sucesivos e indefinidos de diez años. (Este registro y su renovación es independiente al registro y renovación del registro de la marca que complementa).

Con todo, no se otorgará el registro de un lema comercial si este puede generar riesgo de confusión o asociación con signos distintivos de otro comerciante, en otras palabras, el lema comercial debe tener un carácter distintivo. Artículo 177 de la Decisión 486 de 2000.

Conviene señalar que la normativa comunitaria consagra la obligación legal consistente en que, si se procede a la enajenación del lema, necesariamente también deberá procederse a la enajenación de la marca que complementa. Artículo 178 de la Decisión 486 de 2000.

- Nombre Comercial: Antes que nada, es importante diferenciar lo que es el nombre comercial de lo que es el nombre social de una sociedad, así frente a esta diferencia Gustavo Adolfo Beltrán Valencia manifiesta que:
  - Nombre comercial: es un signo distintivo perteneciente al régimen de la propiedad industrial y consiste en el signo que identifica al comerciante, al empresario, dentro del mercado.

Como tal, el nombre comercial es un activo intangible de la sociedad que hace parte del patrimonio de la sociedad y consecuentemente susceptible de actos jurídicos de disposición (Artículo 190 y 199 de la Decisión 486 de 2000). Es de anotar que el nombre comercial es usado por el comerciante en su publicidad y en su facturación.

El derecho y la protección sobre el nombre comercial se adquiere con el primer uso que se hace del mismo en el mercado y cesa cuando se acaba dicho uso (Artículo 191 de la Decisión 486 de 2000).

- Nombre social: El nombre social es el que se constituye en un atributo de la personalidad jurídica de la sociedad, por lo que es usado por esta cuando va a actuar como sujeto de derechos, adquiriendo derechos y contrayendo obligaciones.

Se adquiere el derecho sobre el nombre social con la escritura pública de constitución cuando se trata de las sociedades reguladas en el Código de Comercio; o con el documento de constitución una vez inscrito en el registro mercantil, cuando se trata de las sociedades tradicionales constituidas a la luz de la Ley 1014 de 2006, o de la sociedad por acciones simplificada.

> El artículo 35 del Código de Comercio protege el nombre social prohibiendo que las Cámaras de Comercio matriculen a un comerciante o establecimiento de comercio con el mismo nombre de otro ya inscrito, mientras este no sea cancelado por orden de autoridad competente o a solicitud de quien haya obtenido la matricula.
> El nombre social permite identificar el tipo societario correspondiente y permite determinar la responsabilidad de los socios por las obligaciones sociales. El nombre social de conformidad con la ley mercantil en algunos tipos societarios se estructura mediante razón social, esto es el nombre o apellido de alguno o algunos de los socios, y en otros tipos societarios se estructura mediante denominación social; es decir, un nombre de fantasía o un nombre que tenga relación con el objeto social de la actividad (2023, p. 94).

En cualquier caso, señala el artículo 190 de la Decisión 486 de 2000 que el nombre comercial y el nombre social (bien sea en la modalidad de razón o denominación social) pueden coincidir, siendo ambos de carácter independiente.

Así mismo, es de subrayar aquí que, si bien el derecho sobre el nombre comercial se adquiere con el primer uso que se hace del mismo en el mercado, la normativa comunitaria andina permite su depósito ante la Superintendencia de Industria y Comercio con efectos netamente declarativos, esto es, con el objetivo de facilitar la prueba de la fecha en que se comenzó con el uso del signo, este depósito posee una vigencia de diez años renovables por periodos idénticos. De todas estas consideraciones, tenemos entonces que el titular de un nombre comercial se puede legítimamente oponer al uso que terceros no autorizados efectúen de su signo o a que se registre un signo distintivo que pueda ocasionar engaño o confusión con el suyo.

- Rotulo o Enseña: Se trata del signo que identifica o distingue al establecimiento de comercio de un comerciante o empresario dentro del mercado.

Al igual que el nombre comercial, la protección sobre la enseña se adquiere con el primer uso que se hace de la misma dentro del mercado, sin perjuicio que su titular también puede realizar su depósito ante la Superintendencia de Industria y Comercio con efectos netamente declarativos con la finalidad de facilitar la prueba de cuando comenzó a hacer su uso. Artículo 200 de la Decisión 486 de 2000.

- Indicaciones Geográficas: Las indicaciones geográficas como signos distintivos pertenecientes a la propiedad industrial se dividen en dos categorías, por un lado, las denominaciones de origen y por el otro las indicaciones de procedencia:
    - Denominación de Origen: Se trata de un signo que permite asociar la calidad y reputación particular y especial de un producto, por entre otros factores, el lugar geográfico de donde proviene, y la forma como este se produce. El artículo 201 de la Decisión 486 de 2000 señala que:

> Se entenderá por denominación de origen, una indicación geográfica constituida por la denominación de un país, de una región o de un lugar determinado, o constituida por una denominación que sin ser la de un país una región o un lugar determinado se refiere a una zona geográfica determinada, utilizada para designar un producto originario de ellos y cuya calidad, reputación u otras características se deban exclusiva o esencialmente al medio geográfico en el cual se produce, incluidos los factores naturales y humanos.

Dentro de las denominaciones de origen que se han concedido en Colombia tenemos, entre otras:

Arroz de la meseta de Ibagué

Café de Santander

Café de Colombia

Cholupa de huila

Café de Nariño

Café de cauca

Bizcocho de achira de huila

Queso paipa

Queso del Caquetá

Clavel de Colombia

Rosa de Colombia

Crisantemo de Colombia

Cerámica del Carmen de Viboral

Bocadillo veleño

Sombrero Zenú

Ahora bien, la protección y la autorización para el uso de una denominación de origen proviene de un acto administrativo concedido por la Superintendencia de Industria y Comercio; esta autorización de uso tiene un término de vigencia de diez años de carácter renovable por periodos iguales, periodo de protección que opera siempre y cuando no desaparezcan las condiciones que motivaron la declaración de la denominación de origen. (Artículos 206 y 210 de la Decisión 486 de 2000).

Según el Manual Sobre Denominaciones de Origen, Marcas Colectivas y Marcas de Certificación de la Superintendencia de Industria y Comercio del año 2021:

> La autorización de uso de una denominación de origen otorga el derecho a usar el término que constituye la denominación de origen (ej. miel de Inirida) junto con la expresión "DENOMINACION DE ORIGEN" y el Sello de Denominación de Origen Protegida.
> Aquellos usos que se realicen por personas no autorizadas se consideran usos indebidos y por tanto pueden ser objeto de las acciones legales correspondientes (2021, p. 45).

Finalmente, es de anotar que el artículo 207 de la Decisión 486 de 2000, establece quienes son las personas legitimadas para solicitar el uso de una denominación de origen protegida; y el Manual Sobre Denominaciones de Origen, Marcas Colectivas y Marcas de Certificación de la Superintendencia de Industria y Comercio del año 2021 señala igualmente que son personas interesadas para solicitar el uso de la misma:

> Las asociaciones o entidades legalmente constituidas de la cual formen parte los productores, elaboradores, transformadores, o extractores, o una combinación de cualquiera de los anteriores. Son ejemplos de estas la Federación Nacional de Cafeteros de Colombia (FNC), la Asociación Colombiana de Exportadores de Flores (Asocolflores) las cooperativas de artesanos de un lugar determinado.
> Las autoridades estatales, departamentales o municipales, como es el caso de alcaldes y gobernadores, dependiendo de la circunscripción que resulte amparada por la denominación de origen
> La persona natural o jurídica residente en el lugar que directamente se dedique al cultivo, la producción, extracción o elaboración de los productos que se pretendan amparar con la denominación de origen y que sea la única persona que al momento de presenta la solicitud realice dicha actividad (2021, p. 26).

- Indicaciones de Procedencia: De conformidad con el artículo 221 de la Decisión 486 de 2000: "Se entenderá por indicación de procedencia un nombre, una expresión, imagen o signo que designe o evoque un país, región, localidad o lugar determinado".

A diferencia de las denominaciones de origen, las indicaciones de procedencia no conllevan a que se relacione el lugar de origen del producto con una calidad o reputación particular y especial del mismo, pues esta solamente tiene como propósito señalar únicamente su procedencia.

En este orden de ideas, cualquier persona puede hacer uso de una indicación de procedencia siempre y cuando realmente el producto provenga del lugar manifestado, prohibiéndose cualquier indicación de procedencia falsa, engañosa o que genere confusión en el consumidor. Artículo 222 de la Decisión 486 de 2000.

Para terminar, es importante mencionar que, en materia de propiedad industrial además de las nuevas creaciones y los signos distintivos, existen bienes pertenecientes a la misma que gozan de una protección especial o *sui generis* como es el caso de las nuevas obtenciones de variedades vegetales cuyo régimen se encuentra en la Decisión 345 de 1993 de la Comunidad Andina de Naciones, y que en términos generales tiene las siguientes características:

- Mediante este régimen se persigue proteger —otorgándole un monopolio de explotación exclusiva y excluyente— a los obtentores de variedades vegetales quienes con su esfuerzo intelectual han desarrollado, diseñado y producido un tipo de variedad vegetal cuyas características ofrecen mejoras, tales como, mayor resistencia a los cambios climáticos, durabilidad, ventajas nutritivas, menor uso de fertilizantes, etc.

Señala el artículo 3 de la Decisión 345 de 1993 que las variedades vegetales son: "El conjunto de individuos botánicos cultivados que se distinguen por determinados caracteres morfológicos, fisiológicos, citológicos, químicos, que se pueden perpetuar por reproducción, multiplicación o propagación".

- La protección de la variedad vegetal se obtiene mediante su registro ante el Instituto Colombiano Agropecuario (ICA), autoridad que expide en consecuencia un certificado de obtentor.
- Como requisitos necesarios para la efectiva concesión del registro, la variedad vegetal debe de ser novedosa, distintintiva, homogénea y estable, así como tener igualmente una denominación que permita su identificación, evitando su confusión con otras denominaciones previamente protegidas. Frente a estos presupuestos, indica Juan David Castro García:

> La novedad es la que se refleja en la ausencia de comercialización anterior de la variedad sobre el territorio del estado donde se solicita la protección (...)
> La homogeneidad de la variedad consiste en que luego de la reproducción o de la multiplicación todas las plantas obtenidas deben presentar las mismas características.
> La estabilidad a través de los ciclos de reproducción o de multiplicación implica que cada generación de la planta seguirá siendo la misma, conservando sus características especificas sin degenerarse (2009, p. 448 y 449).

- El termino de protección del registro de las variedades vegetales es de 20 a 25 años para las vides, árboles forestales, y árboles frutales; y de 15 a 20 años para las demás especies. Una vez finalizados los términos precitados la variedad vegetal pasa al dominio público.
- Es obligación del obtentor, durante todo el término de protección, conservar y reponer la variedad vegetal protegida.

Referencias

Abella Abondano, G.D. y Varón Palomino, J.C. (2013). *Derechos fiduciarios y mercado de valores. Reflexiones frente a la normativa colombiana.* Editorial Universidad de los Andes.

Aljure, A. (2011). *El contrato internacional.* Editorial Legis.

Andrade Otaiza, J.V. (2011). *Manual de títulos valores. Régimen general y especial. Algunos títulos más utilizados y nociones sobre el mercado de capitales.* Editorial Dike.

Angarita Mora, A. (2020). Innovación y Propiedad Intelectual: Tendencias Siglo XXI. En *Modernización de marcas, alteración de su carácter distintivo y consecuencias* (pp. 147-182). Universidad del Rosario.

Antequera Parilli, R. (2021). *Estudios de derecho industrial y derecho de autor.* Segunda edición. Bogotá. Editorial Temis.

Arbitraje Internacional. (1996, 5 de junio). Laudo Arbitral 7375. Corte Internacional de Arbitraje de la CPI.

Arrubla Paucar, J.A. (2003). *Contratos mercantiles,* décima edición. Editorial Dike.

Arrubla Paucar, J.A. (2003). *Contratos mercantiles.* Contratos atípicos. Biblioteca Jurídica Dike.

Baena Cárdenas, L.G. (2009). *Lecciones de derecho mercantil.* Universidad Externado de Colombia.

Beltrán Valencia, G.A. (2023). *Lecciones de sociedades comerciales.* Ediciones Unaula.

Beltrán Valencia, G.A (2021). Instituciones de desequilibrio prestacional contenidas en los principios unidroit aplicables a los negocios jurídicos nacionales. *Revista Opinión Jurídica.* (20), n.° 42, 349-370. https://revistas.udem.edu.co/index.php/opinion/article/view/3449/3259.

Beltrán Valencia, G.A (2020). Responsabilidad civil en materia de prácticas restrictivas a la libre competencia. *Revista Ces Derecho. Universidad CES,* volumen (11), numero 2, 108-136. https://revistas.ces.edu.co/index.php/derecho/article/view/5768.

Beltrán Valencia, G.A (2020). Aplicación Extensiva del Derecho del Consumo a las Relaciones Jurídico Comerciales. *Revista e-mercatoria. Universidad Externado de Colombia,* volumen (19), n.° 2, 1-30. https://revistas.uexternado.edu.co/index.php/emerca/article/view/7250.

Beltrán Valencia, G.A. (2016). La constitucionalización de la responsabilidad civil por actividades peligrosas en Colombia. Editorial Universidad de Medellín.

Barrera, N. y Gutierrez, J. y Miranda, A. (2014). *El control de las concentraciones empresariales en Colombia.* Editorial Ibañez.

Bauer, T.C y Bernal Fandiño, M (2021). Solidarismo y contratos relacionales: alternativas frente a la pandemia de Covid 19. *Revista de Derecho Privado. Universidad Externado de Colombia,* n.° 41, 53-80. https://revistas.uexternado.edu.co/index.php/derpri/article/view/7200/9887.

Bermúdez, J. C. (2019, 10 junio). Opinión/ La posición de dominio en los mercados de las TICs. *El Tiempo.* https://www.eltiempo.com/economia/sectores/la-posicion-de-dominio-en-los-mercados-de-las-tics-373798.

Berdugo Garavito, J.M y Builes, S. (2013). *Derecho mercantil.* Editorial Universidad de Medellín.

Berdugo, J. y Palacio, R. (2011). *Las asociaciones. Instrumento para la creación de empresas.* Universidad de Medellín.

Bonivento Fernández, J.A. (2004). *Los principales contratos civiles y su paralelo con los comerciales.* Librería ediciones del profesional ltda.

Calderón, A. (2019). Cartel fácil: estudio comparado sobre los facilitadores de colusión en el derecho de la competencia en América del Sur. En *Avances en derecho de la competencia. Cedec XVIII,* 31-63. Grupo Editorial Ibañez.

Calderón Marenco, E (2018). Los incoterms como instrumento de derecho suave (soft law). *Revista e-mercatoria. Universidad Externado de Colombia,* (17), n.° 1, 47-85. https://revistas.uexternado.edu.co/index.php/emerca/article/view/5820.

Calderón Villegas, J.J. y López Castro, Y. (2016). *La analogía en asuntos de derecho privado.* Editorial Legis.

Calderón Villegas, J.J. (2011). *La constitucionalización del derecho privado. La verdadera historia del impacto constitucional en Colombia.* Ediciones Uniandes.

Cámara de Comercio de Bogotá. (2021). Cámara de Comercio de Bogotá | CCB. https://www.ccb.org.co/Transformar-Bogota/Costumbre-Mercantil/Listado-de-Costumbres-Mercantiles

Canosa Suarez, U. (2021). El derecho procesal comercial y los jueces de asuntos comerciales. En *Transformaciones del derecho comercial. Reflexiones a propósito de los 50 años del Código de Comercio,* 321-338. Editorial Tirant Lo Blanch.

Cárdenas Mejía, J. (2013). El laudo arbitral y los recursos de revisión y anulación en el arbitraje nacional. En *Comité Colombiano de Arbitraje. Estatuto Arbitral Colombiano. Análisis y aplicación de la Ley 1563 de 2012,* 254-305. Ediciones Legis.

Cárdenas Mejía, J.P. (2021). *Contratos. Notas de clase.* Editorial Legis.

Castro de Cifuentes, M. (2016). *Derecho Comercial. Actos de comercio, comerciantes y empresarios,* segunda edición. Editorial Temis.

Castro de Cifuentes, M. (2013). El derecho comercial conceptos básicos. En *Fundamentos de derecho de los negocios para no abogados,* 169-210. Editorial Temis.

Castro García, J.D. (2009). *La propiedad industrial.* Universidad Externado de Colombia.

Centro de Arbitraje de México (CAM). (2006, 30 de noviembre). Laudo arbitral del Centro de Arbitraje de México (CAM).

Cobar, L. (2019). Los mercados digitales y los retos para el derecho de la competencia. En Celis, J. (Ed.) Avances en derecho de la competencia. Cedec XVIII. (pp.65-87). Bogotá: Grupo Editorial Ibañez.

Código Civil. (2019). Editorial Legis.

Comisión del Acuerdo de Cartagena. (1993). Decisión 351. Régimen común sobre derecho de autor y derechos conexos.

Comisión del Acuerdo de Cartagena. (1993). Decisión 345. Régimen común de protección de los derechos de los obtentores de variedades vegetales.

Comisión de la Comunidad Andina. (2000). Decisión 486. Régimen común sobre propiedad industrial.

Conde, C.A. (2021). Relación entre el ciclo de vida de las patentes y el derecho de la competencia: en la búsqueda de un equilibrio en la práctica. En *Los derechos de propiedad intelectual y la libre competencia,* 321-347. Universidad Externado de Colombia.

Congreso de Colombia (18 de enero de 2022). Ley 2195 de 2022: por la cual se adoptan medidas en materia de transparencia, prevención y lucha contra la corrupción y se dictan otras disposiciones.

Congreso de Colombia (31 de diciembre de 2020). Ley 2069 de 2020: ley por medio de la cual se impulsa el emprendimiento en Colombia.

Congreso de Colombia (26 de agosto de 2019). Ley 1996 de 2019: por medio de la cual se establece el régimen para el ejercicio de la capacidad legal de las personas con discapacidad mayores de edad.

Congreso de Colombia (25 de mayo de 2019). Ley 1955 de 2019: por la cual se expide el Plan Nacional de Desarrollo 2018-2022.

Congreso de Colombia (12 de julio de 2018). Ley 1915 de 2018: por la cual se modifica la ley 23 de 1982 y se establecen otras disposiciones en materia de derecho de autor y derechos conexos.

Congreso de Colombia (11 de julio de 2014). Ley 1727 de 2014: por medio de la cual se reforma el Código de Comercio, se fijan normas para el fortalecimiento de la gobernabilidad y el funcionamiento de las Cámaras de Comercio y se dictan otras disposiciones.

Congreso de Colombia (20 de agosto de 2013). Ley 1676 de 2013: ley por medio de la cual se promueve el acceso al crédito y se dictan normas sobre garantías mobiliarias.

Congreso de Colombia (12 de julio de 2012). Ley 1564 de 2012: por medio de la cual se expide el Código General del Proceso y se dictan otras disposiciones.

Congreso de Colombia (12 de octubre de 2011). Ley 1480 de 2011: Por medio de la cual se expide el Estatuto del Consumidor y se dictan otras disposiciones.

Congreso de Colombia (29 de diciembre de 2010). Ley 1429 de 2010: por la cual se expide la ley de formalización y generación de empleo.

Congreso de Colombia (12 de julio de 2010). Ley 1395 de 2010: ley por la cual se adoptan medidas en materia de descongestión judicial.

Congreso de Colombia. (24 de julio de 2009). Ley 1340 de 2009: ley por medio de la cual se dictan normas en materia de protección de la competencia.

Congreso de Colombia (15 de julio de 2009). Ley 1328 de 2009: por la cual se dictan normas en materia financiera, de seguros, del mercado de valores y otras disposiciones.

Congreso de Colombia (13 de julio de 2009). Ley 1314 de 2009: por la cual se regulan los principios y normas de contabilidad e información financiera y de aseguramiento de información aceptados en Colombia, se señalan las autoridades competentes, el procedimiento para su expedición y se determinan las entidades responsables de vigilar su cumplimiento.

Congreso de Colombia (5 de diciembre de 2008). Ley 1258 de 2008: ley por medio de la cual se crea la sociedad por acciones simplificada.

Congreso de Colombia (27 de diciembre de 2006). Ley 1116 de 2006: ley por medio de la cual se establece el Régimen de Insolvencia Empresarial en la Republica de Colombia y se dictan otras disposiciones.

Congreso de Colombia (8 de julio de 2005). Ley 962 de 2005: por medio de la cual se dictan disposiciones sobre racionalización de trámites y procedimientos administrativos de los organismos y entidades del Estado y de los particulares que ejercen funciones públicas o prestan servicios públicos.

Congreso de Colombia (8 de julio de 2005). Ley 964 de 2005: por la cual se dictan normas generales y se señalan en ellas los objetivos y criterios a los cuales debe sujetarse el gobierno nacional para regular las actividades de manejo, aprovechamiento e inversión de recursos captados del público que se efectúen mediante valores y se dictan otras disposiciones.

Congreso de Colombia (24 de julio de 2000). Ley 599 de 2000: por la cual se expide el código penal.

Congreso de Colombia (18 de agosto de 1999). Ley 527 de 1999: por medio de la cual se define y reglamenta el acceso y uso de los mensajes de datos, del comercio electrónico y de las firmas digitales, y se establecen las entidades de certificación y se dictan otras disposiciones.

Congreso de Colombia (18 de enero de 1996). Ley 256 de 1996: por la cual se dictan normas sobre competencia desleal.

Congreso de Colombia (20 de diciembre de 1995). Ley 222 de 1995: ley por medio de la cual se modifica el libro ll del Código de Comercio, se expide un nuevo régimen de procesos concursales y se dictan otras disposiciones.

Congreso de Colombia (9 de diciembre de 1981). Ley 23 de 1982: por la cual se dictan normas sobre derechos de autor.

Cortázar, J. (2011). *Curso de derecho de la competencia. (Antimonopolios).* Temis.

Cortes Prieto, C.H. (2021). El uso excesivo del derecho, una forma de vinculación entre la propiedad industrial y la competencia. *Revista Propiedad Inmaterial,* Número 31, 5-34. https://revistas.uexternado.edu.co/index.php/propin/article/view/7267.

Cuartas Arias, A.I. (2015). *Instrumentos Negociables.* Editorial Dike.

Cubides Camacho, J. y Prada Márquez, Y. (2013). *Unidad del derecho privado en la regulación del acto jurídico. El saneamiento de la ineficacia.* Ediciones Ibañez.

Decreto 092 de 2022. (2022, 24 de enero). Presidencia de la Republica: Decreto por el cual se modifica la estructura de la Superintendencia de Industria y Comercio, y se determinan las funciones de sus dependencias.

Decreto 842 de 2020. (2020, 13 de junio). Presidencia de la República: Decreto por el cual se reglamenta el Decreto Legislativo 560 del 15 de abril de 2020, a fin de atender los efectos de la Emergencia Económica, Social y Ecológica en el sector empresarial.

Decreto 772 de 2020. (2020, 3 de junio). Presidencia de la República: decreto por el cual se dictan medidas especiales en materia de procesos de insolvencia, con el fin de mitigar los efectos de la emergencia social, económica, y ecológica en el sector empresarial.

Decreto 560 de 2020. (2020, 15 de abril). Presidencia de la República: Decreto por el cual se adoptan medidas transitorias especiales en materia de procesos de insolvencia, en el marco del Estado de Emergencia, Social y Ecológica.

Decreto 1794 de 2020. (2020, 30 de diciembre). Presidencia de la Republica: Por el cual se adiciona un capítulo, relacionado con la aplicación de derechos antidumping, al título 3 de la parte 2 del libro 2 del Decreto 1074 de 2015, Decreto Único Reglamentario del Sector Comercio, Industria y Turismo, y se dictan otras disposiciones.

Decreto 667 de 2018. (2018, 18 de abril). Presidencia de la República: Decreto por el cual se agrega una sección al capítulo 41 del título 2 de la parte 2 del libro 2 del Decreto único reglamentario del sector Comercio, Industria y Turismo, número 1074 de 2015.

Decreto 1523 de 2015. (2015, 16 de julio). Presidencia de la República: Decreto por el cual se reglamenta el artículo 14 de la Ley 1340 de 2009 y se modifica el capítulo 29 del Título 2 de la parte 2 del libro 2 del Decreto Único Reglamentario del Sector Comercio, Industria y Turismo, Decreto 1074 de 2015, sobre beneficios de las personas naturales y jurídicas que colaboren en la detección y represión de acuerdos restrictivos de la libre competencia.

Decreto 19 de 2012. (2012, 28 de enero). Presidencia de la Republica: Decreto por el cual se dictan normas para suprimir o reformar regulaciones, procedimientos y tramites innecesarios existentes en la Administración Pública.

Decreto 2649 de 1993. (2012, 28 de diciembre). Presidencia de la República: Decreto por el cual se reglamenta la ley 1314 de 2009 sobre el marco técnico normativo para los preparadores de información financiera que conforman el grupo 1.

Decreto 1749 de 2011. (2011, 25 de mayo). Presidencia de la República: Decreto por el cual se reglamentan los artículos 11, 12, numeral 3 del artículo 15; 24, 32, 41; numeral 5 del artículo 43; 60, 61, 67; numeral 1 y parágrafo 2 del artículo 69; 74; numeral 1 del artículo 78; 82,83, ,95, 110, 111 y 112 de la Ley 1116 de 2006.

Decreto 2555 de 2010. (2010, 15 de julio). Presidencia de la República: Decreto por el cual se recogen y reexpiden las normas en materia del sector financiero, asegurador y del mercado de valores y se dictan otras disposiciones.

Decreto 2649 de 1993. (1993, 29 de diciembre). Presidencia de la República: Decreto por el cual se reglamenta la contabilidad en general y se expiden los principios o normas de contabilidad generalmente aceptados en Colombia.

Decreto 2153 de 1992. (1992, 31 de diciembre). Presidencia de la República: Decreto por el cual se reestructura la Superintendencia de Industria y Comercio y se dictan otras disposiciones.

De la Cruz, D.M. (2014*). La competencia desleal en Colombia, un estudio sustantivo de la ley.* Universidad Externado de Colombia.

Delgado Peña, P.A. (2020). Acto de confusión generador de competencia desleal. Análisis desde el derecho sustancial. *Revista Ces Derecho,* volumen (11), numero 1, 117-133. https://revistas.ces.edu.co/index.php/derecho/issue/view/303.

Delgado Virviescas, N. y Zambrano García, P.A (2020). Esquemas de trazado de circuitos integrados (chips) y la propiedad intelectual. En *Innovación y Propiedad Intelectual: Tendencias Siglo XXI,* 331-344. Editorial Universidad del Rosario.

Escobar Mora, C.A. y Sepúlveda Henao, J.D. (2018). *La protección al consumidor electrónico en el transporte de mercancías.* Editorial Legis.

Escobar Sierra, M., Isaza Jaramillo, N, y Bedoya Lozano, S. (2019). Recopilación y certificación de costumbre mercantil por las cámaras de comercio: más allá del cumplimiento de una función. *Revista foro del jurista.* (35), 131-149.

Flórez Acero, G.D. y Paca, J.C. (2021). Protección marcaria en el sistema jurídico colombiano. En *Propiedad intelectual. Derechos de autor y derecho marcario en las industrias creativas,* 97-110). Editorial Legis.

Franco Mongua, J.F. (2013). Análisis económico del derecho del consumidor. El caso colombiano. En *Derecho del Consumo. Problemáticas actuales,* 557-578. Ediciones Ibañez.

García, E. y Madrid, L.A. (2021). Marcas de color: análisis sustantivo y casuístico sobre los requisitos para su protección en el derecho comparado y sus efectos en el derecho de la competencia. En Flórez Acero, G.D. (Editor). Propiedad intelectual. Derechos de autor y derecho marcario en las industrias creativas. (pp. 69-95). Bogotá: Editorial Legis.

García Maynez, E. (1977). *Introducción al estudio del derecho.* Editorial Porrua S.A.

García Salazar, L.F. (2018). El consumidor en el marco del comercio electrónico en Colombia. En *Derecho del Consumo. Tras un lustro del Estatuto del Consumidor en Colombia,* 191-208. Ediciones Universidad de la Sabana.

Gaviria Gil, J.A. y Otros (2022). Guía de buenas prácticas para fusiones y adquisiciones empresariales. Cámara de Comercio de Medellín para Antioquia. https://www.camaramedellin.com.co/biblioteca/guia-de-buenas-practicas-para-fusiones-y-adquisiciones-empresariales-1.

Gil Echeverry, J.H. (2020). *El negocio jurídico mercantil. Inoponibilidad, inexistencia y anulabilidad.* Editorial Legis.

Giraldo Bustamante, C.J. y Durán Uribe, J.C. (2021). *Estudios de derecho contractual: de la compraventa a las economías colaborativas.* Editorial Universidad de los Andes.

Giraldo López, A. (2017). La garantía en el nuevo estatuto del consumidor. En *Estudios de derecho del consumo (Ley 1480 de 2011),* 231-256. Ediciones Universidad de la Sabana.

Granados Aristizábal, J.I. (2014). *Introducción a la gestión de los derechos de autor en las instituciones de educación: respuestas a preguntas recurrentes.* Corporación Universitaria Lasallista.

González Hernández, H.D., y Granados Aristizábal, J.I. (2014). Manejo de información confidencial. En *Ruta N. Banco Interamericano de Desarrollo y Cámara de Comercio de Medellín. Guía estratégica de propiedad intelectual Universidad Empresa,* 134-153). Tecnnova.

Herrera González, H.C. (2020). La propiedad intelectual como garantía: la dependencia de una valuación efectiva. *En Innovacion y Propiedad Intelectual: Tendencias Siglo XXI,* 61-78. Editorial Universidad del Rosario.

Hincapié, M.L. (2020). *Formas asociativas: el derecho de las asociaciones.* Sello editorial Universidad de Medellín.

Ibarra, G. (2019). Columnas sobre derecho de la competencia. En *Avances en derecho de la competencia. Cedec XVIII,* 161-185. Grupo Editorial Ibañez.

Industria y comercio. Superintendencia. (s.f.) *Cartilla sobre la aplicación de las normas de competencia frente a las asociaciones de empresas y asociaciones o colegios de profesionales.* Mincomercio. https://www.sic.gov.co/recursos_user/documentos/CARTILLA_GREMIOS.pdf.

Isaza Upegui, A. y Londoño Restrepo, A. (2008). *Comentarios al régimen de insolvencia empresarial. Ley 1116 de 2006,* segunda edición. Editorial Legis.

Jiménez, F. (2019). *Derecho de la competencia.* Grupo Editorial Legis.

Jiménez Valderrama, F. (2017). Garantías de conformidad y de indemnidad en contratos de consumo. En *Estudios de derecho del consumo (Ley 1480 de 2011),* 203-230. Ediciones Universidad de la Sabana.

Jiménez Valderrama, F. y Acosta Rodríguez, J. (2017). Las cláusulas abusivas en los contratos de consumo. En *Estudios de derecho del consumo (Ley 1480 de 2011),* 297-332). Ediciones Universidad de la Sabana.

Josserand, L. (2009). *Del abuso de los derechos y otros ensayos.* Editorial Temis.

Laguado Giraldo, D. (2021). La separación patrimonial y el levantamiento del velo corporativo. En *Derecho societario contemporáneo,* 147-216. Editorial Ibañez.

León Franco, L.A. y Venegas Medina, A. (2019). *Títulos valores. Aproximación teórica y práctica.* Editorial Legis.

León, I. y Varela, E. (2010). El abuso de la propiedad intelectual como fuente para la aplicación de la teoría del levantamiento del velo corporativo. *En Levantamiento del velo corporativo. Panorama y perspectivas. El caso colombiano,* 353-368. Universidad del Rosario.

León Robayo, E. (2019). *La nueva Lex mercatoria en el derecho latinoamericano de contratos.* Tirant Lo Blanch.

León Robayo, E.I y López Castro, Y. (2016). *Derecho Mercantil Consuetudinario. El poder de las prácticas de los agentes económicos.* Legis.

Lizarazu Montoya, R. (2014). *Manual de propiedad industrial.* Editorial Legis.

Londoño Gonzalez, P.J., Y. y Cundy Castro, J.L. (2022). Marcas notoriamente conocidas y su medio de prueba. En *Estudios de propiedad intelectual contemporánea,* 229-253. Editorial Dike.

López, Y. (2019). La costumbre mercantil en contratos atípicos. *Revista foro del jurista. Costumbre mercantil,* (35), 35-47.

Madrid Martínez, C. (2021). *La contratación Internacional en el Derecho Internacional Privado Colombiano. Perspectiva Comparada.* Tirant Lo Blanch Editores.

Madriñan de la Torre, R.E. (2007). *Principios de derecho comercial.* Editorial Temis.

Malaver Gallo, J.P. (2017). Determinación de responsabilidad por daños causados por productos defectuosos: un régimen poco proteccionista. *Revista de derecho privado. Universidad de los Andes.* (57), 1-29.

Martínez, N. H. (2021). *Catedra de introducción al derecho mercantil.* Editorial Legis.

Martínez Salcedo, J.C. (2017). El tratamiento legal de la publicidad comercial en la ley 1480 de 2011. En *Estudios de derecho del consumo (Ley 1480 de 2011),* 259-293. Ediciones Universidad de la Sabana.

Mariño López, D. (Ed.) (2021). *Manual sobre denominaciones de origen, marcas colectivas y marcas de certificación 2021.* Superintendencia. https://issuu.com/quioscosic/docs/manual_sobre_denominaciones_de_origen_marcas_cole.

Medina Pabón, J.E. (2019). *Derecho Civil. Bienes. Derechos reales.* Ediciones Universidad del Rosario.

Medina Vergara, J. (2008). *Derecho Comercial. Parte general.* Editorial Temis.

Metke Méndez, R. (2022). El uso obligatorio de la marca. En *Estudios de propiedad intelectual contemporánea,* 57-104. Editorial Dike.

Ministerio de Justicia de Colombia (1971). Decreto 410 de 1971: por la cual se expide el Código de Comercio.

Miranda, N. (2022). Análisis de los LIKES y seguidores como activos intangibles de un influencer. *Revista Propiedad Inmaterial,* (33), 121-145 https://revistas.uexternado.edu.co/index.php/propin/article/view/7882.

Narváez García, J.I (2008). *Derecho mercantil colombiano. Parte general.* Editorial Legis.

Narváez García, J.I. (2005). *Derecho mercantil colombiano. Teoría general de las sociedades.* Editorial Legis.

OCDE. (2014). *Ficha informativa sobre los efectos macroeconómicos de la política de competencia.* https://www.oecd.org/daf/competition/2014-competition-factsheet-print-es.pdf.

Oficio 220-020094. (2021, 2 de marzo). Superintendencia de Sociedades.

Oficio 220-146766. (2014, 12 de septiembre). Superintendencia de Sociedades.

Oficio 220-21508. (2007, 27 de abril). Superintendencia de Sociedades.

Oficio 220-097727. (2016, 27 de junio). Superintendencia de Sociedades.

Ortega, M. (2005). Fusión, escisión, y segregación. En *Aspectos prácticos de las sociedades mercantiles,* 57-74. Editorial Dike.

Ortiz Baquero, I.S. y Solano Osorio, D.A. (2022). Los actos contrarios a la libre competencia: su regulación y la justificación de su permanencia en el ordenamiento colombiano. En *Estudios de derecho de la competencia,* 212-278. Universidad Externado de Colombia.

Ossa Bocanegra, C.E. (2017). Economías Colaborativas: regulación y competencia. *Revista de Derecho Privado,* (57), 3-22. https://repositorio.uniandes.edu.co/handle/1992/47740.

Oviedo Alban, J. (2016). La costumbre Comercial. En *Derecho Comercial. Cuestiones fundamentales,* 83-94. Ediciones Legis.

Oviedo, J. (2009). *Estudios de derecho mercantil internacional.* Editorial Ibáñez.

Oviedo Alban, J. (2018). *Derecho comercial. Estudios sobre fuentes, contratos, sociedades y mercado de valores.* Editorial Ibañez.

Pacheco, E. (2020). *Análisis económico de la protección al software. Hacia un nuevo modelo de protección.* Bogotá: Ibañez.

Pájaro Moreno, N. (2009). El contrato y sus principios orientadores. En *Derecho de las obligaciones,* 309-375. Editorial Temis.

Peña Fernández, A. (2021). Constitucionalismo social y derechos del consumidor: revisión legislativa entre Argentina y Colombia. *Revista Ratio Juris,* (16) n.° 32, 249-272. https://publicaciones.unaula.edu.co/index.php/ratiojuris/article/view/1110.

Peña Nossa, L. (2011). *De las sociedades comerciales.* Temis Editorial.

Peña Nossa, L. (2010). *Contratos mercantiles. Nacionales e internacionales.* Editorial Temis.

Pérez Ardila, G.A. (2009). *Títulos valores y liquidación de intereses.* Editorial Universidad de Medellín.

Pico Zúñiga, F.A. (2021). Introducción a la responsabilidad publicitaria en Colombia. Anuario de Derecho Privado, n.° 3, 153-192. https://anuarioderechoprivado.uniandes.edu.co/index.php/contenido.

Piedrahita, G.A. (2019). La costumbre mercantil nacional: una lejana posibilidad normativa. *Revista foro del jurista. Costumbre mercantil,* (35), 49-58.

Pineda, E. (2013). Abuso del derecho y de la posición dominante. En *La distribución comercial en un mercado global,* 75-95. Editorial Dike.

Pizarro, D. R. y Vallespinos, C. G. (2017). *Tratado de Obligaciones,* Rubinzal-Culsoni Editores.

Ramírez Sierra, D.F. (2022). Responsabilidad civil por infraccion a los derechos de propiedad intelectual: un sistema mixto de reparaciones y restituciones. En *Protección jurisdiccional y observancia de la propiedad industrial y de los derechos de autor,* 129-179. Ediciones Universidad de los Andes.

Ramírez Sierra, D.F. (2018). La responsabilidad por productos defectuosos en el nuevo Estatuto del Consumidor: Análisis, Retos y Perspectivas. En *Derecho del Consumo. Tras un lustro del Estatuto del Consumidor en Colombia,* 89-137. Editorial Temis.

Remolina Angarita, N. (2013). Títulos valores y valores. En *Fundamentos de derecho de los negocios para no abogados,* 383-428. Ediciones Uniandes.

Rengifo, E. (2004). *Del abuso del derecho al abuso de la posición dominante.* Universidad Externado de Colombia.

Rengifo García, E. (2014). *Las facultades unilaterales en la contratación moderna.* Editorial Legis.

Rengifo, R. (2012). *Títulos valores.* Señal Editora.

Resolución 26129 de 2015. Superintendencia de Industria y Comercio.

Resolución 3694 de 2013. Superintendencia de Industria y Comercio.

Resolución 31404 de 2011. Superintendencia de Industria y Comercio.

Resolución 29937 de 2010. Superintendencia de Industria y Comercio.

Resolución 32749 de 2004. Superintendencia de Industria y Comercio.

Rincón Bohórquez, C.A (2019). Ley de garantías mobiliarias: las garantías reales en los procesos de insolvencia. Una mirada a partir de los principios del derecho concursal y la prelación de créditos, *Revista e-mercatoria,* (18) n.° 2, 209-236. https://revistas.uexternado.edu.co/index.php/emerca/article/view/6447.

Rincón Cárdenas, E. (2023). *El desarrollo jurídico de Fintech.* Tirant lo blanch.

Ríos Ruiz, W. R. (2009). *La propiedad intelectual en la era de las tecnologías.* Editorial Temis.

Robledo del Castillo, P. F., Sánchez Medina, J. E., y Uribe Navarro, A. M. (s.f.). *Preguntas frecuentes. Régimen de protección de la competencia.* Superintendencia. https://www.sic.

gov.co/sites/default/files/files/Nuestra Entidad/Publicaciones/Preguntas frecuentes Regimen de Proteccion de la Competencia.pdf.

Robledo Del Castillo, P. F., Sánchez Medina, J. E., García Pineda, F., García Pabón, A. M., Liévano Liévano, C., Pérez Orduz, A., y Herrera Saavedra, J. P. (s.f.). *Guía de análisis de integraciones empresariales (trámites de pre-evaluación).* Superintendencia. https://www.sic.gov.co/sites/default/files/files/Proteccion Competencia/Integraciones Empresariales/2019/Guía%20Integraciones%20Empresariales agosto16 2019 %20(1).pdf.

Rodríguez Azuero, S. (2002). *Contratos Bancarios. Su significado en América Latina.* Editorial Legis.

Rodríguez Gómez, A.E. (2022). Colombia. La fusión de marcas: el contrato de co-branding, *Revista Propiedad Inmaterial,* n.° 34, 89-110. https://revistas.uexternado.edu.co/index.php/propin/article/view/8463.

Rodríguez, M. (2009). *Introducción al Derecho Comercial Internacional.* Universidad Externado de Colombia.

Romero Raad, D. (2013). Derecho de la competencia con una perspectiva económica. En *Fundamentos de derecho de los negocios para no abogados,* 295-341. Editorial Temis.

Rubio, J. (2007). *Derecho de los mercados. Propiedad industrial, competencia, protección al consumidor.* Grupo Editorial Legis.

Rueda, A. y Varón, J. (2020). La enajenación global de activos como una operación de organización societaria en las sociedades por acciones simplificadas. En *Análisis y perspectivas desde una visión académica,* 101-123. Ediciones Ibañez.

Rusconi, D.D (2013). La noción de consumidor en la Ley 1480 de 2011. En *Derecho del Consumo. Problemáticas actuales,* 77-121. Ediciones Ibañez.

Salamanca Jaramillo, Y. y Rojas Guzman, M.A. (2022). Medidas en frontera: del régimen común sobre propiedad industrial a la práctica. En *Estudios de propiedad intelectual contemporánea,* 199-227. Editorial Dike.

Sanchez Belalcazar, A. (2016). Carácter Mercantil de las Operaciones Bancarias. En *Derecho Comercial. Cuestiones fundamentales,* 253-268. Ediciones Legis.

Scotti, L.B. (2015). *Gobernanza Global: alternativas para la regulación jurídica del ciberespacio.* La Ley.

Sentencia C-228/2010. (2010, 24 de marzo). Corte Constitucional. (Luis Ernesto Vargas Silva, M. P.)

Sentencia C-616. (2001, 13 de junio). Corte Constitucional. (Rodrigo Escobar Gil, M. P.)

Sentencia C-815. (2001, 2 de agosto). Corte Constitucional. (Rodrigo Escobar Gil, M. P.)

Sentencia T-375. (1997, 14 de agosto). Corte Constitucional. (Eduardo Cifuentes Muñoz, M. P.)

Sentencia SC4174. (2021, 13 de octubre). Corte Suprema de Justicia, sala de casación civil, (Aroldo Wilson Quiroz Monsalvo, M. P.)

Sentencia SC2407-2020. (2020, 21 de julio). Corte Suprema de Justicia, sala de casación civil, del. (Luis Alonso Rico Puerta, M. P.)

Sentencia. Referencia: 11001-3103-003-2006-00728-01. (2010, 27 de abril). Corte Suprema de Justicia. Sala de casación civil.

Sentencia 5876. (2001, 24 de septiembre). Corte Suprema de Justicia, sala de casación civil. (José Fernando Ramírez Gómez, M. P.)

Sentencia 4798. (1998, 27 de marzo). Corte Suprema de Justicia, sala de casación civil. (José Fernando Ramírez Gómez, M. P.)

Sentencia 3972. (1994, 19 de octubre). Corte Suprema de Justicia, sala de casación civil. (Carlos Esteban Jaramillo Schloss, M. P.)

Sentencia 2399. (1978, 29 de septiembre). Corte Suprema de Justicia. Sala de casación civil. (José María Esguerra Samper, M. P.)

Sentencia C-069 de 2019. Corte Constitucional. (Luis Guillermo Guerrero Pérez, M. P.)

Sentencia C-284/15. (2015, 13 de mayo). Corte Constitucional. (Mauricio González Cuervo, M. P.)

Sentencia C-148/15. (2015, 7 de abril). Corte Constitucional. (Gloria Stella Ortiz Delgado, M. P.)

Sentencia C-592 de 2012. Corte Constitucional. (Jorge Iván Palacio Palacio, M. P.)

Sentencia C-832/06. (2006, 11 de octubre). Corte Constitucional. (Jaime Córdoba Triviño, M. P.)

Sentencia C-1141/00. (2000, 30 de agosto). Corte Constitucional. (Eduardo Cifuentes Muñoz, M. P.)

Sentencia C-529 de 2000. Corte Constitucional, (Antonio Barrel Carbonell, M. P.)

Sentencia C-963/99. (1999, 1 de diciembre). Corte Constitucional. (Carlos Gaviria Diaz, M. P.)

Sentencia C-155 de 1998. Corte Constitucional. (Vladimiro Naranjo Mesa, M. P.)

Sentencia T-375/97. (1997, 14 de agosto). Corte Constitucional. (Eduardo Cifuentes Muñoz, M. P.)

Sentencia C-435 de 1996. Corte Constitucional. (José Gregorio Hernández Galindo, M. P.)

Sentencia C-334/93. (1993, 12 de agosto). Corte Constitucional. (Alejandro Martínez Caballero, M. P.)

Sentencia C-144 de 1993. Corte Constitucional. (Eduardo Cifuentes Muñoz, M. P.)

Sentencia C-587/92. (1992, 12 de noviembre). Corte Constitucional. (Ciro Angarita Barón, M. P.)

Superintendencia de industria y comercio. (2022). *Instructivo para el examen de registrabilidad de marcas* (PI01-I01). https://www.sic.gov.co/sites/default/files/files/2022/14_12_22_%20INSTRUCTIVO%20PARA%20EL%20EXAMEN%20DE%20REGISTRABILIDAD%20DE%20MARCAS.pdf.

Superintendencia de sociedades. (2022). *Circular básica jurídica* (Circular Externa 100-000008).

Tamayo Jaramillo, J. (2007). *Tratado de responsabilidad civil*. Editorial Legis.

Tobar, J. (2016). Deberes del comerciante frente a las normas del derecho de la competencia. En *Derecho comercial. Cuestiones fundamentales*, 343-364. Editorial Legis.

Tobar Torres, J.A. (2020). *Los principios unidroit. Fundamentos, practica y aplicaciones*. Editorial Ibañez.

Tobón Franco, N. (2020). La propiedad intelectual en los tiempos de la modernidad liquida. En *Innovación y Propiedad Intelectual: Tendencias Siglo XXI,* 79-98. Editorial Universidad del Rosario.

Tobón Franco, N. (2016). *Arquitectura y propiedad intelectual.* Editorial Ibañez.

Tobón Franco, N. y Varela Pezzano, E. (2022). *Propiedad intelectual en la publicidad.* Editorial Tirant lo Blanch.

Trujillo Calle, B. (2006). *De los títulos valores. Tomo I parte general.* Editorial Leyer.

Uría, R. (2001). *Derecho mercantil,* vigésimo octava edición. Editorial Marcial Pons.

Uribe Martínez, I.C. (2018). *Los acuerdos de coexistencia marcaria controversia entre la distintividad y la autonomía de la voluntad.* Ediciones Unaula.

Uscategui Rincon, A. y Guevara, M.M. (2017). Teoría general de patentes. En *Manual de propiedad intelectual,* 68-117. Editorial Ibañez.

Ustariz Gonzalez, L.H. (2016). *Marco general de la regulación y autorregulación.* Editorial Legis.

Vaidhyanathan, S. (2021). *Propiedad intelectual una breve introducción.* Universidad de los Andes y Universidad Nacional de Colombia.

Valencia Restrepo, H. (2007). *Nomoárquica, principialística jurídica o filosofía y ciencia de los principios generales del derecho.* Editorial Comlibros.

Vásquez Palma, M.F. y Vidal Olivares, A. (2018). Diálogos entre la Convención sobre Compraventa Internacional de Mercaderías y la *lex mercatoria, Revista de Derecho Privado,* n. °34, 233-275. https://revistas.uexternado.edu.co/index.php/derpri/article/view/5265.

Velandia, M (2019). El contrato de agencia comercial bajo la óptica del marketing, la contabilidad y el derecho, *Revista e-mercatoria,* (18) n.° 2, 63-90. https://revistas.uexternado.edu.co/index.php/emerca/article/view/6443.

Velandia, M. (2011). *Derecho de la competencia y del consumo.* Universidad Externado de Colombia.

Velásquez, C. (2008). *Instituciones de derecho comercial.* Señal Editora.

Velásquez, C. (2004), *Orden Societario.* Señal Editora.

Velilla, M. (2013). *Introducción al derecho económico y de los negocios. Las transformaciones aplicadas al derecho moderno.* Grupo Editorial Gestión 2000.

Villalba Cuellar, J.C y Fernández Muñoz, M.L. (2020). Los principios del derecho de los contratos: su expresión en el derecho de la protección al consumidor. En *Los principios del derecho contractual y su extensión al derecho del consumo. Un aporte para la protección de los débiles,* 17-48. Ediciones Ibañez.

Villegas Betancur, J. (2012). *La operación de leasing en Colombia y las tendencias internacionales de la figura.* Ediciones Ibañez.